Thomas Irmer/Matthias Schmidt, Die Bühnenrepublik

Thomas Irmer
Matthias Schmidt

Die Bühnenrepublik.

Theater in der DDR

Ein *kurzer* Abriß mit längeren Interviews

Herausgegeben von
Wolfgang Bergmann

Alexander Verlag Berlin

Es war leider nicht möglich, die Rechteinhaber
einiger Fotos ausfindig zu machen.
Wir bitten diese Fotografen, sich mit
dem Verlag in Verbindung zu setzen.

Mitarbeit Antje Eisenreich.

Dank gilt Katharina Broich und Josef Zobel.

Alexander Wewerka, Postfach 19 18 24, D–14008 Berlin
info@alexander-verlag.com
www.alexander-verlag.com
Umschlag Wolfgang Scheffler unter Verwendung
eines Fotos von Barbara Stroff: ANREGUNG,
Regie: Horst Schönemann, Landestheater Halle, 1969
Druck und Bindung WB-Druck, Rieden/Allgäu

Printed in Germany (November) 2003
ISBN 3-89581-106-8

Inhalt

Vorwort

Die DDR nur als »Bühnenrepublik« ins Buch der Geschichte einzutragen wäre eine Beleidigung ihrer zahlreichen Opfer. Was im Rückblick gern zum unterhaltungskinogerechten Spreewaldgurken-Idyll verklärt wird, war in Wirklichkeit über weite Strecken hinweg ein schlecht geführter, menschenverachtender und ökologischen Raubbau treibender Staat. Aber es war eben auch eine Bühnenrepublik. Nicht nur waren ihre Machthaber in die Jahre gekommen und zu skurrilen Figuren einer Tafelrunde geworden, die sich mehr und mehr von der Realität entfernte. Auch buchstäblich war die DDR eine Republik mit vielen Bühnen – Theaterbühnen. Das Theater hat vom Moment der Einrichtung der sowjetischen Besatzungszone nach Ende des Zweiten Weltkriegs bis zum Fall der Berliner Mauer und der sogenannten Wiedervereinigung einen besonderen Stellenwert gehabt, für den Staat DDR und viel mehr noch für seine Bewohner. Da war einerseits die aus dem Agitproptheater der zwanziger Jahre abgeleitete und von den sowjetischen Besatzern sofort nach 1945 geförderte Bildungs- und Umerziehungsfunktion des Theaters. Schneller als in West-Berlin wurden im Osten die Häuser wieder geöffnet, restauriert und bespielt. Theater hatte einen wichtigen Stellenwert im Wiederaufbau und bei der Implementierung (sozialistischer) Moralvorstellungen in einem zunächst vollkommen demoralisierten Deutschland-Ost. Doch mehr noch wurde das Theater rasch zu einem Symbol des wieder erwachenden Selbstbewußtseins. Während das Fußball-»Wunder von Bern« im Westen als erster nationaler Selbstbewußtseins-Hüpfer der Bundesrepublik auf internationalem (Rasen-)Parkett empfunden wurde, machte sich das »Wir sind wieder wer« im Osten u. a. an den umjubelten Auslandsgastspielen des Berliner Ensembles unter Brecht und Weigel fest. Theater als Exportgut, dem der Westen bis in die siebziger Jahre nichts Gleichwertiges entgegensetzen konnte. Verkehrte

Welt des Theaters: Während das Wirtschaftswunder im Westen erst die Teller und dann die Garagen füllte und die BRD im ökonomischen Wettlauf die darbende DDR-Wirtschaft uneinholbar hinter sich gelassen hatte, stellte die DDR der Theaterkunst, dem Hätschelkind des Regimes, schier unerschöpfliche Mittel zur Verfügung. Eine 20 000-Einwohner-Stadt mit Drei-Sparten-Theater war keine Seltenheit. Auch ästhetisch hatte das DDR-Theater für viele Vorbildfunktion. Der avantgardistische Aufbruch des Theaters im Westen wurde in den späten sechziger Jahren vorbereitet und flankiert von zahllosen Bildungsreisen der jungen wilden Regisseure und Autoren in den Osten, um sich Anregungen und ideologische Nahrung für die eigene Arbeit zu holen. Dort hatte der Enthusiasmus seinen Zenit überschritten und war längst einer gewissen Resignation gewichen. Realsozialistisches Elend und Spitzelei hatten die Vision vom moralisch überlegenen Arbeiter-und-Bauern-Staat auch in den Theatern längst auf Kantinenwitz-Niveau sinken lassen.

Mehr und mehr bekam das Spiel auf der Bühne eine journalistische Funktion, wurde die Auswahl der Texte und ihre Betonung zu einer verhüllten Kritik an dem entfremdeten und zuweilen brutalen Regime und zu einer Form des Widerstands. Aber es begann auch die Ausdünnung der Theaterszene durch Flucht und Ausbürgerung. Immer mehr Schauspieler und Regisseure gingen in den Westen, weil sie es in der DDR nicht mehr aushielten. Welche Rolle das Theater für Vorbereitung und Vollzug der sanften Revolution des Jahres 1989 hatte, mag vielen noch in Erinnerung sein. Neben der Kirche hatte das Theater an vielen Orten entscheidenden Anteil an den Veränderungen und am Widerstand gegen das marode System. Gründe genug also, der Geschichte des DDR-Theaters zwei fünfundvierzigminütige Fernsehdokumentationen zu widmen. Thomas Irmer und Matthias Schmidt, beide während bzw. kurz nach dem Mauerbau in der DDR geboren, untersuchen die besondere Rolle des Theaters in der DDR und setzen sie in Bezug zur Geschichte und den Geschichten, die die deutsch-deutsche Vergangenheit als Hintergrund einer nach wie vor problematischen Gegenwart beleuchten, die uns noch weit in die Zukunft beschäftigen wird. Thalia auf Nemesis' Spuren, Theater als Leitfossil der Zeitgeschichte.

Der vorliegende Materialband steht genauso wie die Fernsehdokumentation »Die Bühnenrepublik« in der Tradition des Buchs und der Fernsehserie zum »Jahrhundert des Theaters«. Hier wie dort sind die Filmtexte ergänzt durch vollständige Interviews mit Zeitzeugen und Beobachtern des Theaters. Insoweit geht das hier vorliegende Buch weit über den Informationsgehalt der Fernsehdokumentation hinaus, die von der CV Filmproduktions GmbH Berlin im Auftrag von ZDF-Theaterkanal und 3sat erfolgreich realisiert wurde.

Den beiden Autoren Thomas Irmer und Matthias Schmidt ist damit ein wertvoller Beitrag zur Debatte um die kulturelle Identität der DDR gelungen. Bettina Petry ist für ihre Entwicklungsarbeit an diesem Projekt und die umsichtige redaktionelle Betreuung sehr zu danken. Ohne sie wäre auch dieses Buch nicht zustande gekommen.

Wolfgang Bergmann
Mainz/Berlin, im August 2003

Einige Eigenarten des Berliner Ensembles,
die mitunter Befremden erregen, kommen von den Bemühungen:

1. Die Gesellschaft als veränderbar darzustellen.
2. Die menschliche Natur als veränderbar darzustellen.
3. Die menschliche Natur als abhängig von der Klassenzugehörigkeit darzustellen.
4. Konflikte als gesellschaftliche Konflikte darzustellen.
5. Charaktere mit echten Widersprüchen darzustellen.
6. Entwicklungen von Charakteren, Zuständen und Ereignissen als diskontinuierlich (sprunghaft) darzustellen.
7. Die dialektische Betrachtungsweise zum Vergnügen zu machen.
8. Die Errungenschaften der Klassik im dialektischen Sinn »aufzuheben«.
9. Aus Realismus und Poesie eine Einheit herzustellen.

Da alle diese Änderungen (und andere, nicht angeführte) innerhalb des Bereiches der Kunst ausgeführt werden, wird der Kunstgenuß des Publikums nicht geschmälert, sondern nur in seiner Natur verändert. Die besonderen, neuen Anforderungen an die Schauspieler setzen eine *allgemeine* Ausbildung voraus, eine Unterweisung in realistischem, auf Beobachtung gestelltem, natürlichem und zugleich gestaltetem Spiel, die das Ensemble seinem Schauspielernachwuchs gewährt.

Bertolt Brecht, »Eigenarten des Berliner Ensembles«
aus: *Werke.* Große kommentierte Berliner und Frankfurter Ausgabe, Band 23.

Teil I

Im Rücken die Ruinen. Die frühen Jahre bis 1973

Stunde Null, Wiederaufbau und Neueröffnungen

Die Entstehung des DDR-Theaters ist ohne die unmittelbare Nachkriegszeit nicht zu erfassen. Nachdem der totale Krieg seine Heimat besiegt hat und viele Städte im Bombenkrieg zerstört sind, ist im Mai 1945 auch für die Theater die »Stunde Null« gekommen. Von vielen Theatern stehen nur noch Ruinen, ihre Ensembles haben sich in alle Winde verstreut, und die Bedürfnisse der meisten Menschen sind aufs nackte Überleben reduziert. Doch meldet die *Tägliche Rundschau* bereits am 17. Mai 1945: »In Berlin gibt es wieder vier aufführungsbereite Bühnen, 30 Kinos spielen, viel Kleinkunst und bunte Abende.« Auch in Dresden, Leipzig und in anderen Städten wird wieder Theater gespielt.

Zur Wiederherstellung des Alltags in den ersten Nachkriegsmonaten gehört auch die Wiedereröffnung von Theatern. Bereits am 1. August 1945 wird Gustav von Wangenheim Intendant des Deutschen Theaters in Berlin, das er am 7. September mit Lessings NATHAN DER WEISE unter der Regie von Fritz Wisten und mit Paul Wegener in der Titelrolle wiedereröffnet. Die Konstellation der an dieser Aufführung Mitwirkenden ist ungewöhnlich und doch typisch für diese Zeit: Der Kommunist Gustav von Wangenheim war mit der sowjetischen Armee aus dem Exil zurückgekehrt; der Regisseur Fritz Wisten war ein Verfolgter des Naziregimes und Überlebender des KZ Sachsenhausen; Paul Wegener, Staatsschauspieler bei den Nazis – ab 1937 am Schiller

Theater unter Heinrich George, dann ab 1942 am Staatstheater unter Gustaf Gründgens –, hatte sich genau wie Wangenheim für den raschen Neuaufbau des Theaterlebens engagiert. Doch ideologische Vorbehalte zwischen Kommunisten und Nichtkommunisten, Emigranten, Verfolgten und Dagebliebenen können und dürfen keine Rolle spielen, soll das Theater wieder erstehen.

Zur Wiederherstellung des Theaterlebens kommt in der sowjetischen Besatzungszone die Förderung von Neugründungen und Wiederaufbaueröffnungen. In Berlin werden 1946 die Kammerspiele des Deutschen Theaters mit Shaws KAPITÄN BRASSBOUNDS BEKEHRUNG in der Inszenierung von Gustaf Gründgens wiedereröffnet; Intendant des Doppelhauses ist nun der aus Zürich zurückgekehrte Wolfgang Langhoff. Ende 1947 eröffnet Walter Felsenstein die Komische Oper in Berlin. In Leipzig wird das Theater der Jungen Welt als erstes Theater für Kinder und Jugendliche in Deutschland gegründet. Im August 1948 eröffnet mit Goethes FAUST das Deutsche Nationaltheater in Weimar als erster Wiederaufbau in der sowjetischen Besatzungszone. Kurz darauf folgt die Eröffnung des Großen Hauses der Staatstheater in Dresden.

Die Nachkriegszeit erlebt jedoch nicht nur die Wiederherstellung der deutschen Theaterkultur; in der sowjetischen Besatzungszone geht es zunehmend auch um ideologische Fragen: um die unmittelbare Beeinflussung der Theaterbesucher und der im Theater Beschäftigten. Neben der von der Besatzungsmacht erwünschten Propaganda, die allerdings die reale Erfahrung der meisten Deutschen nicht berührt, steht auch die Ästhetik des Theaterspiels zur Diskussion. Nach dem Wunsch von Stalins Chefideologen Andrej A. Shdanow soll die auf den Realismusbegriff des russischen Regisseurs Stanislawski zurückgehende Methode auch auf andere, nichtrussische Theaterkonzeptionen übertragen werden.

Kalter Krieg auf der Bühne

Einen frühen Höhepunkt der propagandistischen Auseinandersetzung liefert Konstantin Simonows Stück Die russische Frage, das am 3. Mai 1947 am Deutschen Theater zur Premiere kommt; es wird bis zur Gründung der DDR 1949 ca. vierzigmal inszeniert und nimmt eine Schlüsselstellung im beginnenden Kalten Krieg ein. Ein heftiger Kritikerstreit, an dem auch Friedrich Luft, später eine berühmte Institution, sich beteiligt, führt zum Boykott von Ostberliner Bühnen durch Westkritiker. Friedrich Luft erhält gar Hausverbot am Deutschen Theater, nachdem er den Intendanten Wolfgang Langhoff von der Aufführung dieses Stücks über den amerikanischen Imperialismus abbringen wollte. Langhoff ist das Stück durch den einflußreichen sowjetischen Kulturoffizier Alexander Dymschiz vermutlich aufgezwungen worden, zum Mißvergnügen der Westalliierten.

Ein Anfang mit Brecht

Für die rückkehrenden Emigranten gilt es, ihre Arbeit neu zu definieren: Soll das beste Theater der zwanziger Jahre fortgesetzt werden, oder soll die Erfahrung der Emigration in die Arbeit mit einfließen? Oder geht es gar um ein völlig neues Theater unter vielleicht völlig neuen Bedingungen? Am 22. Oktober 1948 treffen Bertolt Brecht und Helene Weigel in Berlin ein, ihre Exilländer sind fast so zahlreich wie die Exiljahre. Als erstes inszeniert Brecht, zusammen mit Erich Engel – der 1928 die Dreigroschenoper zur Uraufführung brachte –, sein Stück vom Verlust im Krieg: Mutter Courage und ihre Kinder. Diese Aufführung kann als der Beginn des DDR-Theaters angesehen werden. Denn sie liefert nicht nur einige als Gründungsmotive für den ostdeutschen Staat wichtige inhaltliche Aspekte, sondern setzt Diskussionen um formale Erneuerung in Gang und wirft die bis zum Ende der DDR ungelöste Frage nach der sogenannten Volkstümlichkeit oder Volksverbundenheit des Theaters auf. Bemerkenswert ist freilich, daß diese erste Aufführung des DDR-Theaters ein dreiviertel Jahr vor Gründung der DDR herauskommt. Die Stunde Null und die darauf folgenden Jahre sind also nicht nur ein Moment der absoluten Krise. Die sich daraus ergebenden Möglichkeiten werden im Osten von verschiedenen Gruppierungen genutzt, wobei jene Kräfte überwiegen, die dem Theater eine primär gesellschaftliche Bedeutung zusprechen. Allerdings lassen sich diese Kräfte keinesfalls nur einer Richtung zuordnen, wie gerade die ersten Jahre des DDR-Theaters zeigen.

Staatsgründung und weitere Theatergründungen

Auch die Gründung der DDR am 7. Oktober 1949 stützt sich auf verschiedene gesellschaftliche Gruppierungen, die vom Aufbauwillen und dem antifaschistischen Grundkonsens geprägt sind. Sie vollzieht sich gleichwohl unter Führung der SED, die aus der Zwangsvereinigung der Kommunisten und Sozialdemokraten hervorgegangen ist und in der vor allem die moskautreuen Kommunisten das Sagen haben. Im Mittelpunkt steht von Anfang an die Kulturpolitik, die wiederum die Rolle des Theaters als besonders wichtiger Institution unterstreicht: Theater als öffentliche Kunst – ein Ort, an dem Widersprüche ausgetragen werden, als Legitimation zum Teil erwünscht, auf jeden Fall kontrolliert und vielfach gelenkt, um den brüchigen Konsens für den jungen Staat nicht übermäßig zur Diskussion zu stellen.

Für diese Situation ist die Gründung des Berliner Ensembles beispielhaft: Brechts Theater, bereits vor der Staatsgründung vom Politbüro der SED angeregt, steht für etwas Neues in der Beschäftigung mit den sozialen Verhältnissen, was einigen Funktionären von Anfang an suspekt ist. Zu den inneren Widersprüchen der Staatsgründung gehört – auch wenn die Kommunisten jetzt an der Macht waren –, daß das Neue mit den alten Menschen in Angriff genommen werden muß. Menschen, die eben noch in Hitlers Krieg gekämpft haben, sollen – über Nacht gewandelt – die neue Gesellschaft errichten.

Die ersten fünf von neun »Eigenarten des Berliner Ensembles«, die Brecht 1951 nennt, sind:

1. Die Gesellschaft als veränderbar darzustellen.
2. Die menschliche Natur als veränderbar darzustellen.
3. Die menschliche Natur als abhängig von der Klassenzugehörigkeit darzustellen.
4. Konflikte als gesellschaftliche Konflikte darzustellen.
5. Charaktere mit echten Widersprüchen darzustellen.

Zweifellos das richtige Theaterkonzept, den Kapitalismus zu überwinden, jedoch nur begrenzt anwendbar, die neuen Widersprüche aufzuzeigen, wie sich bald zeigen wird.

Das Berliner Ensemble gastiert zunächst im Deutschen Theater und bekommt 1954 ein eigenes Haus, das Theater am Schiffbauerdamm. An diesem Theater feierte Brecht 1928 mit der DREIGROSCHENOPER seinen ersten Welterfolg, und nun, sechsundzwanzig Jahre später, sollte auf dieser Bühne, die Brecht mit Molières DON JUAN eröffnete, erneut etwas Großes seinen Ausgang nehmen. Doch der Kreis um Brecht ist anfangs so groß nicht. Erst die internationalen Gastspiele in Paris (1954, 1955) und London (1956) und die Fürsprache wie die des prominenten Literaturprofessors Hans Mayer von der Leipziger Universität erhöhten die Bekanntheit und die Wirkung von Brechts Arbeit.

Der Theateralltag im Lande sieht anders aus, er wird von Klassikerinszenierungen und Zeitstücken bestimmt. Nicht die Berliner Avantgarde beherrscht das Theater dieser Zeit, sondern ein Theaterbetrieb, der in erstaunlicher Dichte ganz Deutschland überzieht. Der Osten hat einige besonders kleine Theaterstädte vorzuweisen: das sächsische Freiberg mit einem der ältesten Stadttheater, sogar Wurzen hat ein eigenes Theater, genau wie Köthen und Gardelegen in Sachsen-Anhalt oder Putbus auf der Insel Rügen. Dieser Reichtum ist das Ergebnis einer Regionalisierung, die zum Teil aus der späten Einigung der deutschen Länder und Fürstentümer im 19. Jahrhundert rührt, aber auch vom Bürgersinn und Theaterstolz selbst in kleineren Städten kündet: Altenburg, Bautzen, Meiningen, Zittau – Städte mit langer Theatertradition.

Die frühen DDR-Theaterjahre sind aber auch durch eine ganze Reihe von Theaterneugründungen charakterisiert. Nach sowjetischem Vorbild wird in Berlin ein Theater für Kinder und Jugendliche etabliert: Im November 1950 eröffnet das »Theater der Freundschaft« unter der Leitung von Hans Rodenberg mit Gustav von Wangenheims Stück Du bist der Richtige, das die FDJ beim Aufbau der neuen Gesellschaft geradezu glorifiziert und ganz im Stil der Zeit Saboteure aus West-Berlin anprangert. Im Oktober 1952 folgt die Eröffnung des Maxim Gorki Theaters in Berlin, das der russischen und sowjetischen Dramatik verpflichtet ist, 1954 die Wiedereröffnung der Volksbühne am Luxemburgplatz mit Wilhelm Tell, inszeniert als Stück über den Kampf um die Einheit Deutschlands.

Du bist der Richtige von Gustav von Wangenheim
Regie: Hans Rodenberg, Theater der Freundschaft Berlin, 1950
Foto Abraham Pisarek

Du bist der Richtige von Gustav von Wangenheim
Regie: Hans Rodenberg, Theater der Freundschaft Berlin, 1950
Foto Abraham Pisarek

Die russische Frage immer wieder anders: Albert Hetterle

Albert Hetterle, geboren 1918, Pädagogikstudium in Odessa, Beginn der Theaterarbeit am Deutschen Kollektivtheater in der Sowjetunion, ab 1945 Schauspieler an verschiedenen kleinen Theatern in Ostdeutschland, ab 1955 am Maxim Gorki Theater, dort von 1968 bis 1994 Intendant. Zahlreiche Rollen vor allem in Stücken von Gorki und der sowjetischen Dramatik, 1988 der alte Kommunist Wilhelm Höchst in Volker Brauns ÜBERGANGSGESELLSCHAFT am Maxim Gorki Theater. Eigene Inszenierungen von Stücken Michail Schatrows und Alexander Gelmans, gleichfalls am Gorki Theater.

Frage: Herr Hetterle, Sie haben relativ bald nach dem Krieg angefangen, als Schauspieler zu arbeiten, und zunächst an verschiedenen kleinen Bühnen des Landes gespielt, bevor Sie 1955 zum Gorki Theater kamen. Wie haben Sie diese frühen Jahre des DDR-Theaters erlebt?

Hetterle: Schauspieler war ich schon vor dem Krieg, ich suchte also nach einem Theater, das mich mochte. Und dieses Theater war dann, wie sich herausgestellt hat, ein oberbayrisches Bauerntheater. Die Frau Direktor hat mich sofort engagiert: »Also wir brauchen einen, und mir scheint, Sie san es. Kommen Sie dann und dann nach Neustadt in Thüringen!« Ich lag in Gera in einem Lazarett die letzten Kriegstage, weil ich eine Lungenentzündung hatte. Jedenfalls habe ich da Theater gespielt, und von da aus, von der oberbayrischen Bauernbühne, habe ich dann versucht, in Thüringen in kleineren und größeren Orten, bis Gera und so weiter, vorzusprechen. Aber die waren alle voll, und ich bin nach Sondershausen gekommen. Ein kleines Theaterchen in einem Kunststädtchen, das hatte auch ein Orchester, und nach vier Jahren besorgte mir ein Agent den Wechsel nach Greifswald. Ein Jahr Greifswald, dann ging's nach Altenburg und schließlich nach Erfurt und für zwei Jahre nach Halle. Dort rief mich ein Dramaturg vom Maxim Gorki Theater an, Gerhard Wolfram: »Haben Sie nicht Lust, ans Gorki Theater zu kommen, vielleicht wird das Ihre künstlerische Heimat?« Ich dachte: Künstlerische Heimat, da habe ich noch Zeit, das will ich gar nicht. Aber so ist es gekommen, ich bin dann am Gorki Theater hängengeblieben.

Mit welcher Stimmung wurde Theater gemacht an diesen kleinen Theatern?

Nach dem Kriegsende sind die Theater sozusagen massenweise – es gab ja in den kleinsten Orten Theater – wiedereröffnet worden, und die Begeisterung war einmalig. Der Hunger nach Theater war ganz gewaltig, durch diese Freiheit, die alle empfanden, eine Freiheit in dem Sinne, daß der Krieg zu Ende war. Wir haben nicht nach Geld gefragt, meine Gage betrug hundert Mark damals, ein Brot hat aber unter Umständen schon sechzig Mark gekostet. Man konnte kaum leben davon, aber das war uns alles egal. Diese Begeisterung, die hat sehr lange angehalten.

Spielte es eine Rolle, daß die Theaterleute verschiedene Biographien hatten? Gab es Momente, daß einer sagte: Ich war im Widerstand, der im Exil, und du warst Staatsschauspieler? Wurde so etwas besprochen?

Daran kann ich mich nicht erinnern, so was wurde da überhaupt nicht besprochen. Man hat nur gefragt: Was hast du denn gemacht, wo warst du und so weiter. Man hat auch schnell Freundschaften geschlossen.

Das Gorki Theater sollte in besonderem Maße zur politischen Orientierung beitragen: Kunst sein, aber auch die neue Zeit verkörpern. Wie haben Sie das erlebt, als Sie 1955 an dieses Haus gekommen sind?

Als ich ans Gorki kam, bestand es gerade erst zwei Jahre. Eigentlich wollte ich zu Fritz Wisten an die Volksbühne, aber das klappte nicht. Am Gorki waren überwiegend junge Leute, mit Ausnahme von ein paar älteren, die engagiert worden sind. Diese jungen Leute kamen aus dem Studio von Weimar. Dort hatte Maxim Vallentin, damals Intendant des Gorki, zuvor eine Schauspielschule gegründet und war mit seinen Absolventen mit Gastspielen durchs Land gereist, bis er dieses Haus bekam und mit seiner Truppe in Berlin Theater machte. Was sind das für komische Vögel, dachte ich für mich, die hatten so was von einer Besessenheit, ein Sich-hinein-Werfen in den Beruf und auch Ansichten, die mir fremd waren. Als die zum Beispiel hinter der Bühne standen, bevor sie auftraten, versenkten sie sich in merkwürdige Übungen. Ich fragte: »Was machst'n du?« – »Na ja, ich muß jetzt noch atmen.« Eine fremde Welt, das hat sich dann später, Gott sei Dank, gegeben.

Dieses Gorki Theater stand noch völlig am Rande der Berliner Theater und suchte nach einem künstlerischen Gesicht für dieses Haus. Das war nicht einfach damit getan, daß man nun Gorki oder sowjetische Dramatik spielte. Der Zuschauer war noch nicht bereit, sich das anzugucken, denn sowjetische Dramatik war für den deutschen Zuschauer etwas sehr, sehr Fremdes. Gorkis NACHTASYL war das einzige Stück, das besser bekannt war. Dagegen hatten die frühen Inszenierungen von Heiner Müllers Stücken (LOHNDRÜCKER/KORREKTUR, 1958) eine ganz andere Bedeutung.

Später, Anfang der sechziger Jahre, geriet das Gorki zeitweise in eine Phase der Vernachlässigung, als es nach dem Tod von Fritz Wisten mit der Volksbühne zusammen unter eine gemeinsame Intendanz gestellt wurde. Vallentin hatte die Führung über dieses

Doppeltheater übernommen, und die Volksbühne hatte in diesem Verfahren natürlich Vorrang. Ich war strikt dagegen, man hat sogar versucht, mich mit ein paar Flaschen Wein zu angeln. Nach zwei Jahren wurde das Experiment wieder abgeblasen, aber für das Gorki blieb eine katastrophale Situation: Viele der besten Schauspieler, die inzwischen neu engagiert waren, gingen, sie blieben an der Volksbühne oder wechselten zum Fernsehen. Es blieb nur ein kleines Häufchen über. Wir mußten wieder ganz von vorne anfangen, und die Folgen dieser Aktion waren bis zum Beginn meiner Intendanz 1968 spürbar.

Sie haben dann das Gorki vorsichtig neu profiliert, Spielplanlinien hinzugewonnen bzw. ausgebaut, so daß es auf der Grundlage seiner Tradition ein Haus für Gegenwartstheater wurde. Das »Diskuslawski-Theater«, wie Kritiker mit Blick auf die Weimarer Ursprünge und Stanislawski spotteten, kam allmählich auf den langen Weg zur »Übergangsgesellschaft«.

Wir haben – Fritz Rödel war mein Chefdramaturg – überlegt, was man machen könnte, um dem Gorki Theater ein besonderes Gesicht im Ensemble der Berliner Bühnen zu geben. Wir meinten, daß man neben den Stücken unseres Namenspatrons Maxim Gorki und dessen Zeitgenossen aus Ost und West vor allem Gegenwartsstücke spielen sollte, sowohl deutsche als auch russische, tschechische oder ungarische. Es gab bereits eine engere Zusammenarbeit mit Rainer Kerndl, Rudi Strahl kam dazu, später noch Peter Hacks. Das wurde in den siebziger Jahren der Schwerpunkt unserer Arbeit.

Uns ist es auch passiert, daß wir zwei Stücke nicht weiterspielen konnten, die uns untersagt wurden, weil irgend jemand im Politbüro ein Haar in der Suppe gefunden hatte. Das gab es leider.

Wie sind solche Auseinandersetzungen abgelaufen?

Es gab eine Zeit, wo ich niemanden gefragt habe, ob oder ob nicht. Obwohl wir vor jeder Spielzeit den Spielplan abgeben mußten, sowohl an den Magistrat als auch an die Bezirksleitung und an das Ministerium für Kultur. Die wußten dann, was wir spielen. Die wußten aber nicht immer, was in den Stücken steht, obwohl die auch Leute hatten, die dafür verantwortlich waren, sofort zu kontrollieren, was das für Stücke sind. In dem einen Fall, bei Rainer Kerndls GEORGSBERG von 1984, fing das schon bei den ersten Proben an. Da wußte man schon: Aha, da geht es um zwei Währungen in dem Stück, um die DM und um die DDR-Mark. In Georgsberg, im Süden der DDR, haben Leute versucht, an die DM heranzukommen, damit sie bestimmte Dinge in ihrem Ort in Ordnung bringen können. Und als man außerhalb des Theaters das erfahren hat, daß es da um zwei Währungen geht in dieser Inszenierung, wurde ich sofort angerufen. »Hör mal zu, was machst'n du da, was spielst'n du da?« Ich habe das versucht zu verharmlosen, sagte, das sei nichts weiter, diese Leute in dem Stück wollten eben Westgeld mit Westdeutschen verdienen und das dann so und so verwenden. Sofort wurden Leute zu den Proben geschickt, die kontrollieren sollten, was da gesagt wird und wie's gesagt wird und was das soll und so weiter. Na ja, das ging alles noch gut. Nach der Premiere wurde schon am nächsten Morgen angerufen und die Absetzung des Stücks angeordnet.

Wie groß war Ihre Macht als Intendant zu sagen: Ich will das aber, und wie groß Ihre Angst vor den Folgen?

Angst hatte man ganz schön, aber es ging da weniger um die Angst, obwohl regelrecht Kanonen aufgefahren wurden. Also, wenn man gesagt hat, in dem Stück kam auch der Text vor »Zwei Währungen gehen um in unserem Land«, war das ein teuflischer Satz, aber es war auch die Wahrheit. Es war eine absolute Wahrheit. Zwei Währungen gingen ja sowieso um, und diese eine

Währung, um die es eigentlich ging, die war ja durch die Intershops offiziell. Aber das jetzt auf einer Bühne verkünden, das haben bestimmte Leute nicht vertragen. In dem Fall war's das Politbüro. Jedenfalls kam von dort die Order, das Stück nicht mehr zu spielen. Natürlich habe ich mich dagegen gewehrt, natürlich habe ich das versucht: »Warum sollen wir das nicht machen, das ist doch gar nichts anderes als die reine Wahrheit.« – »Ja, aber auch die reine Wahrheit kann politisch falsch sein«, und alle diese Argumente. Ich habe es dann noch geschafft, daß wir drei oder vier Vorstellungen gespielt haben. Aber danach war Schluß. Und für mich war das Schlimmste, daß ich das Ensemble zusammenrufen und ihm mitteilen mußte, daß wir aus dem und dem Grund das Stück nicht mehr spielen durften. Dem Autor mußte ich das auch mitteilen, und für den Kerndl, dessen Stücke wir schon seit Jahren spielten, war's besonders schlimm, für ihn war's ja auch eine Geldfrage. Anders wäre ich weg vom Fenster gewesen, und das wollte ich meinem Ensemble auch nicht antun, und ich selber wollte es auch nicht. Ich sagte mir: Gut, dann beiße ich jetzt in den sauren Apfel, aber dafür hole ich wieder zwei andere saure Äpfel, mit denen ich durchkomme. Und das ist auch der Fall gewesen.

Etwa mit Rudi Strahls FLÜSTERPARTY?

Strahl, genau! Es handelte sich da um eine junge Gruppe von Menschen, die Westautos gewaschen und damit Westgeld verdient haben. Und mit diesem Westgeld wollten sie nun eine Party machen, weiter nichts. So, und wir haben das Stück gemacht, wir haben das Stück auch aufgeführt, und plötzlich, ich weiß nicht, wie viele Vorstellungen wir schon gespielt hatten, hieß es: Die Gorkis, die machen da schon wieder so was. Es gab eine große Versammlung im Theater, mit der Parteigruppe und mit Schauspielern und mit allen möglichen Leuten. Wir haben versucht, das zu verteidigen und zu verharmlosen, daß wir das nicht so schlimm fin-

Wir, die Endesunterzeichnenden von Alexander Gelman
Regie: Albert Hetterle, Maxim Gorki Theater Berlin, 1985
Foto Archiv

Wir, die Endesunterzeichnenden von Alexander Gelman
Regie: Albert Hetterle, Maxim Gorki Theater Berlin, 1985
Foto Archiv

den. Wieder lief es darauf hinaus, in den sauren Apfel zu beißen. Aber dafür machten wir dann ein neues sowjetisches Stück, das noch schärfer war. Zur sowjetischen Botschaft hatte ich ziemlich enge Kontakte, besonders zu Gorbatschows Zeit, das wußte man auch. Ich bin ja Rußlanddeutscher und beherrsche die Sprache.

In den achtziger Jahren haben Sie sich besonders für die sowjetischen Glasnost-Stücke eingesetzt.

Nicht erst in den achtziger Jahren. Schon in den Sechzigern gab es kritische junge Autoren in der Sowjetunion, die auf Glasnost aus waren, obwohl der Begriff noch nicht in aller Munde war wie später in der Gorbatschow-Zeit. Diese damals jungen Leute wurden übrigens die Schestidesjatniki, die »60er«, genannt, was mich immer an die 68er in Westdeutschland denken ließ. Einer von ihnen war Alexander Gelman, von dem wir mehrere Stücke gespielt haben. Eine der aufregendsten Produktionen war WIR, DIE ENDESUNTERZEICHNENDEN, ein Stück, in dem es um Wahrheiten und Verleumdungen und Lügen ging. Es spielte in einem fahrenden Zug, und ein junger Mensch, das war Jörg Gudzuhn, kämpfte gegen diese verklebte Lügerei, die da betrieben wurde. Fünf Jahre hatte das Stück schon auf dem Tisch gelegen, und ich durft's nicht machen. Eines Tages kam der Autor des Stückes hierher, ich wurde angerufen: »Du, der kommt dahin, kannst du dich ein bißchen um den kümmern?« – »Natürlich kann ich.« – »Ja, dann geh doch mal mit dem zum Kulturminister, und sieh mal zu, daß der eine Woche da in ein Heim kommen kann, daß der sich erholen kann.« Ich sage: »Gut, mach ich alles.« Und nun kam Gelman, wir gingen zum Kulturminister und haben uns da unterhalten über dies und jenes. Ich habe natürlich dann das Stück in die Diskussion gebracht beim Kulturminister und sagte zu Gelman: »Ja, leider dürfen wir dein Stück nicht spielen, man findet das nicht richtig.« Der Kulturminister erkundigte sich nach dem Inhalt. »Es geht darum, daß Schwindel und Lügereien aufgedeckt werden sollen durch einen jungen Menschen, und das will man nicht.« – »So, wer soll denn das inszenieren?« Ich sagte: »Ich werde selbst inszenieren, ich will das machen, weil mich das Stück sehr interessiert.« – »Wenn du das machen willst, na klar, warum nicht, also mach's.« Damit war die Sache erledigt, ich durfte das Stück machen.

Natürlich kamen auch Leute vom Ministerium für Kultur und aus der Bezirksleitung der Partei in die Proben. Die haben sich abgewechselt und immer wieder gefragt, was das sei. Bei einigen Stellen habe ich dem Schauspieler gesagt: »Brüll mal nicht so und mach's nicht so direkt, mach's mal ganz harmlos. Nach der Premiere können wir's wieder auffälliger machen.« Das haben wir öfter so gemacht. Bei dieser Inszenierung war ich außerdem beauftragt vom Kulturminister, zu jeder Vorstellung anwesend zu sein, um gleich richtig reagieren zu können, wenn was passiert, oder um jemanden zu beauftragen. Ich habe mir gedacht: Dann gehst du selbst rein und guckst, das ist mir dann sicherer, als jemanden zu beauftragen. Die Leute im Publikum haben gerast, die Leute haben gelacht, die Leute fanden das ganz, ganz toll, weil Dinge ausgesprochen wurden, die für dieses Land und für diese Stadt neu waren. Das hatte einen Riesenerfolg, und es wurde auch nicht abgesetzt. Wir haben das Stück, als Gudzuhn von uns wegging ans Deutsche Theater, noch mal umbesetzt mit Daniel Minetti, und der hat's weiter gespielt, also das lief bis zum Ende. Das konnte man erreichen mit List und Tücke und mit einem Stück aus der Sowjetunion.

Persönliche Kontakte waren also ganz wichtig, um bestimmte Sachen durchzubringen?

Ja, helfen konnte mir auch, aber das war ganz waghalsig, Kurt Hager, der die ganze Literatur und all diese Dinge sozusagen unter seiner Kontrolle hatte und überwachte. Bei dem hatte ich das Gefühl, daß er mich mag. Aber bestimmte Dinge habe ich nicht gewagt dahin zu bringen, weil ich's nicht verderben wollte, und gedacht habe: Also wenn ich jetzt mit so was komme, dann ist der bestimmt dagegen, und das schlägt dann um. Aber mit vielen Dingen konnte ich kommen, oder ich ging zu seiner für Berlin zuständigen Frau und habe mit ihr das bequatscht. Ich wußte auch: Bei der habe ich Kredit. Wenn man den nicht hatte, dann haben die mit allen möglichen Argumenten, auch erfundenen, die von Autoren aufgeschriebenen Wahrheiten einfach abgeblockt.

Welche Rolle spielte der Theaterverband? War der immer auf der Seite der Theater, oder bedeutete der auch ein Problem?

Für mich war der Theaterverband kein Problem. Mit Hans-Peter Minetti haben wir uns gut verstanden, uns auch oft beratschlagt, wie man mit einzelnen Sachen umgeht, wie man das oder jenes machen kann. Auch zuvor mit Wolfgang Heinz, der ein toleranter Mensch war und der auch Sachen selbst gemacht hat, bei denen man sagte: Hoffentlich geht das nicht schief.

Was war das Besondere an den sowjetischen Glasnost-Stücken?

Das war eine ganz neue Art von Stücken. Die früheren sowjetischen Stücke waren noch Stücke von älteren Autoren aus der Stalinzeit, heroische Geschichten, dabei angelehnt an Sentimentalitäten wie Treue und Ehre. Sachen, die nicht die Wirkung hatten wie die Stücke von Gelman und Michail Schatrow. Das war eine ganz neue Art von Dramatik. Diese neue Dramatik beschäftigte sich nur mit ganz aktuellen gesellschaftlichen Fragen. Aber da die Sowjetunion und die DDR im Grunde das gleiche System waren, waren diese Probleme auch für die DDR relevant. Das Publikum kannte diese Probleme und wußte, wie schwer man sich damit in der DDR-Öffentlichkeit tat. Das war der Erfolg bei unserem Publikum.

Bei Volker Brauns ÜBERGANGSGESELLSCHAFT *stand dann aber noch einiges mehr auf dem Spiel. Wie erinnern Sie sich an diese Produktion, die zum Bedeutendsten auf dem Theater der späten DDR gehörte?*

Ich wurde auch für verrückt erklärt, als ich gesagt habe: »Wir spielen das Stück.« Ich wurde einfach unverschämt. Und mir war auch alles egal in dem Moment. Ich habe das Stück gelesen und dachte: Uiuiui! Ich habe dann ein paar Leute vom Ensemble, Schauspieler, Schauspielerinnen gefragt: »Was haltet ihr denn davon?« – »Ja, das müssen wir unbedingt machen.« Da war keiner, der gesagt hätte: »Laß die Finger davon.« Das müssen wir unbedingt machen! Das hat mir Mut gemacht, denn ich wußte: Da sind Menschen, mit denen du so und so lang zusammen bist und gearbeitet hast und die sind dafür – und jetzt bin ich überhaupt nicht mehr alleine. Eines Tages gehe ich zu Thomas Langhoff – er wußte sofort, worauf er sich da einläßt mit dem Stück. Und er sagte: »Aber du mußt den Wilhelm spielen, den alten Kommunisten. Die Verantwortung, daß es an dein Haus kommt, ist eine Sache, eine andere Sache ist, daß du mit auf der Bühne bist und eine Figur spielst.« Ich wußte ganz genau, worauf ich mich einließ, wenn ich das mache, ich habe mit allem gerechnet und wußte auch: Also hier kann etwas ganz Schlimmes passieren. Aber das war mir auch einerlei, denn zu dieser Zeit drängte der gesellschaftliche Zustand in der DDR auf Veränderung, und Gorbatschow spielte eine große Rolle. Am wichtigsten aber war, daß es nun eine Gruppe von Leuten war, das Ensemble und viele Mitglieder im Haus, und ich nicht mehr alleine kämpfen mußte. Das hat mich stark gemacht, und auch deswegen habe ich das Stück als Intendant machen können.

Am Tag der Premiere herrschte Höchstspannung. Ich saß eine Zeit lang vorn auf der Bühne mit dem Rücken zu den Zuschauern, Langhoff hatte mich so positioniert: Setz dich jetzt mal dahin und warte, bis du dran bist. Und ich saß da und hatte immer das Gefühl: Da fliegen mir irgend welche Pfeile in den Rücken. Es war ein scheußliches Gefühl, muß ich sagen, weil ich wußte, da sitzen so und so viele Leute in der Premiere, die in dem, was wir da machen, etwas Schlechtes finden. So, die Vorstellung war zu Ende, der Applaus kam, der Vorhang ging zu, und die ersten Leute gingen raus. Das waren nicht viele, aber es waren doch einige, die sich durch die Reihen gedrängt und den Zuschauerraum verlassen haben. Nun wurde der Applaus immer mehr, wurde immer mehr, wurde immer mehr, und da gingen immer noch Leute raus, und auf einmal gingen keine Leute mehr raus. Und dann prasselte er los mit einer Gewalt, dieser Applaus, denn das, was da gespielt wurde, war ja ein dreifaches Ereignis: nicht nur ein Theaterstück, sondern *das* Theaterstück mit so und so vielen Wahrheiten, die man öffentlich in diesem Lande nicht aussprechen durfte oder sollte.

(Das Gespräch führten Matthias Schmidt und Thomas Irmer.)

Von der Sowjetunion lernen heißt siegen lernen – die Parole gilt auch für den Kulturbetrieb, insbesondere für das Theater, das nun von der Staatsführung in die Pflicht genommen wird. Auf der 2. Parteikonferenz im Juli 1952 wird der planmäßige »Aufbau der Grundlagen des Sozialismus« beschlossen, und Walter Ulbricht weist den Künstlern ihre Rolle dabei zu: »Aufgabe der Künstler ist es, dem Leben vorauszueilen. Das erfordert vom Künstler, daß er lernt, seine Kunstwerke im Geiste des sozialistischen Realismus zu gestalten. Im Mittelpunkt des künstlerischen Schaffens muß der neue Mensch stehen, der Kämpfer für ein einheitliches demokratisches Deutschland, der Aktivist, der Held des sozialistischen Aufbaus.« Identifikation mit dem positiven Helden und Einfühlung in ihn werden gefordert im Stile eines ausschließlich ins Positive gewendeten Naturalismus: eine ideologische und ästhetische Normsetzung, die das Theater mit seinen vielfachen Möglichkeiten geradezu herausfordert, sie nicht zu befolgen.

Zu den neuen Möglichkeiten des Theaters gehört auch die Einrichtung von Ausbildungsstätten, die bis auf Leipzig und Dresden, wo es bereits 1945/46 Schauspielschulen gab, auf dem Gebiet der DDR fehlen. In Berlin wird die spätere Staatliche Ballettschule zunächst als Fachschule für künstlerischen Tanz gegründet, 1953 eröffnet die Theaterhochschule »Hans Otto« in Leipzig, 1954 die Deutsche Hochschule für Film in Potsdam Babelsberg. Eine große Zahl später bedeutender Schauspieler und Regisseure geht aus diesen neu gegründeten Schulen hervor.

Die frühen Jahre sind von einer schnellen, optimistischen Ideologisierung des Theaters geprägt, auch wenn diese nicht überall gleichermaßen greift. Der Ideologisierung durch die SED stehen allerdings Phänomene gegenüber, die damals außer in der Volksbühnenbewegung, auf die man sich ausdrücklich beruft, wenig bekannt sind. Die Forderung »Klassik für den Arbeiter, Kunst für alle« formuliert die Aufhebung des Bildungsprivilegs. Doch dem Arbeiter ist oft die Lohntüte näher als die großen Gedanken von Lessing, Schiller und Goethe. Zeitstücke wie Karl Grünbergs GOLDEN FLIESST DER STAHL sind für die, die selbst in der Industrie arbeiteten, rasch als Propaganda durchschaubar. Westlichen Saboteuren die Schuld an Mißständen in der Produktion zuzuschieben, um Parteifunktionäre und staatliche Leiter vom Vorwurf der Mißwirtschaft zu entlasten, entspricht nicht Brechts Aufforderung zur Darstellung neuer Konflikte. Die realen Grenzen sind schnell erreicht: einen echten sozialen Konflikt zwischen Arbeitern und ihren selbsternannten Führern darzustellen ist selbst dem besten Theater nicht erlaubt.

Der 17. Juni 1953

Der Arbeiteraufstand vom 17. Juni gehört zu den zentralen Ereignissen der frühen DDR, die immer wieder neu erforscht und anders bewertet wurden und werden. Mit dem sozialen Sprengstoff einer Arbeitsnormerhöhung verbindet sich die Frage nach den Perspektiven der DDR unter dem Regime Walter Ulbrichts. Nur einige Monate nach Stalins Tod, nicht einmal vier Jahre nach ihrer Gründung war das Experiment DDR nur noch mit Panzern aufrechtzuerhalten. Bezeichnend für die offizielle DDR-Lesart: staatsfeindliche Kriminelle und nationalsozialistische Elemente seien Auslöser der Vorgänge – und nicht die »staatstragende« Arbeiterklasse. In der Öffentlichkeit werden die Ereignisse tabuisiert. Im Westen macht man sich lange Zeit den Begriff vom Volksaufstand zu eigen. Was bedeutet der 17. Juni für das Theater?

Das Verhalten Brechts in diesen Tagen ist oft kritisiert worden, war für die Lage der Theaterkünstler der frühen Jahre jedoch nicht untypisch. Er bemüht sich um möglichst vollständige Informationen über das Geschehen und fordert schließlich von der Staatsführung die große Aussprache mit der Bevölkerung. Das *Neue Deutschland* druckt allerdings nur den Satz, in dem er seine Verbundenheit mit der SED bekundet. Ein Fall gespaltener Solidarität: zum einen Verständnis für die Anliegen der Protestierenden, zum anderen die Sorge, die Hoffnung eines Sozialismus in Deutschland könnte ein jähes Ende erfahren, auch wenn Brecht das Problem der stalinistischen Herrschaftsstrukturen längst durchschaut hat. In dem Gedichtzyklus »Buckower Elegien« findet sich das Gedicht »Die Lösung«:

Nach dem Aufstand des 17. Juni
Ließ der Sekretär des Schriftstellerverbands
In der Stalinallee Flugblätter verteilen
Auf denen zu lesen war, daß das Volk
Das Vertrauen der Regierung verscherzt habe
Und es nur durch verdoppelte Arbeit
Zurückerobern könne. Wäre es da
Nicht doch einfacher, die Regierung
Löste das Volk auf und
Wählte ein anderes?

Weder aber eine andere Bevölkerung, geschweige denn eine andere Regierung sind in der Folge des 17. Juni zu haben. Und auch keine große Aussprache zwischen beiden. Brecht notiert, der 17. Juni habe ihm »die ganze Existenz verfremdet«.

Daß sich der 17. Juni in einschneidenden Maßnahmen für die ostdeutschen Theater bei ihren Vorbereitungen auf die nachfolgende Spielzeit niederschlägt, ist nicht bekannt. Wohl auch weil die Ereignisse schnell mit dem Mantel des Schweigens und Vergessens zugedeckt werden sollen. So kann der 17. Juni bald als Argument westlicher Propaganda abgestempelt werden – und bleibt doch bis zum Ende eine nie verheilende Wunde: die offizielle Doktrin »Einheit von Volk und Partei« impliziert indirekt immer auch, wie es um dieses Bündnis bestellt ist. Heiner Müller nennt es später einen »Burgfrieden«: Das Volk arbeitete nicht so hart, wie es zum Überleben des Wirtschaftssystems gewiß notwendig gewesen wäre, dafür hatten die Herrschenden weitgehend ihre Ruhe. Dennoch ist für führende Künstler wie Brecht und Eisler und den Philosophen Ernst Bloch der Sozialismus kein bloßes Experiment, sondern der Ausweg aus der deutschen Misere, wobei die Einmischung des Westens tatsächlich zu fürchten ist.

Brecht, dessen Bearbeitung von Molières DON JUAN in den Tagen des 17. Juni unter der Regie von Benno Besson geprobt wird, eröffnet ein dreiviertel Jahr danach, 1954, mit dieser Inszenierung und seinem Berliner Ensemble seine eigene Spielstätte, das Theater am Schiffbauerdamm. Walter Ulbricht wird unterdessen nicht müde, Dekadenz und ideenlose Formspielereien anzuprangern und sie zugleich – im offiziellen Ton auf Parteitagen und Kulturkonferenzen – für die DDR als bereits überwunden zu erklären.

Drachendompteur und Spektakel-Erfinder: Benno Besson

Benno Besson, geboren 1922, Studium der Anglistik und Romanistik in Zürich, folgt Brecht 1949 ans Berliner Ensemble, dort Schauspieler und Regisseur bis 1958, von 1962 bis 1968 Regisseur am Deutschen Theater, ab 1969 an der Volksbühne, dort von 1974 bis 1978 Intendant. Nachfolgend Theaterarbeit in Frankreich und der Schweiz. Wichtigste Inszenierungen: Bertolt Brechts DON JUAN (1954, Eröffnung des Berliner Ensembles im Theater am Schiffbauerdamm), DER FRIEDEN von Peter Hacks nach Aristophanes (1962, Deutsches Theater), DER DRACHE von Jewgenij Schwarz (1965 am DT), UA MORITZ TASSOW von Peter Hacks (1965, Volksbühne).

Frage: Benno Besson, können Sie uns als erstes erzählen, wie Sie zum Theater gekommen sind?

Besson: Na ja, ich habe sehr früh gesagt, ich will Theater machen, wahrscheinlich weil ich faul war und lieber spielte ... Faul will ich nicht sagen, aber lieber spielte ich, als was anderes zu tun. Ich habe zunächst Laientheater gemacht, mit Freunden, die ich zusammengeholt hatte. Kleine Tourneen im Schweizer Waadtland, über die Dörfer auf die alte Weise. Wir spielten unter anderem eine Farce aus dem Mittelalter: DER FURZ. Wir haben Lieder gespielt, also das war ganz schlicht. 1942, nach diesen Tourneen, wurde ich eingeladen mit meinen Leuten nach Guillon, in die sogenannte freie Zone von Frankreich. Dort habe ich Jean-Marie Serreau und Geneviève Serreau kennengelernt. Die Organisation »Jeune France« wurde aber bald verboten wegen Widerstandstätigkeit, und wir mußten zurück in die Schweiz. Ich ging nach Zürich zum Studium, und da habe ich Brecht kennengelernt, das heißt erst einmal die Werke Brechts. Das war diese enorme Zeit der Emigranten aus Deutschland und Österreich am Zürcher Schauspielhaus, wo ich die ersten Uraufführungen von Brecht gesehen habe: COURAGE, GALILEI, SEZUAN. Es gab einen Buchhändler in der Straße, die zum Theater führte, der hat antifaschistische Literatur vertrieben, unter anderem auch die VERSUCHE, die Brecht publizierte. Ich habe dann eines seiner Märchen für Kinder, »Die drei Soldaten«, für die Bühne bearbeitet und in Yverdon, meiner Heimatstadt in der französischen Schweiz, aufgeführt. Als Brecht dann 1947 aus den Staaten nach Zürich kam, habe ich ihn auch persönlich kennengelernt.

Wie vollzog sich diese Begegnung?

Er wollte sehen, was ich da bearbeitet hatte, aber ich hatte keine Lust, es zu zeigen. Freunde von mir hatten ihm eine Wohnung in der Nähe von Zürich beschafft, und dort waren wir dann sehr oft, wir Studenten, Max Frisch war auch mal da, später auch Paul Dessau. Brecht war dabei, das Berliner Ensemble aufzubauen. Und er fragte mich, ob ich nach Berlin mitkommen würde. Ich war sofort bereit, das zu machen, sowohl aus politischen als auch aus künstlerischen Gründen. Viele meiner Freunde waren Trotzkisten, andere Kommunisten, und so war ich sehr interessiert zu sehen, was da passiert in der sowjetischen Zone.

Wie wurde das Berliner Ensemble vorbereitet?

Keine Ahnung. Die Weigel hat gekocht, ich bin mit ihr Pilze sammeln gegangen, von den Vorbereitungen habe ich nichts mitbekommen.

Sie sagen, Sie haben von den Vorbereitungen nicht soviel mitbekommen und waren trotzdem sofort überzeugt, mitzugehen?

Ja.

Welche Situation haben Sie in Berlin vorgefunden?

Eine vollkommen zerstörte Stadt. Ich wurde zunächst im Gebäude der »Möwe« untergebracht, da hatte das Berliner Ensemble Räumlichkeiten und eine kleine Probebühne. Da wohnte ich, bis Brecht und Weigel mir eine Wohnung in Adlershof verschafften.

Was haben Sie als erstes gemacht?

Wir haben sofort mit den Proben zum HOFMEISTER angefangen, als Gast im Deutschen Theater, das von Wolfgang Langhoff geleitet wurde, den ich in Zürich kennengelernt hatte. Ich habe mitgespielt, denn ich war als Schauspieler und Regieassistent engagiert.

Was war das Besondere an Brechts Theaterarbeit in dieser Phase?

Das Besondere war, daß er sehr viele Leute produktiv machte. Bei der Bearbeitung von HOFMEISTER haben wir viel mitgemacht, Vorschläge geschrieben und so weiter. Wir wollten allerdings nicht Regieassistenten genannt werden, denn die Regieassistenten, die ich am Deutschen Theater sah, holten nur Kaffee. Caspar Neher, der zugegen war, meinte zwar, wir würden berühmt werden, weil wir als Brechts Assistenten gearbeitet haben, aber mir war das ziemlich Wurst, was ich in Zukunft werden würde. Mir ging es um die Sache. Nach dieser Diskussion schrieb Brecht dann eine lange Beschreibung unserer Tätigkeit im Programmheft.

Die einzelnen Regieassistenten waren doch sehr spezialisiert.

Peter Palitzsch war mehr für die literarische Seite verantwortlich, das hat ihn sehr geärgert, denn er wollte doch Regie machen.

Brecht setzte ihn vor allem für das Buch THEATERARBEIT und für die Programmhefte ein. Womit ich nichts zu tun hatte, ich war mehr mit der Praxis konfrontiert.

Und daraus sind dann auch Spannungen zwischen den Regieassistenten entstanden?

Nee, ach wo, gar nicht.

Später erst?

Nicht, daß ich wüßte. Solange Brecht lebte, ist mir da überhaupt nichts aufgefallen. Vielleicht gab es das, aber mich hat es jedenfalls nicht gestört.

Nach Brechts Tod traten diese Spannungen offen zutage?

Als Brecht beerdigt wurde, gab es eine Feier für ihn im Berliner Ensemble. Ich traf Ernst Busch im Hof des Theaters, er kam mir entgegen, grinsend, und sagte: »Die Lebenden lachen.« Ich verstand überhaupt nicht, was er meinte. Na sicher, vielleicht lachen die Lebenden, weil sie nicht tot sind. Ich hab' s nicht begriffen. Und später begriff ich, daß er diejenigen meinte, die sich freuen, daß sie jetzt drankommen. Das war ein Gedanke, der mir überhaupt nicht in den Sinn kam. Sehen Sie, ich komme aus dem Waadtland und bin auf dem Dorf groß geworden. Da ist man wahrscheinlich etwas beschränkt, was die Kampffähigkeit angeht.

Aber ich habe mich gut unterhalten dort am Berliner Ensemble, und das war sehr aufregend. Auch weil das Berliner Ensemble in Berlin eine Igelstellung hatte. Klassisch und ordentlich war das Gorki Theater, das nach Stanislawski arbeitete, und am Berliner Ensemble war das eben nicht so. Deswegen die Igelstellung, die ganz lustig war.

Haben Sie mit dieser Kontroverse etwas anfangen können, die zwischen Stanislawski und Brecht konstruiert wurde?

Nee. Natürlich empfanden wir uns als hoch überlegen. Wie gesagt, diese ganzen Nebenfragen haben mich nicht so sehr interessiert.

Sie sind aber auch wegen Ihrer politischen Erwartungen mit nach Ostberlin gegangen und haben erleben müssen, daß Brecht durchaus aggressiv angegriffen wurde.

Da ich mit Trotzki vertraut war, war mir das nicht so sonderlich fremd. Das empfand ich als normal.

Empfanden Sie das als Bestätigung?

Brecht war nicht trotzkistisch, überhaupt nicht. Auch hat er sich nie so geäußert.

Der 17. Juni 1953 war das Ereignis in diesen Jahren, das auch immer wieder im Zusammenhang mit der Haltung Brechts kontrovers diskutiert wurde.

Da habe ich gerade DON JUAN inszeniert. Am 17. Juni wurde gesagt, daß wir nicht streiken, sondern weiterarbeiten. Doch wir haben nicht weitergearbeitet, sondern eine Versammlung abgehalten, auf der groß diskutiert wurde.

Was wurde da diskutiert?

Über die Richtigkeit oder Falschheit dieser Bewegung, die da im Gange war, und über die politische Lage überhaupt.

Kam etwas dabei raus?

Da müßte ich lange überlegen, bevor ich das formuliere. Das war sehr kompliziert, verstehen Sie? Ich könnte nur einen Bruchteil von dem sagen, was mir gerade in den Sinn kommt. Jedenfalls waren einige Techniker anderer Ansicht als ... sagen wir Brecht. Das kam zum Ausdruck.

Hatten Sie Angst in dem Moment, daß etwas Schlimmes passieren könnte?

Da war kein Angstgefühl. Vielleicht war es einfach Blindheit, ich weiß nicht. Ich war Ausländer und wurde nicht gebeten, etwas zu sagen. Das war eine Sache zwischen den Deutschen. Es war nicht erwünscht, und ich merkte schon, daß der Brecht nicht wollte, daß ich mein Maul aufreiße.

Hätten Sie ihm was sagen wollen, wenn er Sie gefragt hätte?

Wieso denn? Ich wurde nicht gefragt.

Aber ist das nicht paradox, daß Sie einerseits in dieser engen Gruppe um Brecht waren und andererseits ...

Der Tag scheint sehr speziell deutsch gewesen zu sein. Eine deutsche Frage. Und da war meine Schweizer Ansicht nicht gefragt.

Das ist schwer zu verstehen.

Wieso? In Familien ist es manchmal so, daß die Leute unter sich sein wollen.

Aber Sie waren praktisch in Familie dort.

Nein, nicht in der deutschen Familie. Ich war in der Theaterfamilie. Es ging nicht um Theater an dem Tag.

Da gab es klare Unterschiede?

Ja, gewiß. Jedenfalls wurde nicht über Theater verhandelt, sondern über Politik. Und über die momentane Lage.

Sie sagen, daß das eine sehr deutsche Angelegenheit war. In welcher Hinsicht? Es war eine ostdeutsche Angelegenheit, die einen größeren Kontext hatte. Inwiefern kann man das als ausschließlich deutsch charakterisieren, wenn man bedenkt, daß sich diese Dinge in anderen osteuropäischen Ländern später wiederholt haben?

Müssen Sie mich noch lange über den 17. Juni ausfragen?

Nein, hören wir auf.

Ich weiß nicht, was ich dazu sagen soll. Es gab diese Diskussion statt einer Probe. Und dann haben wir weitergeprobt.

Mit dem DON JUAN hat das Berliner Ensemble 1954 das Theater am Schiffbauerdamm als eigenes Haus bezogen. Was hat Brecht dazu bewogen, diese bereits im Deutschen Theater gezeigte Produktion dafür auszuwählen?

Da müssen Sie ihn fragen, das hat er mir nicht gesagt.

Das ist ja der Punkt, wir können nur Sie fragen.

Wahrscheinlich wollte Brecht damit was aussagen, aber nicht, daß es nicht nur ein Brecht-Theater war. Er sagte mir, er wolle nicht für alles zeichnen. Beim PROZESS DER JEANNE D'ARC in den Kammerspielen hatte er mir sehr geholfen, aber er wollte nie mit mir zusammen für die Regie unterzeichnen. Bei anderen Produktionen hatte er das gemacht, und ich wunderte mich. »Wieso machen Sie das mit dem und dem und bei mir nicht?« – »Mit Ihnen kann ich nicht zusammen unterzeichnen, denn ich hätte die Sachen ganz anders gemacht. Ich habe Ihnen nur geholfen, das zu machen, wozu Sie Lust haben. Ich hätte es anders gemacht.« Das fand ich sehr großzügig – und fertig.

Ein merkwürdiges Kompliment, das er Ihnen so ähnlich schon für den Rostocker DON JUAN von 1952 gemacht hatte.

Das war kein Kompliment, nach Rostock hatte er mir ein Telegramm geschickt: »Freue mich auf die Tuis.« Das fand ich enorm, und es hat mir später auch genutzt, als er tot war und ich 1969 in Zürich die Uraufführung von TURANDOT machen wollte. Da habe ich dieses Telegramm vorgelegt, und die Erben haben mir die Rechte gegeben.

»In Ordnung, aber ich hätte es anders gemacht.« – war das ganz allein Großzügigkeit?

Er hat nie »in Ordnung« gesagt. Zu mir nur: »Ich habe Ihnen nur geholfen, das zu machen, wozu Sie Lust haben.« Er hat mir nie gesagt: »Das ist in Ordnung oder nicht in Ordnung.« Wissen Sie, das war nicht unser Verhältnis – er hätte sich nie erlaubt zu sagen: »Es ist in Ordnung.« Er hat manchmal, sehr selten, gesagt: »Das gefällt mir, das gefällt mir nicht.« Ratschläge, darum ging es nicht. Wenn er bei mir auf der Probe saß, hat er immer gesagt: »Wenn ich störe, dann brauchen Sie es nur sagen, und ich gehe weg.« Um richtig oder falsch ging es nicht. Das war wesentlich dialektischer. Richtig und falsch, das ist cartesianisch, und das hilft im französischen Theater, aber Dialektik ist was anderes.

Die Weigel ging im KREIDEKREIS ab und machte eine große Bewegung mit ihrem Rock. Palitzsch sagte: »Was soll denn das, diese Bewegung mit dem Rock, das ist doch sinnlos.« »Ja«, sagte Brecht, »aber sehr schön.« Verstehen Sie? Das war nicht direkt richtig. Brecht fand es schön, und man konnte auch Gründe finden, warum es paßt, aber es wäre sehr kompliziert gewesen zu definieren, warum es passend war. Es ist sehr schwierig zu sagen: »Es ist passend oder nicht passend.« Wenn ich begründen soll, warum ich einem Schauspieler den Rat gebe, den Kopf nach rechts zu wenden oder eher doch nach links, ist es ungeheuer kompliziert, da kann man ein Buch schreiben drüber. Und doch sind das alles einfache Sachen, die im Leben enorm kompliziert sind. Da das Theater das Leben aufs Spiel setzt, ist es kompliziert. Der Brecht war wirklich sehr generös in diesem Sinne. Und das hat ihn amüsiert zu sehen, was ich mache – was er selbst nicht machen würde. Auch überrascht.

Welche Situation ergab sich nach Brechts Tod für die Schüler und somit auch für Sie?

Ich habe ja schon erzählt, was in dieser Situation passierte. Jedenfalls kriegte ich plötzlich Schwierigkeiten und wurde in Briefen sogar aufgefordert, ich solle mich fügen, das wurde unterschrieben von allen Mitgliedern der Leitungsgremien bis zu den Werkstätten. Das war komisch, ich sollte mich den Überlegungen des Kollektivs fügen. Diese Redeweise war mir völlig neu.

Also eigentlich ging es um eine organisierte kollektive Verurteilung.

Ja, wieweit sie organisiert war, wer sie organisierte, das weiß der Kuckuck, nicht ich. Auf jeden Fall war die Unabhängigkeit, die der Brecht doch irgendwie unterstützt, zumindest nicht bekämpft hatte, nicht mehr gewünscht. Deswegen bin ich auch gegangen.

Sie sind das erste Mal in Ihrem Leben weggegangen von einem Theater, das Ihnen sehr wichtig war.

Ja, zu Wolfgang Langhoff ans Deutsche Theater. Langhoff war auch enorm großzügig. Das war diese Generation, verstehen Sie? Der wollte, daß ich die HOLLÄNDERBRAUT von Erwin Strittmatter machte. Er hätte das sehr gern selber gemacht und hat es mir überlassen. Strittmatter wollte das. Langhoff ist dieses Risiko eingegangen. DER FRIEDEN von Hacks war dann ein Riesenerfolg. Ein anderer wäre stutzig geworden. Langhoff nicht, der hat sich richtig gefreut.

Mit dem DRACHEN wurde es anders?

Mit Wolfgang Heinz wurde es anders. DER DRACHE war nicht so ein Erfolg wie FRIEDEN, aber ganz erfolgreich. Ich weiß noch, wie ich in die Kantine ging und zufällig den Heinz an der Theke traf. Er sagte mir: »Ein sehr schöner Abend, ohne Menschen.« Das ist alles, was er mir zum DRACHEN sagte. Der war blaß vor Neid. Er war ein ganz schlechter Mensch.

Der Neid hat sich noch gesteigert, weil Ihre Inszenierungen international eingeladen wurden.

Ja, das sowieso. Wir bekamen die Einladungen, und deswegen bin ich auch vom Deutschen weggegangen. Wir waren mit FRIEDEN und ÖDIPUS eingeladen nach London und nach Italien. Der Heinz hat das alles vereitelt. Verstehen Sie? Das wäre kulturpolitisch für Europa von Wichtigkeit gewesen, meiner Ansicht nach, denn die Antike war damals nicht gang und gäbe in Europa nach dem Krieg. Ich bin sicher, diese Gastspiele hätten was ausgelöst.

Die Antike war auch deshalb eine DDR-Spezialität in dieser Zeit, weil die Theater vor der unmittelbaren Realität ausweichen mußten.

Ich glaube, es handelte sich dabei genau um das Gegenteil. Das Theater der Antike ist zutiefst politisch. Es hat mit der Polis zu tun, das griechische Theater ist von der Polis nicht zu trennen. Es geht immer um die Hauptinteressen der Polis, die Menschengesellschaft gegenüber der Natur, gegenüber dem Kosmos – das ist der Gegenstand des antiken Theaters und deswegen das Interesse dafür. Nicht etwa als Ausweichposition. DER FRIEDEN war alles andere als ein Ausweichen. Wir haben damals auch keine Kritik im *Neuen Deutschland* bekommen. Wahrscheinlich wollten sie keine verurteilende Kritik schreiben bei dem Erfolg, aber auch kein Loblied singen. Die hatten vermutlich Einwände.

Dieses große Thema war doch für die Zeit eigentlich ein Bedürfnis.

Ja, aber so aufgeführt paßte es wahrscheinlich nicht. Ich will damit nur sagen: Es wurde von den Parteiorganen keinesfalls gutgeheißen.

Und beim DRACHEN? Der aus heutiger Sicht doch eindeutig Stellung bezog.

Das war seltsam. Ulbricht kam in die Vorstellung, es war sehr lustig. In der Pause sollte ich zu ihm hoch in die Loge. Da gab es Wein, und einer probierte den Wein und so, sehr amüsant. Ulbricht sagte zu mir: »Also, Sie stellen ja richtige Helden dar.« Ich wußte gar nicht, was er meint. »Diese Szene«, sagte er, »wo die alle den Kopf in den Hintern der andern stecken – so sind sie.« Ein richtiger Held, das war doch der Lancelot und nicht der Herrscher, aber Ulbricht hat den Drachen in diesem Sinne gar nicht auf sich bezogen. Da kann man was lernen.

Der Drache von Jewgenij Schwarz
Regie: Benno Besson, Deutsches Theater Berlin, 1965
Foto Willy Saeger

Ist es nicht ein interessanter Punkt, daß die Staatsführung eines Landes ins Theater kommt, um solche Fragen zu ergründen?

Ja, im Kapitalismus ist das nicht nötig.

Wurde das Theater überschätzt, oder hatte es genau das richtige Verhältnis zur Macht?

Das Theater hatte was zu sagen und sagte es auch. Und mobilisierte, denn es war selbst eine Macht. Und es wurde von der Macht beachtet, schon Pieck ist zu jeder Premiere gekommen. Aus Interesse, er hat das gemocht. Ich weiß nicht, ob der Ulbricht das Theater wirklich gemocht hat, aber er kam.

Das Theater sprach Gemeinplätze an, die alle Leute angingen, verstehen Sie? In der DDR gab es ein Publikum, für das die Verhältnisse der Macht allgemein bekannt waren. Und damit konnte man spielen. Fragen der Gemeinschaft, Freiheit, Demokratie und so weiter. Deswegen hatte Theater eine tiefe Wirkung. Eine Wirkung in die Tiefe. Nicht unbedingt, wie, sagen wir, ein Mann wie Biermann das gewünscht hätte, sensationell und knallend.

Biermann sollte doch ursprünglich den DRACHEN *für Sie bearbeiten.*

Eben, der hat sich dann aber gedrückt. Er war der Meinung, ich hätte den Drachen als Ulbricht zeigen sollen. Ich meine, die Frage des DRACHEN geht viel weiter. Heute sehen wir Drachen sondergleichen, verstehen Sie? Ganz christliche Drachen. Mich interessierte, daß die Allegorie des Drachen eine weitläufige Angelegenheit ist und nicht nur eine sozialistische Erscheinung.

Biermann nannte Sie mutig, weil Sie den DRACHEN *nicht gegen Hitler inszeniert haben, und feige, weil Sie es nicht gegen Ulbricht gemacht haben.*

Das ist dumm. Es könnte gegen Stalin verstanden werden, deswegen gab es mit dem Stück in der Sowjetunion Schwierigkeiten. Was die Sache hier angeht, bin ich sicher, daß der Ulbricht die Inszenierung nur deshalb positiv bewertete, damit nicht das passiert, was beim FRIEDEN passiert war. Daß da ein Ding seine Wirkung hat und gutgeheißen wird von der Bevölkerung, aber von der Partei ignoriert und mißgünstig aufgefaßt. Das sollte sich mit dem DRACHEN nicht wiederholen. Obwohl er wesentlich kräftiger und eindeutiger war. Ich habe keine anderen Beweise dafür als das, was er zu mir geäußert hat. Daß ihm alle in den Arsch kriechen und er dann sagt: »So sind sie«, das war doch bekannt, das war der allgemeine Zustand im Osten, nicht?

Und in diesem Fall sogar durch den Parteiführer bestätigt.

Ja. Aber wer war »so«? Auch in welche Hintern gekrochen wird, ist da so eine Frage. Und wie in die Hintern gekrochen wird, das ist auch eine Frage.

Im dritten Kapitel Ihres Theaterlebens in der DDR haben Sie zum ersten Mal selbst ein Theater geleitet, die Volksbühne. Wie ist es dazu gekommen?

Wie gesagt, ich hatte schlechte Erfahrungen mit der Leitung des Deutschen Theaters und mußte weg. Da wurde mir das angeboten. Die Volksbühne als Haus mochte ich nicht, also das einzige Theater, das ich mochte, war das Deutsche Theater – als Haus. Das Berliner Ensemble habe ich auch nicht so gern gehabt, ich fand es eng und ein bißchen bedrückend, wie eine italienische Bühne. Die Volksbühne war großkotzig und unangenehm. Erst einmal habe ich mich bemüht, Leute zu engagieren, die was machen konnten, also Manfred Karge und Matthias Langhoff sind gekommen und einmal auch Thomas Langhoff. Ich wollte viele Leute ranlassen, auch Gäste, denn das, was da vorher an Theater produziert wurde, war ziemlich kümmerlich.

Besonders haben Sie sich um Heiner Müller gekümmert in diesen Jahren. Was hat Sie an ihm interessiert?

Erstmal habe ich den Heiner gern gehabt, und er war ein großes Talent. Wir hatten bei der Bearbeitung von Sophokles' ÖDIPUS schon sehr angenehm zusammengearbeitet, mit einer gemeinsamen Sicht über die Art, wie man eventuell Hölderlin dem Urtext etwas näherbringen kann. Mit Heiner konnte man solche Sachen unternehmen. Es war mir vor allem wichtig, daß an der Volksbühne zeitgenössische Dramatik erscheint. Karge und Langhoff haben das als Regisseure vorangetrieben. Ich habe ja selbst nicht viel inszeniert. Wieder SEZUAN, denn wichtig war, daß die Auslandsreisen weitergingen. Ein Theater ohne größere Ausstrahlung finde ich nicht gesund.

Eine andere Spezialität der Volksbühne waren die Spektakel, die mit Ihrem Namen verbunden sind und auch sehr stark mit Ihrer Auffassung vom Theater diskutiert wurden als eine Art von neuem Volkstheater.

Wie gesagt, das Haus gefiel mir nicht. Und es war nicht einfach, dieses Haus lebendig zu machen. Es nur durch Aufführungen auf der großen Bühne oder im Theater im dritten Stock zu beleben, das war kaum drin. Wir haben also einmal Theater ausprobiert, wie es eigentlich immer aussehen müsste. Aber das schafft man nicht, das ist sehr anstrengend.

Die Spektakel waren eine Riesenunternehmung, überall wurden Stücke aufgeführt, auf allen Bühnen, in den Foyers und rund um das Haus. Da haben wir übrigens auch den FURZ wieder gespielt, den ich am Anfang meiner Laufbahn in der Schweiz gemacht hatte. Es war Theater der verschiedensten Arten, und alle haben das gern gemacht.

Was ist nun mit diesem häufig strapazierten Begriff Volkstheater?

Das Wort mag ich nicht, Volkssuppe, Volkstheater, das mag ich nicht. Sachen für das Volk, das finde ich langweilig. Bei dem Wort Volk kriegte ich damals ein komisches Gefühl, weil das auch von den Nazis sehr strapaziert wurde, wenn ich nicht irre. Ich habe nie behauptet, daß die Volksbühne ein Volkstheater ist. Auch der Name Volksbühne gefiel mir nicht sehr. Aber ich konnte das vergessen und sagte mir außerdem: Der Piscator hat es verkraftet. Diese Linie aus den zwanziger Jahren hat mich interessiert, denn die hat eben zum Außerordentlichen am DDR-Theater beigetragen. Ich glaube, um das zu verstehen, muß man über die zwanziger Jahre sprechen, die eine ungeheure Kulturexplosion waren in Deutschland. Eine außergewöhnliche Explosion kultureller Tätigkeit auf allen Gebieten, Theater, aber auch Kino, Malerei, Schriftstellerei und so weiter, auch philosophisch mit Leuten wie Walter Benjamin. Und etwas von dieser Explosion hat sich in der DDR weitergetragen durch Leute wie Brecht, wie Seghers, wie auch Becher oder John Heartfield. In Westdeutschland konnte ein Mann wie Piscator nicht viel bewirken, hingegen hier haben Heartfield, Brecht, Seghers und all diese Leute Schüler hervorgebracht – Kinder gemacht, verstehen Sie, das wurde eine richtige Brut. Meiner Ansicht nach war das ein schwacher Abglanz der zwanziger Jahre, aber immerhin ein Abglanz.

Wie sind Sie als Intendant mit den Ritualen der Politbürokratie umgegangen?

Einmal hatte mich vorher ein Verbot betroffen, als ich gastweise 1965 an der Volksbühne MORITZ TASSOW inszeniert habe. Hacks bemühte sich, das auf der Regierungsebene zu regeln, jemand anders auf der Parteiebene. Ich konnte gar nichts machen, ich hätte auch nicht gewußt, was ich hätte machen sollen. Die SED verbot das Stück auf Anregung der Bauernpartei. In dem Stück plündern die Bauern ein Schloß. Und die Bauernpartei fand, das dürfe man nicht so darstellen, das hätte es nie gegeben und so weiter. Das ist das einzige Verbot gewesen.

Mit den Sachen von Heiner gab es später hin und wieder Ärger. Da ist man einfach steif geblieben, und damit hat es sich … dann hat man es trotzdem gemacht. Und wenn man den Spielplan vorgestellt hat, das war immer ein Nachmittag im Roten Rathaus, hat man das vertreten. Ich kann mich erinnern, daß ich ermahnt wurde. Auf jeden Fall ist nix Großes in der Hinsicht bei mir haften geblieben.

Warum haben Sie die Volksbühne verlassen?

1976 wurde ich eingeladen, drei Jahre lang in Avignon zu inszenieren, im Palais des Pâpes, im Ehrenhof des Papstpalastes. Ich nahm an, und ich habe auch angefangen, auf französisch zu inszenieren, zum ersten Mal nach fünfundzwanzig Jahren. Ich merkte, daß die Tatsache, meine Muttersprache verlassen zu haben, einfach ganze Abteile meines Gehirns lahm gelegt hatte, nämlich alle Erinnerungen an Kindheits- und Jugenderfahrungen. Sie waren wie weg, verstehen Sie, das war ganz seltsam. Und da habe ich einen Riesenschreck bekommen. Weil ich dachte, das geht nicht weiter, und ich muß weiter. Ich mußte also auf französisch weitermachen. Das war der Hauptgrund, warum ich gegangen bin. Es gab immer wieder Ärger mit den Leuten in Berlin, aber das war nichts Wesentliches.

Was hat Ihnen gefehlt, als Sie in Frankreich arbeiteten?

In Frankreich arbeitet man unter ganz anderen Bedingungen. Was die Volksbühne ausgezeichnet hat, war, daß wir uns bemüht haben, demokratisch zu herrschen. Alle Hauptfragen wurden mit allen debattiert, was die Leute absolut gelangweilt hat. Die sagten: »Ihr werdet hier bezahlt, um zu leiten.« Trotzdem haben wir es so gemacht, und ich habe in dieser Atmosphäre viel gelernt. Im Verhältnis zur Putzfrau, zu den Bühnenarbeitern und so weiter. Sodaß ich nie mehr so arbeiten konnte wie die Leute in Frankreich. Mit einer Autorität, die gottgegeben ist. Das wurde in der DDR aus dem Kopf weggewischt. Diese Arbeitsweise, die für mich etwas ganz Wichtiges war, ist in Frankreich und besonders in Italien völlig ungewöhnlich.

Was halten Sie von der These, daß Theater in einer Diktatur als Ort der Wahrheit eine größere Rolle spielt als in freien Gesellschaften?

Das wäre wirklich tragisch, wenn das wahr ist. Das Theater hat nämlich eine Hauptrolle in der Antike gespielt, es hatte eine Hauptrolle in der Renaissance. Es wurde dekorativ und immer weniger gesellschaftlich ab dem 18. und insbesondere im 19. Jahrhundert, mit großen Ausnahmen wie Victor Hugo zum Beispiel. Und Brecht im 20. Jahrhundert, um nur zwei Ausnahmen zu nennen. Theater entwickelte sich ansonsten in eine Privatisierung der Wirkung. Vielleicht muß das in einer Diktatur nicht so sein, ich glaube aber, daß unter dem Faschismus das Theater nicht geblüht hat, nicht daß ich wüßte. Wenn es die Diktatur wäre, die dem Theater eine größere Rolle zukommen läßt, müßten die Faschisten wirklich enorm viel geleistet haben. Das scheint nicht der Fall zu sein.

Bevor die Kamera lief, machten Sie vorhin eine Bemerkung: Das Gute am Theater ist, daß es vergeht, daß es weg ist. Wenn Sie jetzt nochmal zurück könnten in diese dreißig Jahre, die Sie an Ostberliner Theatern gearbeitet haben, was würden Sie von dort mitnehmen, um es in die Gegenwart zu bringen?

Schwierig, da muß ich lange nachdenken. Vielleicht kann ich Ihnen das später sagen. Vor einiger Zeit wurde ich in Paris interviewt, live im Fernsehen, und am Schluß des Interviews haben sie mir zwei Steine auf den Tisch gelegt und gefragt: »Was ist das?« – »Na, weiß ich nicht.« Sie erklärten mir, das seien Stückchen von der Berliner Mauer. »Ah« habe ich gesagt, »das kenne ich gut, ich habe sogar Freunde, die daran gebaut haben.« Und da wurde es kalt um mich herum. Ich erklärte: »Auf der einen Seite der Mauer gab es Länder, die verwüstet waren, und auf der anderen Seite den Marshall-Plan. Das war der Sinn der Mauer, es ist doch ganz klar, und das war der Witz.«

Ich war früher Trotzkist, nicht wahr? Natürlich, Trotzki war gegen Stalin. Aber Trotzki war auch ein Patriarch. Ich meine, das Patriarchat ist nicht mehr zu retten, es ist am Ende, die männlichen Werte sind einfach nicht mehr vertretbar. Das Erobern, das Beherrschen, das In-den-Himmel-Stürmen und so weiter. Der ganze Planet stinkt danach. Weibliche Werte wie die Natur schützen, die Natur entwickeln, das haben Genies wie Brecht oder Sophokles oder Hugo verstanden und vertreten. Daß die Welt geschützt und nicht beherrscht wird. Überall, wo Bomben fallen, kann wieder investiert werden. Dafür gab es den Marshall-Plan, und das war wieder so in Jugoslawien, und das passiert jetzt in Afghanistan und im Irak, wo die Firmen, die das wieder aufbauen sollen, sich darum streiten. Also erst verdienen sie Geld beim Zerstören, und dann verdienen sie Geld beim Wiederaufbau. Auf jeden Fall ist die Welt kaputt und läßt durch dieses kaufmännische Patriarchat viel zu wünschen übrig, und es anzuzweifeln ist gut. Das Theater ist nicht sehr mächtig, aber es kann doch zumindest einiges sagen. Daß diese Art Drachen verschwinden.

Viele ältere Kollegen meinten, als Sie voriges Jahr mit dem KAUKASISCHEN KREIDEKREIS aus Lausanne hier im Berliner Ensemble gastierten, diese Aufführungen seien wie eine Zeitreise in Ihr altes Thea-

ter gewesen, und sprachen von einer Heimkehr. In diesem Zusammenhang mit dem abgewirtschafteten Patriarchat wiesen Sie damals auf die Mutter Grusche als das »Salz der Erde« hin.

Grusche ist eine Ausnahmefigur bei Brecht. Die anderen Figuren, sei es die Mutter, sei es die Courage oder die Shen Te, kämpfen immer im Namen einer Mission, die, sagen wir, eher männlicher Herkunft ist. Ganz eindeutig ist das bei der Mutter, die kämpft nicht für sich oder von sich aus. Die Shen Te will gut sein, und sie hat die Götter hinter sich. Alle haben was hinter sich, die Mutter Courage ihren Markt. Aber die Grusche hat nichts! Außer daß man nichts umkommen läßt. Schon gar nicht etwas Lebendiges, das da rumliegt. Daß man eine Verantwortung hat fürs Leben. Und für die Entwicklung des Lebens. Das finde ich eine enorme Sache beim KREIDEKREIS. Deswegen habe ich dieses Stück sehr gern noch mal gemacht.

(Das Gespräch führte Thomas Irmer.)

Neue Dramatik

Tatsächlich beginnt sich das DDR-Theater dank neuer Autoren zu differenzieren, die die Zeitstücke mit aktuellen Problemen der Gesellschaft vielschichtiger auf die Bühne bringen, als es bislang mit Stücken wie Grünbergs GOLDEN FLIESST DER STAHL oder mit den Stücken der verordneten Sowjetdramatik und den Werken der deutschen Klassik im verehrungsheischenden Erbe-Stil möglich war. Ein Vorbote dieser neuen Stückeschreiber ist der von Brecht geförderte Erwin Strittmatter mit seiner Bauernkomödie KATZGRABEN, die im Mai 1953 vom Berliner Ensemble aufgeführt wird. Mit den Veränderungen auf dem Land, wo die sozialen Umwälzungen infolge der Bodenreform und der nachfolgenden Kollektivierung noch tiefgreifender als in den von der Industrie

Der Lohndrücker von Heiner Müller
Regie: Günter Schwarzlose, Städtische Theater Leipzig, 1958
Foto Helga Wallmüller

Der Lohndrücker von Heiner Müller
Regie: Günter Schwarzlose, Städtische Theater Leipzig, 1958
Foto Helga Wallmüller

geprägten Städten sind, beschäftigt sich auch Alfred Matusches DIE DORFSTRASSE (1955). Diese neue Dramatik, zu der auch Helmut Baierls Landstücke DIE FESTSTELLUNG und FRAU FLINZ zählen, kann sich wohl auch deshalb an den Theatern durchsetzen, weil eine Dorfgemeinschaft mit ihren Problemen und sozialen Typen eine gewisse Überschaubarkeit verspricht – was für das eher undurchsichtige Verhältnis von Industrie und Wirtschaftspolitik kaum zutrifft.

Doch gerade im Genre des Produktionsstücks, mit seinen meist eindimensionalen und zum Träger der Vision vom Aufbau stilisierten Helden, kann die junge DDR-Dramatik zum ersten Mal etwas bleibend Originäres hervorbringen. Das wichtigste Stück dieses Typs, Heiner Müllers LOHNDRÜCKER, 1958 in Leipzig uraufgeführt, behandelt die Geburtsstunde der DDR anhand von Konflikten in der industriellen Produktion: Der Widerspruch zwischen verschiedenen Interessen wird nicht in einem idealisierten Harmoniekollektiv, an das Müller nach eigener Erfahrung in der Produktion nicht glauben konnte, aufgehoben, sondern in all seiner Schärfe aufgezeigt. Arbeiter, die in Hitlers Kriegswirtschaft sozialisiert wurden, sollen nun unter kommunistischer Anleitung die ohnehin erdrückenden Normen übertreffen. Mit seinem Anspruch, diesen Konflikt ins Publikum zu tragen, geht Heiner Müller von all den jungen Autoren, die sich mehr oder weniger an Brecht orientieren, am weitesten in der Fortsetzung Brechts, der, obwohl er eines mit »einem vollen Akt über den 17. Juni« geplant hatte, nie ein Produktionsstück schrieb. Es fehlten ihm auch die konkreten Kenntnisse aus eigener Erfahrung.

Theater als Massenkultur

Der Anspruch, den vormals elitären Zugang zur Kultur allen zu ermöglichen, bringt eine Reihe von Bemühungen hervor, die das

Theater der DDR tatsächlich auch als Baustelle des Neuen erscheinen lassen. Die kommunalen und staatlichen Theater werden relativ großzügig subventioniert, Eintrittskarten sind nicht das Privileg von Besserverdienenden. Landesbühnen unternehmen selbst kleinste Abstecher in kaum aufführungstaugliche Räumlichkeiten. Dieser Auffassung eines egalitären Zugangs zur Kultur entspricht eine nicht eben üppige Bezahlung der Theaterschaffenden. Auch darin soll sich ein neues Selbstverständnis ausdrücken, nämlich Theaterkultur als Teil des Lebens und nicht als abgehobene Sphäre für eine Elite zu begreifen.

Einer jungen Generation von Schauspielern und Regisseuren, zum Beispiel Ekkehard Schall, Hilmar Thate und Armin Mueller-Stahl, um 1930 geboren und damit zu jung für Krieg oder Emigration, bieten diese Anfangsjahre eine Chance, in einen Theaterbetrieb einzusteigen, der ihnen rasch große Möglichkeiten eröffnet. Das junge DDR-Theater ist buchstäblich ein junges Theater, auch wenn die Leitungspositionen oft mit Persönlichkeiten besetzt sind, die ihre wesentlichen beruflichen Prägungen bereits in den zwanziger Jahren erfahren hatten.

Die kulturpolitischen Bemühungen eines Theaters für die ganze Gesellschaft führen auch auf anderen Gebieten zu Erscheinungen, die nur im Zusammenhang mit der Entwicklung der frühen DDR gesehen werden können. 1952 wird in Leipzig das Zentralhaus für Laienkunst eröffnet, dessen Theaterbereich sich um das Amateurtheater kümmert mit dem Ziel, die Leiter von Laienspielgruppen zu schulen und Konzepte für diese auszuarbeiten. Auch hier findet sich der Mechanismus einer doppelten Bedingung von Förderung und Einflußnahme, ein System, das später in den staatlich gelenkten Kulturhäusern, in denen Theater gespielt wird oder Theater mit mobilen Produktionen gastieren können, allgemein üblich ist.

Als besondere Theaterform entwickelt sich schließlich das Arbeitertheater, das in den Betrieben und Kombinaten als Laien-

Klaus Störtebeker von Kurt Barthel (Kuba)
Regie: Hanns Anselm Perten, Ralswiek 1959
Foto Manfred Dressel

theater oftmals in enger Zusammenarbeit mit professionellen Theaterleuten gepflegt wird. Zu den ersten Arbeitertheatern gehört die 1959 gegründete Laientheatergruppe der Rostocker Warnow-Werft. Das Arbeiter- und Bauerntheater aus dem thüringischen Bauerbach tritt erstmals 1959 mit WILHELM TELL auf. Seit 1959 finden auch die als Wettbewerb ausgetragenen Arbeiterfestspiele statt. Zum einen gilt es, Arbeiter an die tradierte Kunst des Bildungstheaters heranzuführen, zum anderen sollen ihre Erfahrungen aus dem Arbeitsalltag im Zusammenwirken von Autoren, Regisseuren und Laienspielern auf der Bühne umgesetzt werden. Der primär pädagogische Aspekt – sowohl für die Laienspieler wie auch für ihre professionellen Schauspielkollegen – ist dabei nicht zu übersehen. Andererseits ist diese Förderung des Theaters als Massenkultur – oder Breitenkultur – nicht zu unterschätzen. Sie brachte teilweise Höchstleistungen hervor: Mit insgesamt 1200 Darstellern, meist Laien, wird im August 1959 Kubas (eigtl. Kurt Barthel) szenische Ballade KLAUS STÖRTEBEKER in der Inszenierung des Rostocker Intendanten Hanns Anselm Perten zu den Rügenfestspielen in Ralswiek als historisches Freiluft-Massenschauspiel aufgeführt. Diese Inszenierung wird offiziell als richtungsweisend für ein neues Volkstheater gewürdigt und findet ein großes Publikum.

Das Amateurtheater in staatlichen oder innerbetrieblichen Räumen erreicht dennoch kaum die Massen. Von Bedeutung ist der Austausch zwischen Laienspielgruppen unter sich; darüberhinaus fördert es Schauspieltalente und ermöglicht diesen den Absprung in die professionelle Laufbahn eines Berufsschauspielers. Die Ende der fünfziger Jahre forcierte Zusammenarbeit von Arbeiter-Laienschauspielern mit professionellen Theaterschaffenden hängt mit dem großangelegten Versuch zusammen, den die SED-Kulturpolitik zum Aufbau der neuen, sozialistischen Gesellschaft aus dem Zusammenwirken von Arbeiterklasse und Kulturschaffenden propagierte, dem »Bitterfelder Weg«.

Fernsehen und Theater

Mit dem verbreiteten Aufkommen des Fernsehens gibt es in diesen Jahren auch einen tiefgehenden Wandel des Besucherverhaltens, dem das Theater trotz Werbekampagnen und großzügiger Abonnementangebote wenig entgegenzusetzen hat. Von Ende der fünfziger Jahre bis 1966 reduziert sich die Zahl der Besucher von jährlich 17 Mio. auf 11 Mio. Die Konsequenzen aus diesem Zuschauerrückgang von immerhin einem Drittel sind unausweichlich: 1963 werden nach langen kulturpolitischen Bedenken einige kleinere Theater geschlossen oder, falls möglich, miteinander fusioniert. Auch das neue Medium selbst bietet einen Ausgleich. Fernsehaufzeichnungen wichtiger Theaterproduktionen werden ausgestrahlt. Viele der im Theater beliebten Schauspieler sind jetzt in den verschiedenen Eigenproduktionen des Deutschen Fernsehfunks zu sehen. Für viele von ihnen ergänzt sich dieses Wechseln zwischen Film, Fernsehen und Theater aufs angenehmste.

Kampf um Realismus und Mauerbau

1956 stirbt Bertolt Brecht und mit ihm der international renommierte Gewährsmann für ein kritisches und experimentelles, auf eine Vertiefung des Verständnisses abzielendes Theater. Helene Weigel führt das Berliner Ensemble nun alleine, an ihrer Seite die Brecht-Schüler, die Brechts Ideen in durchaus unterschiedlicher Auffassung weiterhin vertreten: Peter Palitzsch und Manfred Wekwerth sind sich in ihrem Führungsanspruch einig, gegen Benno Besson, der vom BE zum Deutschen Theater wechselt. Für nahezu alle wichtigen jüngeren Theatermacher und -autoren wird Brecht zum Vorbild – auch in dem Bestreben, eine eigene Form zu finden. Peter Hacks, dessen Stück DIE SCHLACHT BEI LOBO-

Der Schatten von Jewgenij Schwarz
Regie: Gustaf Gründgens, Kammerspiele des Deutschen
Theaters Berlin, 1946
Foto Willy Saeger

SITZ am Deutschen Theater im Dezember 1956 Uraufführung hatte, war wegen seines Interesses für Brecht aus München nach Ost-Berlin übergesiedelt. Er, der zunächst mit seinen poetischen Historienstücken an die Theater gelangte und neben Heiner Müller mit LOHNDRÜCKER die zweite wichtige Figur der neuen DDR-Dramatik ist, grenzt sich bald deutlich vom Erbe Brechts ab und wendet sich einer auch durch ihn geförderten sozialistischen Klassik zu, die sich in einer selbstbewußt nachrevolutionären Haltung den neuen Verhältnissen stellt.

In zeitlicher Nähe zum Bau der Mauer im August 1961 finden zwei geschichtsträchtige Uraufführungen statt: Peter Hacks' Produktionsstück DIE SORGEN UND DIE MACHT ein gutes Jahr davor; Heiner Müllers DIE UMSIEDLERIN, eine weitere Landkomödie, kurz danach. Beide Stücke haben mit dem Mauerbau direkt nichts zu tun, doch ihr Geist fordert noch einmal den brüchigen Konsens heraus, auf dem die DDR unter Ulbrichts Führungsanspruch steht. Die offizielle Parole lautet: mehr Realismus und echte Konflikte ins Theater. Dabei das rechte Maß zu finden lag durchaus im Ermessen weniger oder eines einzigen Parteifunktionärs. Nachdem die Aufführung einer ersten Fassung von Hacks' Produktionsstück um den Planerfüllungspfusch einer Brikettfabrik nach einer Probeaufführung vor Funktionären in Berlin abgesagt wurde, geht man mit dem Stück dorthin, wo tatsächlich Briketts hergestellt werden, in die Tagebaustadt Senftenberg in der Lausitz. Im Mai 1960 findet dort die durch verschiedene Vorgespräche und Einführungen gut abgesicherte Uraufführung der zweiten Fassung von DIE SORGEN UND DIE MACHT statt – um kurz darauf abermals durch Berlin untersagt zu werden. Indirekt spricht das Stück von den wirtschaftlichen Verhältnissen, die den Bau der Mauer mit herbeiführten: von den inneren Verhältnissen der DDR, ihrer wirtschaftlichen Leistung, die aufgrund sozialer und individueller Umstände – wie das Stück auch in seiner dritten Fassung im Oktober 1962 am Deutschen Theater zeigt – so mangelhaft ist, daß immer mehr Menschen das Land verlassen oder verlassen wollen.

Ein Jahr nach dem Mauerbau inszeniert Peter Kupke das Stück noch einmal in Potsdam, wo es ebenfalls nach wenigen Vorstellungen abgesetzt wird. Zum Mauerbau äußert sich dieser junge Regisseur allerdings zustimmend: »Durchdenkt man die neue Lage in Ruhe, bleibt nur die Frage, warum wir uns nicht eher zu diesem Schritt entschlossen haben ... Jetzt, unter klaren Bedingungen, frei von schädigenden Wirkungen, die die offene Grenze mit sich brachte, wird in größerer Ruhe gearbeitet werden können.« Die Vorgänge um die Uraufführung von Heiner Müllers DIE UMSIEDLERIN, sechs Wochen nach dem 13. August 1961, machen klar, wie unbegründet diese Hoffnung ist.

Weder Müllers Stück noch die Inszenierung durch B. K. Tragelehn an einer Berliner Studentenbühne nehmen direkt Bezug auf den Mauerbau oder kritisieren aggressiv die Verhältnisse in der DDR. Die beiden jungen Theaterleute sind arglos, Müller schreibt an einem Tag, was Tragelehn am nächsten Tag inszeniert. Auf die Premiere folgt die umfassendste Bestrafungsaktion der DDR-Theatergeschichte: Das Stück wird als »reaktionäres Machwerk« verboten, der Regisseur zur Bewährung in die Produktion geschickt, der Autor aus dem Schriftstellerverband ausgeschlossen und auf Jahre brotlos. Doch nicht die Mauer – die bei allen die Nervosität in jenen Wochen freilich noch steigert – ist hierfür ausschlaggebend: Kulturpolitisch soll ein Exempel gegen eine bestimmte Richtung der Brecht-Schule statuiert werden. Gegenwartsrealismus zu definieren rückt mehr denn je in den Zuständigkeitsbereich der Macht, und die Künstler vermeiden immer mehr die unmittelbare Darstellung der Gegenwart und nutzen für die von ihnen verhandelten Probleme andere Ausdrucksmöglichkeiten.

Mit der Umsiedlerin durch die DDR-Geschichte: B. K. Tragelehn

B. K. Tragelehn, geboren 1936, Regisseur, Übersetzer, 1955 bis 1958 Meisterschüler der Akademie der Künste bei Bertolt Brecht und Erich Engel, 1972 bis 1976 Regisseur am Berliner Ensemble, dort Zusammenarbeit mit Einar Schleef, arbeitet ab 1979 in der Bundesrepublik. Wichtige Inszenierungen von Stücken Heiner Müllers (UA Die Umsiedlerin, Berlin 1961; UA Quartett, Bochum 1982), Brechts und Shakespeares.

Frage: 1961, ein paar Wochen nach dem Mauerbau, kommt Heiner Müllers Umsiedlerin in Ihrer Regie zur Uraufführung. Die hat die umfassendsten Bestrafungen, die aus der DDR-Theater-Geschichte bekannt sind, zur Folge. Was war an dem Stück so gefährlich, das in einer semiprofessionellen Aufführung durch eine Studentenbühne wahrscheinlich nie eine so große Öffentlichkeit gehabt hätte wie durch das, was damals der Premiere folgte?

Tragelehn: Öffentlichkeit gab's nicht. Es wurde alles intern entschieden von sogenannten Gremien. Kontrolle immer von oben nach unten. Wir hatten gedacht: Wenn man dafür ist, braucht man nichts zu verschweigen. Das war naiv. Es wurde einfach alles, was man nicht sagte oder nur leise und hinter vorgehaltener Hand, über die Bühne gerufen. Das war ein bißchen ungewöhnlich ...

Können Sie ein Beispiel nennen für das, was nicht sagbar, aber durch das Stück dann doch ausgedrückt wurde?

(laut) Kennst du Bautzen? Ein Vorort von Sibirien! (lacht) Die Offenheit war ungewöhnlich. Wir hatten ein gutes Gewissen und zu-

gleich tiefe Freude an der Subversion. Ich glaube, ich habe in meinem ganzen Leben nicht wieder so gelacht. Und ich hab' viel gelacht und lache heute noch gerne.

Eigentlich war das, was das Stück behandelt, zu dem Zeitpunkt schon historisch, nämlich die Anfänge der sozialistischen Kollektivierung in der Landwirtschaft.

Die Kampagne zur vollständigen Kollektivierung, das ist der Schluß des Stücks, das Nachspiel, das war noch frisch, erst ein Jahr her, und das war der Vorgang, der den Mauerbau unausweichlich gemacht hat. Die Handlung spielt zehn Jahre früher, als die ersten Traktoren aufs Dorf kamen. Und die Bodenreform nach dem Krieg, das ist das Vorspiel. Die Szenen der Handlung, an nur zwei oder drei Tagen, sind ganz eng verknüpft. Ein Dorf als die Welt. *Das Leben auf dem Lande,* das war ja der Untertitel, steht für das Leben *im* Lande – habe ich damals geschrieben und es politisch gemeint. Eigentlich steht es für *das Leben,* zwischen Himmel und Erde ... Ein Dorf ist ja die Welt im kleinen.

Was aber konnte daran so anstößig sein, an einem historischen Vorgang, der ja offensichtlich schon zugunsten der DDR entschieden war? Er konnte doch durch dieses Stück überhaupt nicht in Frage gestellt werden.

Wieso? Wer ist denn jetzt der Sieger? Bis jetzt gewinnen immer die Reichen am Ende. Das war ein Irrtum, daß sich das schon geändert hätte. Zur DDR gehörte, und zwar von Anfang an, die Angst. Die da aus der Emigration, aus Zuchthäusern und KZs auf die Regierungssessel kamen, haben die Macht von der Besatzung geschenkt gekriegt. Es hat keine Revolution gegeben in Deutschland, sondern den Zusammenbruch. Der Sohn von Hanns Eisler hat erzählt, wie er abends spazieren gegangen ist mit seinem Onkel Gerhart, einem alten Kominternfunktionär, aus den USA zurückgekehrt Ende der vierziger Jahre, offenbar auf dem Bunkerberg im Friedrichshain. Und der Onkel sagt zu dem Kind: »Siehst du, das ist unser Berlin. Und überall, wo gerade ein Licht angeht, sitzt einer und überlegt, wie er uns die Kehle durchschneidet.« Das Deutschlandbild war nicht unrealistisch.

In dem Moment, wo Sie dann aber mit Müller an der UMSIEDLERIN arbeiteten und geprobt haben, hatten Sie da nicht diese Gedanken, wie Sie sie gerade beschrieben haben, daß die Gesellschaft von Angst besetzt ist, von Anfang an?

Wir waren jung. Jede neue Generation denkt, daß sie die Welt erlösen wird. Die Angst fanden wir komisch. Bis wir selber welche hatten. Heiner weniger als ich. Er war sieben Jahre älter, und er hatte Übung. Er wußte, was man zu Hause sagt und was man in der Schule sagt. Der Vater war vor 1933 SAP-Funktionär, dann im KZ, dann arbeitslos, mit Ortsverbot. Die Familie zog weit weg, von Sachsen nach Mecklenburg. Er war trainiert durch seine Kindheit. Ein Schock war es trotzdem. Diese Vorstellung, daß es, auf dem Boden einer grundsätzlichen Entscheidung für dieses neue Deutschland, möglich sein müßte, über alles zu reden, die war erschüttert. Dabei ist es dann geblieben, bei einem dauernden Wechsel von Hoffnung und Enttäuschung. Es war eine charakteristische Reaktion auf den Mauerbau zum Beispiel, daß man dachte, Rücksichten, die vorher genommen werden mußten, wegen der offenen Grenze, die fielen jetzt weg. Das hat sich schnell als Irrtum herausgestellt. Hermlin hat erzählt, was der Arbeiterschriftsteller Gotsche, der Sekretär von Ulbricht, gesagt hat. Der sah das ganz anders: »Jetzt haben wir die Mauer, jetzt können wir jeden, der gegen uns ist, an der Mauer zerquetschen.«

Wie ist es eigentlich zu dieser Produktion in Karlshorst gekommen?

Können Sie das erzählen, zunächst einmal, wie die Vereinbarung zustande kam ...

Die Vorgeschichte war, daß es dort eine Aufführung von Müllers LOHNDRÜCKER gab, von Steffi Spira inszeniert, und ein Gastspiel dieser Inszenierung bei einem Kongreß, auf dem die Aufführung kritisiert wurde und die Studentenbühne erklärte, daß sie die Aufführung überarbeiten wird. Das war natürlich schwierig, weil es in einer Studentenbühne eine Fluktuation gibt – die Studenten sind weg nach dem Studium. Also haben wir statt dessen das nächste Stück von Müller gemacht, DIE KORREKTUR. Das war eine erfolgreiche Aufführung, die viel gezeigt und an verschiedenen Orten gezeigt wurde, beinahe wären wir sogar ins Fernsehen gekommen. Aber da ist jemand noch rechtzeitig zurückgezuckt. Die Überlegung, mit dieser Bühne weiterzuarbeiten, lag nahe, denn im Theater war es damals schwierig mit den neuen Stücken. Die Schauspieler kamen damit nicht zurecht. Sie kannten sich mit der Realität, die dargestellt wurde, nicht aus. Sie hatten einfach kein Beobachtungsreservoir dafür. Und eine Auswahl an Nachwuchs, die dafür in Frage kam, ein anderer sozialer Typus Schauspieler, das gab es erst nach und nach, die DDR war erst zehn Jahre alt. An dieser Kaderschmiede der DDR-Wirtschaft, der Hopla, Hochschule für Planökonomie, war die soziale Zusammensetzung anders als an anderen Hochschulen. Viele Studenten waren proletarischer oder landproletarischer Herkunft, und sie hatten nicht nur Abitur, sondern vorher schon irgendwo gearbeitet, waren von Betrieben zum Studium delegiert worden usw. Die hatten den Einblick, der den Berufsschauspielern fehlte. Und es waren andere soziale Physiognomien. Müller arbeitete gerade an der UMSIEDLERIN, es gab die Möglichkeit, die Arbeit mit den Darstellern zurückwirken zu lassen auf das Schreiben. Die Formel war: Was nicht begriffen wird, ist vielleicht nicht begriffen worden. Ein Test. Also, alles sprach dafür. Das Stück war eine Auftragsarbeit für das Deutsche Theater, und wir haben mit Heinar Kipphardt, dem damaligen Chefdramaturgen, ausgehandelt, daß wir vorher spielen dürfen. Bei Beginn der Proben, im Winter '59/60, war vielleicht ein Viertel des Stücks da. Dann rollte im Frühjahr 1960 diese Vollkollektivierungs-Kampagne über die Dörfer. Ich habe die Proben unterbrochen. Die ganze Stoffmasse hat sich noch mal bewegt, und da ist auch das Nachspiel entstanden: *Sind wir im Himmel oder in der Hölle? – Fürs erste sind wir in der LPG.* Im Winter des folgenden Jahres hab' ich wieder angefangen, da war vielleicht die Hälfte des Stücks da. Der Rest wurde dann nach und nach von Heiner geliefert. Es gab zwei große Endprobenschübe im Sommer, vier Wochen vor und vier Wochen nach den Ferien. Von ein paar Szenen kam da erst der Text. Wir hatten zwar die Abläufe genau besprochen, aber ich hab' den Text zuerst von der Bühne gehört. Das war eine ganz angenehme Art zu probieren.

Haben Sie die Schauspieler selbst ausgesucht?

Ja, klar.

Gab es ein Casting, oder wie lief das ab?

Nein. Einige kannte ich, weil sie vorher in Korrektur gespielt hatten. Es war eine sehr große Besetzung, ja. Aber es haben sich viele interessiert fürs Theaterspielen, und Talent ist Interesse. Ich hielt das für normal im Sozialismus, ich hab' mich nicht weiter gewundert. Einige der Darsteller waren überwältigend gut. Es war auch eine große Freiheit in ihrer Darstellung, weil sie jung waren. Da war nichts Zerstörtes oder Gedrücktes, auch nicht bei einer Figur wie der verlassenen Frau, Flinte eins, das kann man auch auf den Fotos sehen. Oder die unerbittliche und durchdringende Zartheit der Frau Niet. Die Titelfigur geht ja fast stumm durch das Stück, als eine Art Maßstab, und erst am Ende fängt der Stein an zu reden.

Oskar Hauser, der Henne, den Mittelbauern, gespielt hat, war ein genialer Clown. Wenn er in die Kneipe kommt zur Versammlung mit dem Landrat und das Parteiabzeichen ansteckt und wieder ab und wieder an, weil der Landrat erst keins zeigt und es dann hinterm Revers vorholt, hat er das frontal zum Publikum ausgespielt: Er holt das Portemonnaie aus der Hosentasche, macht es auf, faltet es auseinander, fischt das Bonbon aus einem Fach, steckt es an, faltet das Portemonnaie wieder zusammen, macht es zu und steckt es in die Hosentasche – und dann dasselbe wieder – und dann dasselbe noch mal, immer in umgekehrter Reihenfolge, aber immer unbeirrbar im selben Rhythmus. Eine grandiose Nummer. Und Fondrak konnte man damals als eine strahlende Figur zeigen, sozusagen die Tenorpartie des Stücks, *fröhlich machet das Haus den Esser, er leert es.*

Haben die eine Meinung zu dem Stück gehabt? Können Sie sich erinnern, ob die Frage auf den Proben diskutiert wurde, ob der Autor recht hat oder nicht?

Es ist diskutiert worden … Und natürlich gab es auch die geläufigen politischen Einwände. Aber der Untergrund war – die Studenten interessierten sich nicht sehr für ästhetische Fragen. Der Untergrund war die Standardansicht von Realismus, die ihnen eingetrichtert worden war. Realismus ist gut. Ganz einfach. Und weil sie die Realität kannten und wußten, daß das, was da aufgeschrieben war, stimmt, dachten sie: in Ordnung. Darüber ist das eigentlich gelaufen. Natürlich war das auch naiv. Oder naiv schlau. Das war überhaupt verbreitet, die schlaue Auslegung der Linie. Zum Beispiel als ich 1969 mit den Babelsberger Schauspielstudenten WIE ES EUCH GEFÄLLT von Shakespeare gemacht habe, war das eine schlaue Auslegung von Ulbrichts romantischer Altersidee der *schönen Menschengemeinschaft.* Aber genützt hat es auch nichts, es wurde nach drei Vorstellungen untersagt, wegen

Hippieunwesen und Pornographie. Natürlich gab es in Karlshorst auch Einwände von denen, die politisch involviert waren, von dem Leiter der Bühne zum Beispiel. Über Widerstand bin ich drüberweggedonnert. Das ist mir erst beim Studium meiner Stasi-Akten klargeworden. Es mußten sich ja hinterher alle rechtfertigen. Das fing damit an, daß sie einzeln in Klausur gesetzt wurden und Stellungnahmen schreiben mußten usw. Einige sind exmatrikuliert worden. Als sie zur Verantwortung gezogen wurden, haben sie darauf hingewiesen, daß ich das durchgepowert habe. Das war mir damals nicht so klar.

Läßt sich der Zeitpunkt bestimmen, ab wann dieser Leiter der Bühne einschätzen konnte, daß es sich in seinem Verständnis um eine konterrevolutionäre Aufführung handelte?

Nein, soweit ist es gar nicht gegangen. Es gab Einwände gegen einzelne Szenen oder Textstellen. Wir haben auch im Frühsommer das halbe Stück der Parteileitung der Hochschule vorgeführt. Die Haltung dazu war vorsichtig positiv. Der Sekretär hielt sich zurück. Ich hab' ihn hinterher, schon auf der Treppe, direkt gefragt, und er sagte (er war etwas verlegen, und er war ein Oberlausitzer Edelroller): »Ich mächt ma sang, 's wärrd Diskussjohn'n gähm.« Das war ein Satz, den man fürs Leben behalten konnte … Nein, der Krach ging erst nach der Premiere los.

Wer hat den ausgelöst?

Hauptsächlich die FDJ. Die war in gewisser Weise verantwortlich, weil es ja eine Studentenbühne war. Sie hatten Schiß, weil sie sich nicht drum gekümmert hatten, sie hatten nach dem 13. August Westantennen von den Dächern gezupft. Und dann hatte es einen Parteibeschluß gegeben, daß keine Festtagsveranstaltung ausfallen darf; die Studententheaterwoche fand im Rahmen der Berliner

Festtage statt. Alle waren mit August dem 13. beschäftigt und haben uns nicht ordentlich kontrolliert. Deshalb hatten aber auch alle Angst, daß sie verantwortlich gemacht werden, und demonstrierten Schärfe, auch die Leute aus dem Kulturministerium, die in der Generalprobe waren. Die fing mit Verspätung an, abends um zehn, und dauerte bis – so zwischen zwei und drei. Um Mitternacht sind die gegangen. Wir haben noch den letzten Text eingeflickt. Der allerletzte war Flints Rede in der großen Versammlungsszene: *Der Zweck von unserm Staat ist, daß er aufhört!* Das klingt merkwürdig, wie? Aber es war eine alte kommunistische Idee, daß der Staat dazu da ist, sein Absterben zu organisieren. Die DDR war antikommunistisch und wollte nicht absterben. Der Stalinismus war das Krebsgeschwür der Arbeiterbewegung. An den Folgen dieser Krebserkrankung ist der Kommunismus eingegangen, lange vor '89. Also, die FDJ in ihrer Angst. Irgendwelche Funktionäre vom Zentralrat kamen noch am Premierentag und wollten unbedingt eine Probe sehen. Ich hatte eine Durchsprechprobe angesetzt, wir hatten noch keine Zeit gehabt, Tempo und Rhythmus zu gliedern. Aber nach der langen Probe vorher, bis in die Nacht, hab' ich das Durchsprechen nach drei Szenen abgebrochen, die Darsteller sollten frisch sein zur Vorstellung, Rhythmus hin oder her. Jetzt wollten die FDJodler einen Text. Aber wir hatten kein vollständiges Textexemplar, nicht mal die Souffleuse hatte eins. Das war natürlich verdächtig. Was wollten wir verbergen? Am Nachmittag war noch eine Sitzung beim Rektor, mit Wolfgang Langhoff, der die Schirmherrschaft über die Woche hatte. Und das Stück war ja, wie gesagt, ein Auftrag des Deutschen Theaters. Sie konnten nicht vor und nicht zurück. Alle hatten Schiß. Aber verbieten wollten sie's auch nicht. Also verständigten wir uns auf einen Vorspruch. Den habe ich verfaßt, und der war ziemlich frech. Etwa: Das Stück wird diskutiert. Viele sind ganz dafür, viele sind ganz dagegen. Wir hoffen, daß so weiterdiskutiert wird.

Und dann gab's abends die Premiere, und in dem Moment nach der Premiere wußten Sie bereits, daß etwas Schlimmes passieren wird?

Immer noch nicht so ganz. Es war eine Festivität angesetzt. Wir haben alle ziemlich viel getrunken. Aber man bekam schon mit, daß was am Laufen war. Es wurden noch Witze gemacht. Den besten hab' ich vom Nebentisch gehört: Da könn'se ja gleich die Bautzner Jefängnisfestspiele aufmachen! Da haben wir noch gelacht. Das Lachen blieb uns später ein bißchen weg. Es war in der Nacht zu merken, das irgend etwas anrollt. Aber ganz ernst genommen haben wir es immer noch nicht. Wir waren auch erschöpft, alle Beteiligten. Die Studenten haben sie am nächsten Tag gleich durch die Mangel gedreht, das hab' ich erst später erfahren. Ich bin erst mal nach Hause gefahren und habe mich ausgeschlafen. Telefonisch wurde die Diskussion abgesagt, die für Sonntag angesetzt war. Und am Montag – die Uraufführung war am Samstag gewesen – bin ich wieder hin, um eine Aufführung von Leonce und Lena zu sehen. Ich traf in der Straßenbahn eine Literaturwissenschaftlerin, die mir was erklärte über die Aristophanes-Rezeption in der Umsiedlerin. Und wie wir durch das Tor gingen – dieses Audimax ist ja ein Extragebäude, da ist so eine Auffahrt, man geht vorne durch ein Tor und dann die Auffahrt bis zu der Freitreppe, die in das Gebäude führt –, wie wir durch das Tor gingen, ins Gespräch vertieft, hab' ich so am äußeren Gesichtsfeld wahrgenommen, ohne mir Gedanken zu machen, wie der Darsteller von Otto Sieber Eierschieber dort stand: in der klassischen Spitzelhaltung mit dem Blick über die Schulter. Der sollte melden, wenn ich komme. Und wie wir an die Freitreppe kamen, war da eine Gruppe der Darsteller aufgebaut, an der Seite stand der 2. Sekretär der Parteiorganisation, der hat das überwacht, in der Mitte stand der Darsteller des korrupten Bürgermeisters Beutler, in der Haltung Beutlers, die Hände in die Seiten gestemmt – und die verweigerten mir den Eintritt. Ich begriff erst gar nicht und übergab meinen Protestbrief gegen die Streichung der Diskussion, und da griff der Sekretär ein, die Sprachregelung war schon getroffen worden: Stück und Aufführung sind *konterrevolutionär, antikommunistisch und antihumanistisch.* Die Tonart kam im Stück auch schon vor: ... *du bist ein Staatsfeind./Und weil der Frieden eins mit unserm Staat ist/Bist du ein Friedensfeind. Und weil die Kinder/Den Frieden brauchen vor der Muttermilch/Bist du ein Kinderschlächter.* Sagt Beutler. Da hab' ich eine Panik gehabt. Ich bin weggelaufen. Die Tiefe der Panik entsprach der Tiefe der Lust an der Subversion vorher.

Müller erzählt, daß Sie nach der Premiere noch durch Berliner Kneipen gezogen sind, wobei er immer wieder sagte: »Mit Realismus geht es eben doch nicht.«

Das war später. Wir hatten eine Vorladung ins Ministerium für Kultur. Da wurde zwei Stunden lang hin und her geredet, und wir wurden entlassen mit der Auflage, eine Stellungnahme abzugeben innerhalb einer Woche. Damit wir auch die richtige abgeben, hat der Abteilungsleiter gesagt, wir sollten nicht denken, daß das eine freundschaftliche Diskussion über fachlich interessierende Fragen sei – dann kam eine Parenthese: »Dieser Eindruck«, sagte er, »kann entstehen, weil wir natürlich auch fachlich an diesen Fragen interessiert sind« – Ende der Parenthese –, »wolle er uns nicht verschweigen, daß einige Genossen gefordert haben, uns von der Staatssicherheit verhaften zu lassen.« Damit waren wir entlassen und gingen vom Ministerium am Molkenmarkt durchs Zentrum, über den alten kleinen Alex bis zur Münzstraße, und in jeder Eckkneipe haben wir einen Schnaps getrunken, und nach jedem Schnaps wurden Müllers Lippen dünner, und er sagte immer wieder: »Es geht eben nicht mit Realismus.« Ein paar Jahre später fiel mir auf, daß eigentlich jeder deutsche Klassiker in seinem Leben irgendwann in dieser Situation gewesen ist und später kein Stück mehr geschrieben hat wie DIE RÄUBER, sondern wie WILHELM TELL. Das war ein Ratschlag von dem immer sehr witzigen Hanns Eisler: »Ein österreichischer Tyrann wird in der Schweiz ermordet, solche Stücke müssen Sie in Deutschland schreiben, Müller!«

Aber der Satz »Es geht eben nicht mit Realismus« ist doch, von heute aus betrachtet, einer der Kernsätze für die Entwicklung des Theaters in der DDR.

Nicht nur der DDR. Die DDR hat nur die deutsche Literaturgeschichte weitergeschrieben …

Weil sich danach, in den sechziger Jahren, das Theater tatsächlich andere Wege suchte als die direkte Auseinandersetzung mit der Realität. Ich möchte noch einmal fragen: Welche Folgen hatte das für Sie? Von der Staatssicherheit sind Sie wohl nicht verhaftet worden, aber …

Die Verhaftung ist irgendwann abgeblasen worden. In den Akten heißt es: *Auftrag der Beobachtung mit dem Ziel der Verhaftung.* Aber die haben korrekt gearbeitet und festgestellt, daß keine Verschwörung vorliegt. Jahre später hat mir ein damaliges, inzwischen aber auch aus der Partei ausgeschlossenes Mitglied der Berliner Bezirksleitung verraten, daß Paul Verner, der Berliner Bezirkssekretär, sich zu der Zeit in Moskau aufhielt und gegen die Verhaftung war. Es war kurz vor dem 22. Parteitag der KPdSU, der die Linie des 20., also die Entstalinisierung, noch mal bestätigt hat. Nach anderen Berichten war es eine Entscheidung von Ulbricht. Die Folgen … Müller wurde aus dem Schriftstellerverband ausgeschlossen. Ich wurde aus der Partei ausgeschlossen. Ich hatte gerade ein Engagement in Senftenberg angetreten und hatte mein Parteiverfahren dort. Und anschließend habe ich im Tagebau gearbeitet, in Klettwitz, als Kipper auf Kippe und als Bandwärter auf dem Bagger. Es hat Parteistrafen gehagelt, vom Minister abwärts. Es mußten sich Zuschauer, Leute, von denen man wußte, daß sie in der Vorstellung waren, vor ihren Parteiorganisationen verantworten, weil sie nicht protestiert hatten. Die beste Antwort war von einer älteren Schriftstellerin, die sagte, sie hätte immer pfeifen wollen, aber sie hätte immer lachen müssen, und da kann man nicht pfeifen. Das Schlimmste für mich war damals gar nicht absehbar. Ich habe tatsächlich zwanzig Jahre lang nichts von Müller inszeniert, zwanzig Jahre von der Uraufführung der UMSIEDLERIN, 1961, bis zur Uraufführung von QUARTETT, 1982 in Bochum. Danach dann viel. Von Müller ist zwölf Jahre lang keins der großen Stücke in der DDR gespielt worden. Nur Bearbeitungen und Übersetzungen oder eine Posse wie WEIBERKOMÖDIE. Erst 1973 hat Ruth Berghaus es geschafft, ZEMENT am Berliner Ensemble rauszubringen. Und das durchzusetzen war ein politisches Kunststück von ihr. DIE UMSIEDLERIN wurde nach fünfzehn Jahren wieder gespielt, an der Volksbühne, und mußte erst mal einen anderen Titel haben: DIE BAUERN. Das ist schon fast wieder rührend. Der Satz ist tatsächlich gefallen: Weil die Partei sich nicht demütigt. Noch nach der Aufführung in Dresden, 1985, durfte im *Neuen Deutschland* keine Rezension erscheinen. Ebert, der *ND*-Kritiker, war dagewesen und hatte geschrieben. Der letzte, der in der Kulturabteilung des ZK noch übrig war aus der Zeit der Uraufführung, hat in der Redaktion angerufen und das Erscheinen der Kritik untersagt. Nachdem wir in ganz Deutschland gastiert hatten und auch noch auf diesem Ostberliner Festival, der Gegenveranstaltung zum Theatertreffen in Westberlin, da war er beim Ministerempfang in der Staatsoper der erste, der mir gratuliert hat und meinen Arm geschwenkt wie einen Pumpenschwengel. Aber schon nach drei Jahren, 1964, hab' ich wieder am Theater gearbeitet. Eine Einladung von Adolf Dresen nach Greifswald wurde erst einmal vom Intendanten abgeblockt, aber nach einer Intervention von Paul Dessau beim Minister hab' ich dann gedurft.

Wurde somit Ihre Erfahrung von 1961: »Mit Realismus geht es eben nicht« bestätigt? War Ihnen bewußt, daß das die Quintessenz war?

Nicht sofort, nicht auf einmal. Von heute betrachtet denke ich, daß Mitte der sechziger Jahre – Chruschtschow wurde gestürzt und in der Sowjetunion setzte die später sogenannte Stagnationsperiode ein, in der DDR fand ein Jahr darauf das berüchtigte 11. Plenum des ZK statt, und über dem Zweikampf von Ulbricht und Honecker wurden alle Reformen oder besser Ansätze von Reformen abgewürgt – also, daß von da an die Luft raus war. Wir wußten es nur noch nicht. Danach war zum Beispiel kein Theaterstück mehr zu schreiben. Natürlich, wer vorher eins geschrieben hatte, konnte weiterschreiben. Kein Dichter fängt noch mal von vorne an, er entfaltet, so oder so oder so, seinen Ansatz. Aber neu anfangen, das ging nicht mehr. Es ist keinem gelungen, Karl Mickel, Volker Braun, Reiner Kirsch und wer es noch alles versucht hat. Es ging nicht. Und die Unternehmungen von Müller, aber auch von Hacks, es irgendwie weiterzutreiben, liefen ins Leere. Peter Hacks' Tassow und seine Uraufführung durch Besson, das war eine Antwort auf Müllers Umsiedlerin und auf die Aufführung in Karlshorst. Beide, Hacks und Besson, hatten die eine Vorstellung gesehen und wollten uns zeigen, wie man das macht, daß es doch geht. Man muß nur eine Fabel haben, die alles ins richtige Verhältnis setzt. Oder, nach einer witzigen Formulierung von Hans-Thies Lehmann, die es in »Fabel-Haft« nimmt. In der Umsiedlerin war der Parteisekretär Flint der Weißclown und der Anarchist Fondrak die Tenorpartie gewesen, und in Tassow war der Anarchist der Clown. Aber das ist auch nicht durchgegangen. Absetzung. Im Theater war es dann immer wieder ein blindes Tasten nach Ansätzen, die möglich und die wirksam sind. Die neue Dramatik war sozusagen nur noch als Idee und nicht mehr wirklich im Rücken des Theaters.

Welche Ansätze waren das?

Erst einmal habe ich weiter versucht, anzuknüpfen an das, was war. Das zeigt die Wahl des ersten Stücks, das ich, weil die UMSIEDLERIN nicht ging, am Berliner Ensemble gemacht habe: KATZGRABEN von Erwin Strittmatter, eine Art Vorläufer dieser neuen Dramatik, die es da gerade mal zu ein paar Stücken gebracht hatte. Brecht hatte es 1953 uraufgeführt. Im Grunde haben wir dann einen Ansatz fortgeführt, der bei Brecht, wahrscheinlich gar nicht bewußt, bereits angelegt war. Die Sittenschilderung war liebevoll bei Brecht. Aber die Schnitte – horizontal und vertikal, Zeitschnitte im Jahresrhythmus der bäuerlichen Wirtschaft und soziologische Schnitte durch die Schichtung Großbauer, Mittelbauer, Kleinbauer –, die Schnitte, die aus der Realität die Zitate herausschneiden, die waren sozusagen der Fibel nach angesetzt, es entstanden dadurch Fibelbilder, pädagogisch aufgeladen, ideologisch aufgeladen. Daraus wurde bei uns so etwas wie ein Comicstrip ideologischer Bilder, liebevoll war das nicht mehr. Das war die erste Arbeit mit Schleef, wo Schleef dazu kam. Von der zweiten Produktion an haben wir dann nicht mehr, wie im BE üblich, *Regie* und *Ausstattung* getrennt angegeben, sondern *Inszenierung* und beide Namen. Schon bei KATZGRABEN hat Schleef seinen Bereich, die Ausstattung, überschritten. Ich habe immer jemanden gebraucht, mit dem ich mich zusammen- und auseinandersetze, oft war das ein Schauspieler, der eine Hauptrolle spielt, oft der Bühnenbildner, seltener ein Dramaturg. Bei KATZGRABEN waren ja auch dramaturgische Fragen, Fragen der Textfassung zu klären, und ich habe so Entwürfe improvisiert und gesagt: »Das machen wir so und so und so«, und Schleef, nach einer Pause, hat gesagt: »Das ist – falsch.« Meine Frau, im Nebenzimmer, hat erwartet, daß ein Krach losgeht. Aber ich hab' noch zwei Vorschläge gemacht oder auch fünf. Bis wir eben was hatten, mit dem wir beide zufrieden waren. Oder bei FRÜHLINGS ERWACHEN habe ich Vorgänge oder Handlungen gespielt, in x Varianten, bis wir uns einig waren. Schleef hatte von Anfang an ein enormes Gefühl für Konstruktion, für räumlich-zeitliche Gliederung. Umgekehrt habe ich mich immer sehr in das Bühnenbild und die Kostümfragen eingemischt. Auch sonst, bei anderen. Das heißt – meistens hab' ich abgeräumt. Es endete meist mit einer leeren Bühne. Es gab immer nur ganz wenige Sachen auf der Bühne, Sachen, die sozusagen Requisitencharakter hatten, es war immer etwas, was die Schauspieler auch in die Hand genommen haben, womit sie gespielt haben. Keine Dekoration.

Das war auch für die drei Produktionen am Berliner Ensemble charakteristisch. Die leere Bühne, die Arrangements der Figuren. In FRÜHLINGS ERWACHEN *ganz besonders erwähnenswert: der Aufbau der Lehrerschaft in einer Art militärischer Formation, frontal zum Publikum hin.*

Nicht nur die Lehrerschaft. Bei Wedekind sind einen Akt lang immer Klumpen geschrieben, die Trauernden als Klumpen um die Öffnung des Grabes, die Lehrer als Klumpen um den Konferenztisch, die Anstaltszöglinge als Klumpen um das Geldstück, auf das sie wichsen, und diese Form der Traube oder des Klumpens wurde bei uns immer übersetzt in eine Front, eine Front gegen die Bühne oder gegen das Parkett gerichtet. Übrigens ist diese Art Übersetzung ein Verfahren, das Schleef auch später fortgesetzt hat. Zum Beispiel bei Hauptmanns VOR SONNENAUFGANG in Frankfurt, ein Stück aus derselben Zeit wie Wedekinds und Strindbergs Stücke und mit derselben Formenwelt. Eine Formenwelt wird übersetzt in eine andere, aber das Verhältnis der Teile untereinander wird respektiert. Auch FRÜHLINGS ERWACHEN war übrigens ein altes Projekt des Theaters, noch aus Brechts Zeit, Wedekind war ja ein großer Jugendeindruck von Brecht gewesen. Das Stück war ein Vorschlag der Berghaus, auch die Besetzung der Schüler mit Schülern – die uns sofort eingeleuchtet hat. Das war eine Maßnahme, die ja auch einiges mit der Lehrstückkonzeption von Brecht zu tun hatte. Sie hat uns geholfen, das Stück vom Ende des vorangehenden Jahrhunderts ganz unangestrengt, unaufwendig in die Gegenwart der DDR zu lenken; ein Stück, das früher immerzu als Vorschlag zu Reformen mißverstanden worden ist, das aber die Frage, wie die Generationen einander folgen, ganz radikal stellt, und radikal heißt an die Wurzel gehend. Die Besetzung hat uns auch geholfen, mit dem Ensemble zurechtzukommen. Denn die Schauspieler waren von einer tödlichen Unbeweglichkeit. Mit denen zu arbeiten war wie klettern an einer Glaswand. Schauspieler an einem Ostberliner Theater, das war ja eine Luxussituation. Und eine Lebensstellung, praktisch unkündbar, auch wenn man nur noch die Gage abgeholt hat. Alle Verdienstmöglichkeiten, Film, Funk, Fernsehen und Synchron, waren hier konzentriert. Die soziale Sicherheit hat sich absolut lähmend ausgewirkt. Und die Kinderbesetzung hat es möglich gemacht, daß wir uns dagegen durchsetzen. Nach einer Weile mußten sich die Schauspieler, wenn sie mithalten wollten, nach der Decke strecken. Die Kinder fingen an, sie an die Wand zu spielen. Unsere dritte Unternehmung war Strindbergs JULIE-Einakter, mit am BE neuen Schauspielern, und zwischendurch haben wir mit Studenten der Schauspielschule im bat auf dem Prenzlauer Berg DIE KORREKTUR und HERAKLES 5 probiert. Es wäre die Uraufführung von HERAKLES 5 gewesen, und daran ist es gescheitert. Es gab eine telefonische Anfrage in der Schule nach dem Aufführungstermin, von Studenten der FU aus Westberlin. Es brach eine Panik aus. Drei Theaterabende wurden untersagt, drei, damit nicht auffällt, daß HERAKLES 5 verboten wurde. Es war unsere entspannteste Zusammenarbeit. DIE KORREKTUR – wir waren natürlich auf die erste Fassung zurückgegangen, die schon 1958 Auseinandersetzungen hervorrief, aber danach krähte jetzt kein Hahn mehr –, DIE KORREKTUR war fertig und HERAKLES ziemlich weit probiert, als wir die Arbeit abbrechen mußten. Bei KORREKTUR kam zum ersten Mal der Chor vor, der bei Schleef später eine so große Rolle spielen sollte. Die Darsteller saßen, ohne Kostümierung in ihren privaten Sachen, auf zehn Stühlen in einer

Reihe, der Text – ich habe ihn immer ein Wortballett genannt – wurde nach vorn gesprochen, nicht zueinander, und auch die wenigen Gesten, Handgeben oder zum Telefonhörer greifen, wurden nach vorn gespielt, nicht miteinander und ohne Requisiten, die Titel sagte einer an, die Rollen waren aufgeteilt, aber die Hauptrolle, Bremer, ein in die Produktion strafversetzter Staatsfunktionär, alter Kommunist, wurde von allen im Chor gesprochen. Das ergab sich ganz zwanglos auf der ersten Leseprobe. Die jungen Leute, Anfang zwanzig, waren zur Zeit der Handlung auf einer der frühen Großbaustellen, als das Stück geschrieben wurde, Kinder gewesen. Der Chor, das gemeinsame Sprechen von Bremers Text, war ein Versuch der Jungen, diesen Alten zu verstehn. Der Chor hatte einen realen Grund. Ich habe später noch zweimal einen solchen Versuch gemacht: am Anfang von Müllers Schlacht in Düsseldorf, wo die sechs Schauspieler, die dann alle Rollen spielten, unter den Zuschauern saßen und mit der Collage aus blutigen Sätzen deutscher Märchen, die Müller gemacht hatte, einen zwanzig Minuten langen Eingangschor bestritten, ehe sie in die Grube, um die man an drei Seiten saß, stiegen und in der deutschen Vergangenheit gruben, fünf Szenen lang, von 1945 (Das Laken), immer tiefer, bis 1933 (Die Nacht der langen Messer). Das zweite Mal in Verkommenes Ufer, dem Eingangsteil von Müllers Medea-Stück, wo das Publikum der Chor ist, geteilt in Frauen und Männer, Chor und Gegenchor, auf zwei Tribünen einander gegenüber, und zwei Schauspieler, eine Frau und ein Mann, später Medea und Jason, die Chorführer ihres Zuschauerblocks sind. Da hat der Chor auch realen Grund. Ich habe Schleefs Chöre, sosehr ich seine Sehnsucht, seinen Wunsch verstehe, oft für voluntaristische Akte gehalten. Ende des Exkurses. Unsere dritte gemeinsame Produktion im BE war Fräulein Julie von Strindberg. Die Ansätze waren ganz verschieden. Bei Frühlings Erwachen beruhte alles auf der Stringenz und Kohärenz der Erzählung, die Zuschauer waren konfrontiert, bei Fräulein Julie beruhte alles auf ihrer Zerrissenheit, die auch das Publikum zerriß. Das Innenleben wurde nach außen gestülpt. Man fragt sich, was diese Geschichte zwischen einer schwedischen Gräfin und ihrem Domestiken mit der DDR zu tun hat. An der Oberfläche, stofflich, überhaupt nichts. Aber das Innenleben von Herr und Knecht nach außen zu stülpen, das war etwas, was den DDR-Bürger mitten ins Herz traf. Das war in jeder Vorstellung mit Händen zu greifen. Es ist eine wirkliche Tat von der Berghaus gewesen, diese Aufführung, und zwar gegen den Ratschlag von allen Gremien, innerhalb und außerhalb des Theaters, rauszulassen. Danach gab es eine Kampagne, und alle haben sich auf die Form gestürzt. Keiner hat gewagt, vom Inhalt zu reden. Der einzige, der das austrompetet hat, weil er blind und taub war, war Ernst Schumacher. Der hat in der Berliner Zeitung tatsächlich geschrieben, Herr und Knecht gäbe es nicht mehr in der DDR.

Wie ist die Zusammenarbeit mit Einar Schleef zustande gekommen, die ja für diese drei Aufführungen von entscheidender Bedeutung war?

Schleef war nach seinem Studium an der Hochschule in Weißensee Meisterschüler von Karl von Appen. Kennengelernt habe ich ihn an einem Abend bei Friedrich Dieckmann zu Hause. Dieckmann war damals Dramaturg am Berliner Ensemble. Schleef hat kaum was gesagt an dem Abend, aber er hat immer an der richtigen Stelle gelacht oder eher gekichert. Und als Ilona Freyer während der Proben von KATZGRABEN in Richtung Westen entschwunden war, ihrem Mann nach, stand ich da ohne Bühnenbildner. Die Intendantin war nicht da, das Theater gastierte gerade in München zur Olympiade, und Appen vertrat sie. Die Entscheidung wurde ohne Ruth Berghaus getroffen – die erst ein bißchen sauer war und sich übergangen fühlte. Aber als die Zusammenarbeit produktiv war, hat sie sich drauf eingestellt. Schleef kam in die Proben, sagte nichts, und hat die Gruppierungen gezeichnet. Das war sofort sehr hilfreich, gegen die Schauspieler, die alles zerdröselten in Natürlichkeiten. Die Bilder waren wie ein Filter. Was unwichtig war, fiel durch. Die Schauspieler flüchteten in Natürlichkeiten, weil sie KATZGRABEN gehaßt haben, schon bei Brecht. Und wie erst bei mir. Sie hatten Angst, daß durch diesen sozialistischen Mist der Ruf ihres weltberühmten Theaters beschädigt wird. Solche Bilder zu zeichnen wie Schleef, das war aber ein ehrwürdiges Verfahren, von Brecht und Neher schon praktiziert, als sie noch jung waren. In dem Verhältnis zur Tradition des Hauses war der Unterschied, ob man Formen, Ergebnisse, Lösungen festschrieb, sich daran festhielt, festklammerte oder ob man Verfahren, Vorgehensweisen, Methode aufgenommen hat. Die Presse war sich bei allen Produktionen von uns dann immer einig, von der *New York Times* bis zum *Neuen Deutschland,* daß man *einen schwer erkämpften Stil nicht preisgeben* soll. Der Satz ist von Kenneth Tynan. Aber wenn man Brecht auf einen Stil reduziert, hat man ihn schon preisgegeben. Das Berliner Ensemble war zwar noch berühmt, aber am Ende der sechziger Jahre doch schon sehr heruntergekommen. Wenn's hoch kam, hatten die gerade mal eine Premiere im Jahr, und das war dann ein Estradenprogramm. Die alten Aufführungen liefen zum tausendsten Mal, und die Schauspieler haben nur noch nachgespielt. Vom Anfang, von den Anfängen war da nicht mehr viel übrig. Als Brecht zurückkehrte, war sein Projekt ein Theater zur wissenschaftlichen Erzeugung von Skandalen gewesen. Na – dann war die UMSIEDLERIN die letzte Erfüllung des Brechtschen Programms. Das einzige Konkrete, was ich damals zu gestehen hatte bei meinem Verfahren, war der Versuch zur Schlachtung einer inzwischen heiliggesprochenen Kuh: FRAU FLINZ von Helmut Baierl. Diese Umkehrung der Courage-Geschichte war ein Jahr vorher vom BE uraufgeführt worden, 1960. Mutter Courage verliert ihre Kinder an den Krieg, und lernt nichts draus, und FRAU FLINZ verliert ihre Kinder an den Sozialismus und gewinnt sie natürlich dadurch. Hans Mayer nannte das Stück immer »Mutter Courages Himmelfahrt«. Das war das Gegenteil von dem, was Brecht unter politischem Theater verstand. Das war rein apologetisch. Die Parabelform war das, was festgeschrieben wurde, woran man sich festhielt. Unsere Gegenformel war, daß der konkrete Fall mehr Verallgemeinerung ermöglicht als jede Verallgemeinerung. Die frühen Produktionen im BE waren dünn, leicht, schnell und aggressiv gewesen, unaufwendig; dann fangen schon bald die Klagen an: *Das Theater ist wie ein Schwimmer, der nur so schnell schwimmen kann, wie die Strömung und seine Kräfte es ihm erlauben*, und KREIDEKREIS hat sich dann schon selber gefallen. Und danach, nach Brechts Tod, wurde der Realismus repräsentativ, opernhaft, ein Verismus. Das BE ist immer eine Insel gewesen, eine Festung, und natürlich hat sich das fortgesetzt, verstärkt fortgesetzt, als Brecht starb. Aber dann ist eben irgendwann nur noch der Ruhm verteidigt worden und nicht mehr die Produktion. Nach jahrelangem Ruhm und Verfall sollte dort was Neues versucht werden, das mußte schwierig werden. Die Vorstellung war immer noch, daß das Theater bestimmt ist von der Dramatik. Deshalb neue Stücke von Müller und Hacks. Und von Brecht die unbekannten Stücke, wie DICKICHT. Und die bekannten in einer neuen Lesart, wie DIE MUTTER. Aber daneben lief die Konventionalität weiter, und mit den Schwierigkeiten und mit den Widerständen wurde sie sofort wieder stärker. Und wieder frech.

Hat das auch etwas mit dieser Erfahrung zu tun gehabt, daß so ein einfacherer Realismusbegriff wieder zerschlagen werden könnte? So wie Ihnen das 1961 schon passiert ist?

Realismus, das ist ein Gummibegriff, sehr dehnbar. Wissen Sie, in der Arbeit oder in irgendeinem anderen konkreten Zusammenhang kann man Begriffe ganz pragmatisch benutzen. Sie definieren sich dann eben aus dem Zusammenhang, und das genügt.

Eine Weltanschauung wird nicht gebraucht. Schon das Wort Weltanschauung ist grauenhaft. Im Osten wurde immer ein Bekenntnis verlangt, ganz direkt. Bist du für den Sozialismus? Und im Westen, weniger offen, genauso für den Kapitalismus, das hieß dann FDGO, freiheitlich-demokratische Grundordnung. Aber gemeint ist der Kapitalismus. Bei Brecht, und noch deutlicher bei seinem Freund Benjamin, ist die Verweigerung des Programms das Programm. Brechts Definitionen, auch die von *Realismus,* waren meist ganz praktisch im konkreten Zusammenhang. Zum Beispiel: *Realistische Kunst zeigt nicht, wie die Wirklichkeit ist, sondern wie die Wirklichkeit wirklich ist.* Also sie zerstört falsche Vorstellungen. Da ist das Verhalten des Publikums oder das Verhalten, das dem Publikum möglich gemacht wird, eingeschlossen. Oder allein, daß bei ihm Realismus auf realistisches Verhalten zielt, auf ein Verhalten, das der Realität Rechnung trägt ... Sofort ist die Sache auf einer nüchternen und praktischen Ebene und weg von der weltanschaulichen Entscheidung. Um die weltanschauliche Entscheidung wird ja immer gerungen, die Auseinandersetzungen sind blutvoll usw. Und die offizielle Definition war immer die einer Abbildung, das hieß Abbildtheorie. Und was die richtige Abbildung ist, das wurde offiziell festgelegt. Das ging zurück auf Lenins *Materialismus und Empiriokritizismus,* ein Buch, das ich, bei allem Respekt vor Lenin, immer gehaßt habe, schon seit meiner Schulzeit, ein ausgesprochen taktisches Buch: der Versuch, mit einer philosophischen Keule die Parteiopposition zu prügeln. Daraus ist der dogmatische Realismusbegriff gezogen worden, und mit dem haben weder Brecht noch wir was am Hut gehabt. Oder an der Mütze.

Wir haben jetzt drei Phasen umrissen. Über Brecht haben wir zwar nicht viel gesprochen, aber daß der praktisch vor diesem Fortschreiten mit Müller steht, ist klar. Das ist der Ausgangspunkt dieser DDR-Theatergeschichte. Es folgen die sechziger Jahre, die eine zeitweilige Verschärfung der Restriktion darstellen, danach dieses

Experiment am Berliner Ensemble. Wie würden Sie diese drei Phasen in ihrem Ablauf aus heutiger Sicht bewerten?

Bewertungen von historischen Phasen – das ist nicht meine Sache.

Grundsätzlicher gefragt – wir haben hier mehrere neuralgische Punkte behandelt, wo es eben auch auf eine unmittelbare Konfrontation mit der Macht und der Partei hinauslief –: Waren die Umstände der DDR für das Theater eher dienlich oder eher hinderlich?

Mann kann auf die Frage nicht Nein sagen und nicht Ja. Zwischen Nein und Ja liegt nicht, wie es heißt, die Wahrheit in der Mitte, sondern, wie schon Goethe erkannt hat, das Problem. Verständlich zu machen, einsehbar zu machen, ist das nur durch ein möglichst komplettes Bild. In dem ist dann zu sehen, daß es in Wirklichkeit nie einfach ist, nie bloß schwarz oder bloß weiß, und daß die Widersprüche gar nicht immer miteinander kämpfen, sondern auch in aller Ruhe nebeneinanderher vegetieren können usw. Theater findet statt, wenn die Leute zusammenkommen, um ihre Angelegenheiten zu verhandeln. Diese Verhandlung der eigenen Angelegenheiten ist es, die Theater aufregend macht.

Das, was Sie mit der ganzen Mannschaft am Berliner Ensemble gemacht haben, um Ruth Berghaus herum, wurde aber nach einer Verfügung von oben abgebrochen. Das war ein Eingriff, den man sich heute gar nicht mehr vorstellen kann: eine Regierung setzt eine Theaterleitung mehr oder weniger ab.

Ein Intendant kann im Kapitalismus auch schnell gefeuert werden. Und es ist auch eher ein Nach-und-Nach gewesen. Und eine Mannschaft konnte man das auch nicht nennen, was da rumlief. Das war in der komplizierten Situation des Hauses auch nicht zu erwarten gewesen. Da gab es zum Beispiel noch Wolfgang Pintzka und Peter Kupke. Daß Kupke nach seinem ersten KREIDEKREIS, noch in Potsdam – das war nach langer Zeit die erste und noch sehr einsame Brecht-Aufführung in der DDR, die nicht eine tote Nachahmung, sondern ein lebendiges In-Gebrauch-Nehmen war, mit zwei großartigen Schauspielern als Grusche und Azdak: Carmen Maja Antoni und Siegfried Höchst, die Angelika Hurwicz und Ernst Busch nicht nachstanden –, daß er danach einen derartigen Kunstgewerbemist gemacht hat am BE, ist nur zu erklären mit Opportunismus. Offenbar hat er sich Chancen ausgerechnet, den Laden zu übernehmen. Schleef und ich, die einzigen, die wirklich Erfolg hatten, waren gerade deswegen weg vom Fenster. Die Absetzung von FRÄULEIN JULIE nach neun Vorstellungen passierte so unauffällig wie möglich. In der neuen Spielzeit wurde die Aufführung einfach nicht wieder angesetzt. Das war ein verzweifelter Versuch, Ballast abzuwerfen, als es eng wurde. Aber genutzt hat es nichts. Ruth Berghaus war zwischen die Fronten geraten. Solange die heilige Familie auf ihrer Seite stand, war sie auch von der Behörde nicht ganz leicht anzugreifen. Aber als die absprang und sich wieder mit Manfred Wekwerth verständigt hat – denn der stand ja immer sprungbereit im Hintergrund –, da war es aus. Konfliktfall war die Inszenierung der MUTTER. Ich mochte die auch nicht, habe mich aber damals natürlich nicht dagegen geäußert.

Wir haben insgesamt viel über Ausweichbewegungen gesprochen, die notwendig waren, um sich selbst zu erhalten: Müller geht in den sechziger Jahren in die Mythologie, Ruth Berghaus ins Musiktheater.

Im Musiktheater hatte sie angefangen. Und ich denke schon, daß das ihr eigentliches Metier war. Aufführungen wie der Berliner BARBIER oder wie ELEKTRA sind unvergeßlich. Bei Heiner Müller ist das auch nicht so eindeutig. Seine Beschäftigung mit der Antike geht ja weit zurück. Das Philoktet-Gedicht ist von 1950, und das Philoktet-Stück ist Mitte der fünfziger Jahre begonnen worden – natürlich nicht zufällig nach dem UMSIEDLERIN-Krach geschrieben. Und die antiken Parallelhandlungen in ZEMENT, die damals im BE aus irgendeinem seltsamen Grund *Intermedien* genannt wurden und die in Wirklichkeit der Kern des Stücks sind, die hat mir Müller schon erzählt, als wir uns gerade kennengelernt hatten; ich kannte auch den Roman von Gladkow nicht, er hat ihn mir damals zu lesen gegeben. Das, was Sie meinen mit dem Begriff *ausweichen,* das war komplizierter. Das ist nicht so was wie eine Sklavensprache, es ist keine Verkleidung. Ich würde es so ausdrücken: DIE UMSIEDLERIN war das letzte Stück, in dem es noch so etwas gab wie Gottvertrauen. So seltsam das klingt. In Dieckmanns *Sinn und Form*-Essay über die Dresdner Aufführung stand als letzter Satz: *Caspar David Friedrich, hörte ich einen Zuschauer nach der Vorstellung sagen.* Das erschien mir sofort einleuchtend, aber ich habe Jahre gebraucht, um zu verstehen, was gemeint war. Nämlich, daß da noch Hoffnung einen sicheren Ort hatte zwischen Himmel und Erde, daß die Menschheit einen Platz hatte im Kosmos. Diese Hoffnung hat sich dann verdünnisiert. So, wie sich die Ozonschicht verdünnisiert hat. Und mit der Antike, da hatte man das vorformulierte Gattungsproblem, eine überlieferte Formulierung der Grundfragen. Deshalb ist das nicht ein Ausweichen, sondern, in einer Notlage, ein Rückgriff auf die Überlieferung. Und natürlich war es ein kritischer Rückgriff. Ich denke, der Begriff *ausweichen* ist genauso falsch, wie die üblichen Begriffe für die anderen Stücke falsch sind: *Die DDR-Stücke* oder *die Produktionsstücke*.

Und bei Ihnen scheint das so zu sein, daß Ihre Vorliebe für Shakespeare und die Beschäftigung mit Übersetzungen des altenglischen Theaters Sie Ihr Leben lang begleitet hat. Ist das eine Ausweichbewegung gewesen?

Ich hab' es so benutzt, ganz praktisch. Aber der Ausgangspunkt war einfach, daß ich wissen wollte, was da wirklich steht in der anderen Sprache. Die Übersetzungen, die ich las, widersprachen sich. Das erste war 1964 in Greifswald Volpone von Ben Jonson – ein herrliches Stück, es wundert mich, daß das heute niemand macht, diese bösartige und sehr komische Darstellung, wie das Geld alles auf den Kopf stellt. Damals mußte es schnell gehen, und ich habe nur ein paar entscheidende Teile neu übersetzt und für den Rest eine alte Übersetzung aus dem 19. Jahrhundert überarbeitet. Das nächste war Shakespeares Mass für Mass, für eine Inszenierung in Eisenach. Und dann kamen auch andere Regisseure und wollten eine Übersetzung, als erster Konrad Zschiedrich für Romeo und Julia in Magdeburg. Der Boden dafür waren die neuen deutschen Versstücke, die ein neues Echo in der deutschen Sprache möglich gemacht haben, eines, das mehr erfaßt von den Originalen als die alten Übersetzungen. Ob Jonson oder Shakespeare – oder Molière, den ich mit Ursula Ludvik übersetzt habe –, der Ansatz war immer derselbe. Die Möglichkeit, neu zu übersetzen kam einem zu aus dem Neuen der deutschen dramatischen Literatur – und dieses Neue kam aus der DDR. Aber Hemmnisse gab es auf diesem Gebiet natürlich genauso. Da gab es den alten Herrn Schaller, einen biederen Übersetzer in der deutschen Tradition, aber in der DDR der Erste. Und nun hatte die größte DDR der Welt auch ihren eigenen Shakespeare-Übersetzer. Und der versuchte, jede Konkurrenz wegzubeißen, schamlos mit politischem Giftzahn. Was ihn aber nicht gehindert hat, sobald er die Reisemündigkeit erlangt hatte, in Westdeutschland herumzufahren und seine Übersetzungen anzupreisen mit den dort passenden Reden. Dresen hat große Schwierigkeiten mit ihm gehabt, ich nur mittlere. Die Theaterzwangspause nach Wie es euch gefällt hab' ich gefüllt mit der Übersetzung von Shakespeare-Zeitgenossen. Ich wollte im Rundfunk eine Reihe von Hörspielen machen. Davon ist nur eins zustande gekommen. Marlowes Massaker von Paris, das einzige elisabethanische Zeitstück, das die damals gerade entwickelte Form des *history play* für einen zeitgenössischen Stoff verwendet hat, für die französischen Religionskriege, von der Bartholomäusnacht bis Henri IV. König wird. Es ist auch gleich untersagt worden und wurde erst nach fünf Jahren gesendet, und so blieb es bei der einen Produktion. An der waren aber alle Schauspielerstars der DDR beteiligt. Die alten, Martin Flörchinger und Norbert Christian, Jürgen Hentsch, Horst Hiemer, Jürgen Holtz, Ekkehard Schall, Käthe Reichel, und die damals noch ganz jungen, Margit Bendokat, Hermann Beyer, Dieter Montag, Christian Grashof, Winfried Glatzeder. Die Verständigung mit Schall – er spielte den Guise, das Haupt der Konterrevolution, er hatte große Marlowesche Versreden, und sein Gefühl für Sprache machte die Verständigung mit ihm leicht – hat es dann der Berghaus möglich gemacht, mich am BE arbeiten zu lassen. Die Brecht-Erben hatten da immer, auch bei einzelnen Entscheidungen, mitzureden.

Ende der siebziger Jahre fangen Sie an, im Westen zu inszenieren.

Ich hatte keine Arbeit mehr im Lande, nach JULIE. Wir sollten noch MACBETH machen am BE, mit Schall. Daraus wurde nichts, weil Schall nicht mehr wollte. Die Erben waren schon auf dem Absprung. Schleef hatte mit der Berghaus angefangen, DANTONS TOD von Büchner vorzubereiten. Aber er kam aus Wien, wo wir einen Wedekind machen sollten, nicht zurück. Ich hatte erst die Polizei und dann die Stasi auf dem Hals. Es war eine unerquickliche Situation. Da hinein platzte noch die Ausbürgerung Biermanns. Ich habe dann noch ein Jahr lang versucht, eine freie Gruppe zu installieren. Ein paar Stars waren dabei, Jutta Hoffmann, Angelika Waller, Jürgen Holtz, Glatzeder, und ein paar weniger bekannte Schauspieler. Nicht lange danach war so etwas möglich, aber damals eben noch nicht. Man brauchte, um überhaupt einen Raum zu haben, in dem man probieren konnte, irgendeine Anbindung an eine Institution. Die Behörden haben nicht nein gesagt. Aber ja sagen wollten sie nicht. Die Verhandlungen haben sich hingeschleppt. Ich habe noch Shakespeares STURM übersetzt für das Schiller Theater und bin zu den Proben rübergefahren nach Westberlin. Alfred Kirchner hat inszeniert, der damals bei Peymann in Stuttgart engagiert war, und dort hab' ich dann meine erste Inszenierung im Westen gemacht, MASS FÜR MASS.

Noch mal zu dem Stichwort Hoffnung und Illusion – daß man das an keinem Datum festmachen kann und wahrscheinlich bei jedem individuell anders war. Können Sie sich an Zeichen erinnern, die vielleicht doch irgendwann einmal auf ein etwas besseres Verhältnis zwischen der Macht und den Künstlern hoffen ließen?

Die Macht ist immer weiter zurückgewichen. Aber das hieß nicht, daß da irgendeine Einsicht eingekehrt wäre. Die Konflikte waren nicht zu vermeiden. Wie Sie sagen: mal früher und mal später, individuell verschieden. Aber die meisten oder jedenfalls viele haben versucht, den Bruch rauszuschieben, und wenn er unvermeidlich wurde, haben sie zwar die Seite gewechselt, aber deswegen die Idee, daß ein anderes Leben möglich sein müßte als das vom Kapital bestimmte, nicht aufgegeben. Die Idee der Fürstenerziehung, wie sie grassierte bei den Intellektuellen im Lande, war allerdings immer ein bißchen komisch. Illusionär. Hoffnung hab' ich noch mal gehabt im Herbst 89. So drei Wochen lang. Ich habe meinen Vertrag gelöst, ich war Schauspieldirektor in Düsseldorf, und bin zurück nach Berlin, Mitte Oktober. Ich dachte: Umbau nicht ohne mich. Aber erstens war ich ein Fremder, ich war zulange weg gewesen, und zweitens war es am 9. November vorbei, die Illusion der Freiheit verschwand über die Bornholmer Brücke, auch wenn die DDR noch ein Weilchen um den Runden Tisch herum so getan hat, als wäre oder würde sie eine Räterepublik. Da hatte in den Hinterzimmern schon der Ausverkauf angefangen.

Die Spezialität des DDR-Theaters, wenn es gelungen war, war diese enorme Publikumsbeteiligung, die durch diese Art von Theater, das von den Problemen der Gesellschaft handelt, zustande kommen kann. Haben Sie die Publikumsbeteiligung denn später vermißt im Westen? Konnten Sie das erst daran ermessen, daß die Publikumsbeteiligung etwas Besonderes war?

Erst mal überhaupt nicht. Die Aufführung von MASS FÜR MASS, erst in Stuttgart und dann weiter in Bochum, ging ja gerade auf so eine Beteiligung aus. Dem Publikum war die Rolle der Bevölkerung dieses Gemeinwesens zugewiesen, um das Vincentio und Angelo kämpfen, und das halbe Stück wurde im Zuschauerraum gespielt, umgrenzt durch einen ein Meter breiten gelben Signalstreifen. Und das ging. Es war die beste Zeit des westdeutschen Theaters. Das war ja erst entstanden, parallel zur Studentenbewegung. Davor gab es nur den unerbittlichen Fritz Kortner. Zu der Zeit, als ich hinkam, war es ein wunderbares Arbeiten da, kein Problem sich zu verständigen, auch politisch. Das hat sich später geändert, mit der Kohlschen Wende. Das war ja ein Kohl-Wort gewesen: *moralisch-politische Wende.* Der Opportunist Egon Krenz hat das von Kohl nur geklaut. Auch an den äußeren Bedingungen war das zu merken: Mein erster Vertrag bestand aus drei Briefzeilen, und ein paar Jahre später bekam man einen Packen Papier, den man ohne Anwalt nicht lesen, jedenfalls nicht verstehen konnte. Ich hatte Glück und in München am Staatsschauspiel eine Verlängerung. Dort wurde nach Kurt Meisels Abgang von Frank Baumbauer nachvollzogen, was anderswo zehn und fünfzehn Jahre vorher stattgefunden hatte. Und dazu als Begleitung das Gemecker der Staatsregierung. Ich hab' mich bei der CSU sehr wohl gefühlt. Das war wie zu Hause. Von Zuhause war auch wieder ein Angebot gekommen, und zwar von Gerhard Wolfram, dem Intendanten des Deutschen Theaters. Wir kannten uns noch aus der Zeit von LOHNDRÜCKER und KORREKTUR am Gorki Theater. Wir saßen in Weimar im »Elephanten« nachts in der Bar – ich bin immer mit meiner Frau, die erst ganz spät eine Ausreisegenehmigung bekam, im April nach Weimar gefahren, zu den Shakespeare-Tagen, weil in der Zeit das Ilmtal so schön frühlingsgrün ist; und das Deutsche Theater gastierte da mit irgendwas –, Wolfram fragte mich, das war nach der Uraufführung von Müllers QUARTETT in Bochum: »Willst du das nicht auch bei mir machen?« Und ich sagte: »Mach' ich.« Volker Braun saß zufällig dabei, der hatte gar nichts zu tun mit den Shakespeare-Tagen, sondern irgendeine Lesung in Weimar. Zwei Wochen später treff' ich Braun in Frankfurt am Main im Theaterrestaurant, wo er auch nichts mit dem Theater zu tun hatte, sondern irgendeine Lesung in Frankfurt. Und er sagt: »Weißt du schon das Neueste? Wolfram ist nicht mehr Intendant des Deutschen Theaters.« Aber Wolfram meldete sich dann aus Dresden wieder, nach einiger Zeit. Und nach einigem Hin und Her schlug er mir die UMSIEDLERIN vor. Das wollte ich natürlich erst recht machen. Es war auch ein hervorragendes Ensemble in Dresden, mit dem Horst Schönemann und Wolfgang Engel schon eine Weile gearbeitet hatten, und hier zeigten sich nun alle Vorteile der sozialen Sicherheit von Schauspielern. Aber als ich von München nach Dresden fuhr, habe ich gedacht, daß man das Stück jetzt eigentlich im Westen machen müßte. Ich hätte das nicht begründen können. Es war eine ganz instinktive Regung, ganz der Nase nach. Ich hab' es dann wieder vergessen. Und es war ja eine Überraschung, als wir mit der Aufführung dann gastieren sollten im Westen, in Düsseldorf, Hamburg, Köln. Ich hab' mich zwar wieder erinnert an den Gedanken, war aber natürlich doch eher ängstlich und dachte: Ach Gott, die denken, wir reden Chinesisch, die wissen ja überhaupt nicht, worum es geht, und so weiter. Aber natürlich hatte der Instinkt recht, und die erste Regung war richtig. Es war das reine

Theaterglück. Als ob man WIE ES EUCH GEFÄLLT von Shakespeare spielt, ein Arkadien. Fast jeder hat in irgendeinem Winkel seines Herzens den Gedanken wie auch immer verdrängt, vergessen, unterdrückt, daß es doch noch ein anderes Leben geben muß als das, was er so lebt, ein Leben jenseits des Geldes. Und wenn die richtige Musik gemacht wird im Theater, dann steigt das hoch in der Gemeinschaft, unhinderbar, als Theaterglück.

Ist die UMSIEDLERIN für Sie eine Art persönliches Schlüsselstück geworden? Man könnte sagen, Sie haben es einmal am Anfang der DDR inszeniert und einmal am Ende der DDR, ohne genau zu wissen, daß es das Ende sein wird, dafür mit dem entsprechenden historischen Abstand von fast drei Jahrzehnten, und der ist ja beträchtlich.

Der ist groß, ja ... ziemlich genau fünfundzwanzig Jahre, ein Vierteljahrhundert.

Ein Schlüsselstück?

Ich weiß nicht, ob Schlüsselstück das richtige Wort ist. Nicht so, wie man von Schlüsselroman spricht. Heiner hat immer gesagt, es ist sein bestes Stück, und es ist sein liebstes Stück, abwechselnd. Es ist auf jeden Fall das stoffreichste, und im Westen hat sich gezeigt, wozu der Stoff da ist: zum Verbrennen. Die Sprache des Stücks ist eine unerhörte Musik, und sie verbrennt den Stoff.

Ist damit auch ein Stück DDR-Geschichte verbrannt, von der dann eigentlich nur ein sprachliches Kunstwerk übrigbleibt, das man wieder spielen kann ohne die Konfliktkonstellation von 1961, die 1987 bereits kaum noch nachvollziehbar war?

Nein, nein, nein. Der Triumph über die Realität. Davor, vor dieser

Musik von strahlender Heiterkeit, wird die Realität wirklich unmöglich – wenn man es als Aufgabe der Kunst ansieht, die Realität unmöglich zu machen. Und Verbrennen, das ist kein Abservieren, Verachten, Verkleinern, Wegschieben des Stoffs, im Gegenteil. Der schwer zu rekonstruieren war! Nichts war schwerer herauszufinden in Dresden! Auch für den großartigen Schauspieler Peter Hölzel, der leider viel zu früh gestorben ist, war nichts schwerer, als rauszufinden: Was ist das, ein Kommunist? Wie spricht, geht, steht der? Das gab's nicht mehr in der DDR. Die wenigen Überlebenden, das waren inzwischen Gespenster. Das haben wir ja auch gespielt, in der Schlußszene, wenn Flint als Veteran beim Agitieren mitgeht. Da hab' ich die Geschichte mit dem alten Hindenburg nachgebaut, als der sich hinter die Front der Ehrenkompanie verirrt. Das haben wir benutzt für die Gruppierung der Schlußszene, der ordensbehangene alte Flint, am Stock gehend, als Irrläufer.

Und damit tatsächlich ein Endbild geliefert.

Das war eine Art Endbild, ein Abschied. Man nimmt am besten Abschied, wenn man noch nicht weiß, daß es ein Abschied ist. Als ich Germania Tod in Berlin gemacht habe, Premiere drei Tage vor dem Anschluß, war mir sehr bewußt, daß ich einen Abgesang anstimme. Aber der wirkliche Abschied war die Umsiedlerin vier Jahre vorher. Als Müller am Deutschen Theater Hamlet gemacht hat, da war das Ende des »Resozismus« offensichtlich, und er hat reagiert drauf. Aber mit Verspätung ist mir aufgegangen, daß ich dieses Ende mit diesem Stück auch schon inszeniert hatte, in München. Ich fand damals lange keine Lösung für den Hauptdrehpunkt, für den Brecht immer Trommeln verlangt hat, *folgend dem Schall zufälliger Trommeln* wird Hamlet bei ihm zum Schlächter. Ich habe alles ausprobiert, die Trommeln der Fortinbras-Truppen unter dem Wende-Monolog von Hamlet und meinen Kindheitseindruck, die genagelten Stiefel der deutschen Wehrmacht auf dem

Straßenpflaster – und gelandet sind wir bei amerikanischer Militärmusik. Das war's dann.

(Das Gespräch führten Thomas Irmer und Matthias Schmidt.)

Kulturpolitik mit harter Hand

Das Verhältnis zwischen Kunst und Macht ist stets instabil und wird von immer neuen Versuchen der Macht bestimmt, diese ihr wesensfremden Welten per Dekret und Personalpolitik vollständig zu beherrschen. Von seiten der Kunst wird eine Lösung in kleinen Kompromissen gesucht: dazu zählen Rituale der Selbsterklärung mit aufwendigen Konzeptionspapieren und das Segeln unter offizieller kulturpolitischer Flagge, vor allem wenn die Fracht eben nicht im Sinne der Macht deklariert ist. Dem Mauerbau, der Festigung der DDR nach außen, sollte ihre Festigung nach innen folgen, und die Jahre 1964/65 sind die Zeit der großen Kulturkonferenzen und Abrechnungen mit nach Auffassung der SED zu liberalen Künstlern, Film- und Theaterschaffenden. Auf der zweiten Bitterfelder Kulturkonferenz weist Ulbricht den Weg, daß einzig die Partei die künstlerischen Prozesse zu lenken habe, eine Eigenständigkeit der Kunst gebe es nicht. Die Ausprägung des sozialistischen Menschenbildes habe folglich unter strenger Kontrolle zu erfolgen. Tatsächlich gibt diese Bauanleitung für sozialistische Kunst vor allem vor, am Herrschaftsmonopol der SED unter keinen Umständen und an den bestehenden Verhältnissen nur ganz sachte und grundsätzlich optimistisch zu rütteln.

Im Dezember 1965 werden auf dem berüchtigten 11. Plenum des ZK der SED gleich reihenweise neuere Werke der bildenden Kunst, der Literatur, des Theaters und Films angegriffen. Unter dem Vorwand einer Diskussion über die eventuell neu zu bestimmende Rolle der Künste im Sozialismus wird gerade dieser Diskussion eine Absage erteilt. Im Schlußwort spricht Ulbricht es offen aus: »Einige Genossen versuchten den Eindruck zu erwekken, als ob eine Diskussion über die Fragen der Literatur begonnen hätte. Aber das stimmt gar nicht. Die Diskussion hat über ein ganz anderes Thema begonnen. Die Diskussion begann über die Sauberkeit in der Deutschen Demokratischen Republik.« Damit hat die Diskussion über die Rolle der Kunst in der DDR ihren Tiefpunkt erreicht – bis zur Biermann-Krise. Offen kritisierte Theaterautoren sind wieder Hacks und Müller; neu ist, daß ganze Theater wie das Deutsche Theater und die Volksbühne für ihre »ungesunde politische Haltung« kritisiert werden. Das Plenum bleibt über Jahre in Erinnerung dafür, wie Urteile über Kunst und Künstler willkürlich gefällt werden können und sich eine Kahlschlagpolitik durchsetzt. Erich Honecker, der selbst schon dem Politbüro angehört, wird später bei seiner Machtübernahme die Rücknahme der »harten Hand« seines Vorgängers Ulbricht geschickt zu seinem Vorteil nutzen.

Widersprpruchsvolle Klassizität und Neuentdeckungen

Den Attacken der SED stehen Inszenierungen von überraschend hohem Rang gegenüber, betrachtet man sie mit dem zeitlichen Abstand und dem Blick auf die damaligen Verhältnisse. Auch wenn Politik und Theater aufeinander bezogen bleiben, sind es eben doch zwei verschiedene Welten.

Am Deutschen Theater feiert Benno Besson als Regisseur überragende Erfolge: DER FRIEDEN von Peter Hacks (1962), DIE SCHÖNE HELENA von Peter Hacks (1964) und DER DRACHE von Jewgenij Schwarz (1965). Hacks' MORITZ TASSOW, 1965 an der Volksbühne ebenfalls von Besson inszeniert, zählt bald zu den wegen Parteikritik und Utopiediskussion inkriminierten Aufführungen.

Zu den neuen Erscheinungen auf dem DDR-Theater dieser Jahre gehört, daß eine Reihe westlicher Autoren aufgeführt werden: Dürrenmatt, Frisch, Walser, Weiss, Hochhuth sowie die Iren Behan und O'Casey. Neben ihrem Interesse an diesen Autoren reagieren die Dramaturgien so indirekt auf die Situation, daß aufgrund von Aufführungsverboten eigene Dramatiker nicht gespielt werden können und Nachwuchs, der für Qualität bürgen könnte, fehlt. Die »Verwestlichung« der Spielpläne entfacht neue Diskussionen darüber, wie weit diese Stücke eine sozialistische Dramatik ergänzen können oder was sie in der DDR bewirken.

Die Besonderheit des DDR-Theaters, mit Klassikern (Antike, Goethe, Schiller, Shakespeare) die Gegenwart zu »befragen«, bildet sich heraus: Das, was auf der Bühne gesagt wird, bezieht sich, in scheinbar allgemeingültige Stoffe vergangener Epochen verpackt, auf das Heute – vom Publikum wohl verstanden und von der Kritik nur bedingt ausgesprochen. Die Doppelcodierung von Gesagtem und Gemeintem verfeinert sich mehr und mehr in den späten Ulbricht-Jahren.

1968 inszeniert Adolf Dresen am Deutschen Theater zusammen mit Wolfgang Heinz einen aufsehenerregenden FAUST I, der mit der bisherigen Klassikrezeption bricht. Mit Ironie und einer frischen Interpretation sprengt diese Inszenierung den Horizont des in der DDR vorherrschenden Verständnisses von Goethe als Teil des fortschrittlichen bürgerlichen »Erbes«. Dresen hatte zuvor einen viel diskutierten HAMLET in Greifswald inszeniert (mit Jürgen Holtz in der Titelrolle) und damit weithin auf sich aufmerksam gemacht. In gewisser Weise sind diese Inszenierungen der erste Ansatz zu einem Regietheater in der DDR.

Metropole und Peripherie

Berlin ist zwar das Zentrum der Theaterproduktion und für viele

Faust I von J. W. Goethe
Regie: Adolf Dresen und Wolfgang Heinz, Deutsches Theater Berlin, 1968
Foto Gisela Brandt

Theaterleute auch das Ziel ihrer Karriere, doch oft kann es leichter sein, mit weniger »Aufsicht« im Abseits der Provinz etwas Neues auszuprobieren. Während das Volkstheater Rostock unter dem parteitreuen Hanns Anselm Perten zur wichtigen Erstaufführungsbühne für ausländische Autoren aufsteigt (Dürrenmatts Romulus der Grosse, 1966; Peter Weiss' Der Gesang vom Lusitanischen Popanz, 1968; später bedeutende US-amerikanische Dramatiker), übernehmen Horst Schönemann und Gerhard Wolfram das Landestheater Halle, wo der unmittelbare Bezug zur Gegenwart und zur DDR-Geschichte stärker erkennbar sind – u. a. mit Hermann Kants Aula (1972), Ulrich Plenzdorfs Die neuen Leiden des jungen W. (1972), vor allem aber mit den beiden Stückprojekten »Anregung« (1969 und 1970).

Die Schweriner Legende:
Christoph Schroth

Christoph Schroth, geboren 1937, Studium der Journalistik in Leipzig, ab 1960 Regieassistent am Maxim Gorki Theater, 1966 bis 1971 Regisseur am Landestheater Halle, danach bis 1973 bei Besson an der Volksbühne, 1974 bis 1989 Schauspieldirektor am Mecklenburgischen Staatstheater Schwerin, danach Regisseur am Berliner Ensemble und 1992 bis 2003 Intendant am Staatstheater Cottbus. Wichtige Inszenierungen: Die neuen Leiden des jungen W. von Ulrich Plenzdorf (1972, Volksbühne), Franziska Linkerhand, nach Brigitte Reimann (1978, Schwerin), Faust I und II (1979, Schwerin), Blaue Pferde auf Rotem Gras von Michail Schatrow (1980, Berliner Ensemble).

Frage: Es ist eine sehr lange Zeit, über die wir sprechen wollen, ungefähr ab Ende der fünfziger Jahre. Wenn Sie sich erinnern, Ihre ersten Jahre am Maxim Gorki Theater – war es ein Privileg, als junger Mensch in dieser Zeit am Theater zu arbeiten?

Schroth: Ach, sicher. Es hatte was mit meiner Entwicklung zu tun, ich hatte Journalistik studiert, wurde aber nicht eingesetzt als Journalist nach dem Studium, sondern erstmal in die Produktion delegiert. Ich sei noch nicht reif für den Beruf, wurde mir gesagt, weil ich aus kleinbürgerlichen Kreisen stammte und die Arbeiterklasse kennenlernen müßte. Also arbeitete ich im VEB »Werkstoffprüfmaschinen« in Leipzig als Hilfsschlosser im Schichtbetrieb. Die Eintönigkeit und Primitivität der Arbeit hatten zur Folge, daß ich fast jeden Abend ins Theater ging. Ich hatte vorher kaum einen besonderen Bock auf Theater, und erst durch diese triviale Schichtarbeit mit ihren Entsagungen und Primitivitäten erwachte in mir der Wunsch, andere Welten, andere Eindrücke zu haben – und die kriegte ich im Theater. Ich habe sehr viel dort gesehen; ich ging zum Intendanten und fragte, ob ich als Regieassistent angenommen werden könnte. Da sagte er, daß ich keine Qualifikation habe; aber es ergab sich die Möglichkeit, am Maxim Gorki Theater in Berlin als Dramaturg für Presse und Werbung anzufangen. Der Chefdramaturg war damals Gerhard Wolfram, Armin Stolper war Dramaturg, und so konnte ich meine journalistische Ausbildung mit meinem Wunsch verbinden, am Theater zu arbeiten. Ich habe zunächst Programmhefte gemacht, Dramaturgie und bin dann in die Regieassistenz hineingeschlüpft, bei Maxim Vallentin, Horst Schönemann, später bei Benno Besson. Das war also eigentlich ein Umweg.

Welche Aufführungen waren das, die diesen Impuls gegeben haben? Und warum kam er nicht von Zuhause, Sie entstammen doch einer Theaterfamilie?

Mein Urgroßvater war Prinzipal, mein Großvater war Schauspieler in Dresden, meine Mutter war Schauspielerin, auch in Dresden, mein Bruder ist Regisseur und Schauspieler, meine Frau ist Schauspielerin, meine Schwägerin ist Schauspielerin, also wir leben sehr auf Theater konzentriert. Aber zunächst mal wollte ich das gar nicht; damals hat mich eine Aufführung sehr fasziniert, DER GUTE MENSCH VON SEZUAN mit Gisela Morgen in Leipzig, auch VIEL LÄRM UND NICHTS mit Hans-Joachim Hegewald hat sich mir sehr eingeprägt. Oder Inszenierungen von Johannes Curth, also das hat mich sehr, sehr interessiert.

Sie sagten, es sei eine Gegenwelt gewesen zu dieser Produktionssphäre, die doch eigentlich nach der offiziellen Kulturpolitik mit dem Theater zusammen geführt werden sollte, also Theater im Auftrag der Gesellschaft, Kultur an der Seite der materiellen Produktion.

Das fand ich auch vernünftig und großzügig gedacht, auch deshalb bin ich damals gern ans Maxim Gorki Theater gegangen, als die ersten große Versuche gemacht wurden, die Arbeiterklasse mit der Kultur zu verbinden. Das Gorki hatte einen Freundschaftsvertrag mit VEB Elektrokohle, Brigaden kamen ins Theater, und anschließend gab es Diskussionen. Man hat zusammen gesessen, über die Aufführung gesprochen, und es entwickelte sich – weil das vom Theater sehr ernst genommen wurde, und ich habe es auch sehr ernst genommen – ein fast freundschaftliches Verhältnis zwischen Produktionsarbeitern und den Künstlern. Das ging dann so weit, daß wir gemeinsam mit Bauern aus Wartenberg und Arbeitern vom VEB Sternradio ein Projekt entwickelt hatten, DAS GESTÄNDNIS von Galina Nikolajewa in der Dramatisierung von Armin Stolper, die Schönemann und ich mit Laien, also mit Arbeitern und Bauern, inszenierten. Es waren völlig neue Bereiche, denen wir begegneten, auch ganz andere Denkweisen. Der Gedanke, Kunst und Arbeiterklasse und Bauern zusammenzuführen, hatte was Vernünftiges und, in der Perspektive, sehr Humanistisches.

Ich nehme dennoch an, daß diese Zeit nicht ohne die Beobachtung politischer Konflikte verlaufen ist.

Nein. Als Heiner Müller die Uraufführung seiner UMSIEDLERIN machte, habe ich miterlebt, wie das Feuer auf ihn eröffnet wurde und auch auf Peter Hacks wegen DIE SORGEN UND DIE MACHT am Deutschen Theater. Das waren zwei Kristallisationspunkte und für uns – besonders nach dem Bau der Mauer – eine furchtbar niederschmetternde Erfahrung, denn ich hatte zum Beispiel am Maxim Gorki Theater eine sehr schöne und sehr kräftige, sinnliche Aufführung von LOHNDRÜCKER und der KORREKTUR von Heiner und Inge Müller erlebt. Da kam Arthur Adamov aus Paris und sah diese Aufführung und war verzückt: Hier war ein neues Dramatikertalent. Ich fühlte mich dem Heiner Müller sehr verpflichtet und versuchte später, als ich in Halle war, den BAU zu machen. Das ging nicht, aber wir haben wenigstens DAS LAKEN uraufgeführt in Buna.

Warum ging das nicht mit dem BAU? Können Sie den Fall mal so konkret schildern, daß man heute nachvollziehen kann, welche Mechanismen und Einmischungen damals wirksam waren?

Das wurde vom Intendanten einfach nicht genehmigt. Wir sind damals nach Halle gegangen. Schönemann wollte Kants AULA machen und ich den BAU, und es wurde nur die AULA gemacht. Da wurde nicht viel diskutiert.

Also Sie wußten, man kann das vorschlagen, aber wenn das Zeichen kommt, darf man auch nicht weiter bohren?

Nein, du hattest ja keine Macht in der Hand. Ich wollte damals auch von Volker Braun DIE KIPPER machen, die erste Fassung – das kam auch nicht durch. Und in Halle wurden mir zwei Inszenierungen verboten, es ging ziemlich harsch zu.

Welche wurden verboten?

Ich hatte die DDR-Erstaufführung von Martin Sperrs LANDSHUTER ERZÄHLUNG gemacht, und das fiel in eine Zeit um die Ereignisse 1968 in der CSSR, den Prager Frühling. Die Inszenierung wurde von Horst Sindermann, damals Chef der Bezirksleitung der Partei in Halle, als »aus westlichen Ländern stammende, unser Publikum nicht interessierende Aufführung« eingeschätzt. Das gleiche Schicksal erlitt meine Inszenierung YERMA von Federico García Lorca, die ich nur bis zur Hauptprobe bringen durfte, weil es angeblich wieder ein Thema war, das die Zuschauer in Halle nicht interessiert: »Unsere Menschen wollen das nicht.« Das war eine sehr poetische, kraftvolle Auseinandersetzung mit einem großen Frauenschicksal, in einer poetischen Dimension, die mich und das Ensemble sehr begeistert hat. Wir haben ungeheuer intensiv an diesem Stück gearbeitet, Walfriede Schmidt in der Hauptrolle war wunderbar. Daß das zerkloppt wurde, hat sehr weh getan.

Das war ein häufig angewandtes Verfahren, daß sich jemand anmaßte, in recht verlogener Weise zu sagen: »Das wollen unsere Menschen nicht.« Es gab also eine Art Dreieck zwischen den Theaterkünstlern, den Leuten, die ins Theater kommen, und der Institution, die das steuern will. Können Sie erzählen, wie Sie ganz persönlich mit solchen Schlägen umgegangen sind? Hat man das irgendwie mit Freunden diskutiert, bis es irgendwann therapiert war, oder hat man es in sich vergraben und sich in die nächste Arbeit gestürzt?

Die erste Reaktion, als mir immer philosophisch begründet wurde, warum unsere Menschen das nicht wollen: Ich hatte die Schnauze voll. Aber ich wollte dann genauer wissen, was die philosophischen Grundlagen des Marxismus überhaupt sind. Immer wurde mit Marx und Lenin argumentiert. Also habe ich mich eingeschrieben an der Humboldt-Universität zum Fernstudium der Philosophie. Und das war für mich eine Offenbarung, weil ich die primitive Auslegung von Marx und diese »Unsere Menschen wollen das nicht«-Philosophie im Original einfach anders angeboten bekam. Ich habe Marx gelesen, Hegel und Kant, und das war für mich eine sehr wichtige Erfahrung. Und das andere war, ich wollte endlich mal aus der Abhängigkeit raus und selber ein Ensemble leiten, Entscheidungsfreiheit haben, so weit es möglich war. Damit einem das nicht wieder passiert, daß man von heute auf morgen plötzlich seiner Arbeit beraubt ist und fassungslos davor steht und gesagt bekommt: Das geht eben nicht. Ein anderes Beispiel in Halle war der SOMMERNACHTSTRAUM. Wir hatten einen sehr klugen Dramaturgen, er hieß Bloch; wir kamen darauf, daß es doch zwingend sei, wenn man die Rollen von Theseus und Oberon und Hippolyta und Titania mit einem Schauspieler und einer Schauspielerin besetzt, denn wir waren auf die Idee gekommen, daß sich der Palast im Wald auf eine irrationale Weise spiegelt. Justament in dem Moment, als wir das gerade für uns entdeckt haben, hat Peter Brook seine tolle Inszenierung vom SOMMERNACHTSTRAUM gemacht, in der das passierte. Wir fühlten uns nur zu bestätigt und wollten das so machen. Da kam vom Intendanten das Veto: Ihr dürft das nicht machen, das sind Einflüsse westlicher Theaterkultur, und das können wir hier nicht praktizieren. Erst nach der dritten Aufführung durfte ich einmal den Versuch machen, es mit jeweils einem Schauspieler zu machen. Hanebüchen, wenn man es sich heute vorstellt.

Auffällig ist, daß Sie sich sehr für die neue Dramatik interessiert haben in den sechziger Jahren. Was hat sich in diesen neuen Texten von Heiner Müller und Volker Braun …

... und mit Walser habe ich angefangen ...

... was hat sich für Sie mit dieser neuen Dramatik verbunden in dieser Zeit?

Das Konfliktbewußtsein. Ich erlebte eine Tendenz im Theater, die Welt frei von antagonistischen Widersprüchen zu sehen. Das wurde begründet mit der Gorkischen Position, die verkürzt und vereinfacht hieß: »Alle Menschen sind gut, man muß nur die Verhältnisse schaffen, damit sie gut bleiben, und wenn sie in schlechten Verhältnissen sind, werden sie schlecht.« Das hatte in der Verkürzung tragische Folgen, weil das eigentliche Potential der Dramatik – der Konflikt – aus tiefen Widersprüchen gespeist wird. Und diese Widersprüche waren genauso unerwünscht wie eine kritische Sicht auf die DDR-Realität. Deswegen reizten mich gerade Autoren wie Heiner Müller, Volker Braun oder Martin Sperr und Martin Walser, die tief in die Konflikte dieser Gesellschaft oder der im Westen vorgedrungen sind. Mir mißfiel immer dieses »Friede, Freude, Eierkuchen«, der Sozialismus ist »eine gute Gesellschaft, es gibt hin und wieder mal ein paar kleine Probleme und Konfliktchen«. Zu den grundsätzlichen Konflikten und Widersprüchen dieser Gesellschaft sind jedoch nur wenige Autoren vorgedrungen.

In Halle gab es zwei Inszenierungen nach Prosawerken der DDR-Literatur, die aus heutiger Sicht als bedeutend erscheinen in dem Versuch, wieder unmittelbarer an DDR-Probleme heranzukommen: DIE AULA und DIE NEUEN LEIDEN DES JUNGEN W.

Da war ich schon nicht mehr in Halle, als DIE NEUEN LEIDEN DES JUNGEN W. und AULA gemacht wurden. Also, große Reverenz für die Arbeit von Horst Schönemann. Aber damals fand ich das richtig verlogen, alles amüsierte sich und schlug sich auf die Schenkel, so eine heile Welt und so humorvoll und alle Konflikte lösbar – das war alles zu schön. Ich mochte diese Aufführung überhaupt nicht. Das habe ich damals auch gesagt, wir waren uns da auch einig. In Halle wurde der Begriff Bestätigungstheater erfunden, ganz in dem Sinne, diese Gesellschaftsordnung zu bestätigen und nicht zu kritisieren. DIE AULA war der Gipfelpunkt vom Bestätigungstheater.

Martin Linzer beurteilt diese Hallenser Etappe als den »letzten strategischen Versuch eines politischen Theaters in der DDR, das auf sozialistischer Gemeinschaftsarbeit, der Kraft des Kollektivs aufbaute und sich zugleich explizit an ein breites, den Sozialismus in einem aufstrebenden Industriegebiet errichtendes Publikum wandte«, danach habe das Regietheater begonnen. Sie haben indes eine andere Traditionslinie fortgeführt, die des Volkstheaters. Was haben Sie darunter verstanden?

Das habe ich in Schwerin zu realisieren versucht, in Halle war das alles noch unausgegoren. Wir haben uns zusammengesetzt und fanden, der Begriff Volkstheater sei immer negativ besetzt und bedeute krudes, anspruchsloses, ziemlich primitives Schenkelklopftheater für die einfachen Leute und ziemlich billig. Wir hatten aber eine Vorstellung vom Volk, die von einer gewissen Hochachtung geprägt war. Es wurde ja eine Gesellschaft errichtet, in der das Volk die dominierende Rolle haben sollte, alles für das Volk, wurde gesagt, um das Volk zum mündigen Partner der Politik zu machen. Der Begriff Volk hatte einen hohen Stellenwert, und wir nahmen das Publikum als einen Querschnitt durch die Bevölkerung der Stadt Schwerin sehr ernst. Unser Begriff vom Volkstheater sollte sich in unserer Arbeit widerspiegeln, wesentliche Konflikte dieser Gesellschaft sollten im Theater zum Tragen kommen. Wir fanden, Volkstheater sei ein Ergebnis eines Verhältnisses von Theater und Zuschauer. Der Gipfel dieses Konzepts war sicher FAUST I und II, das von einem breiten Publikum begeistert aufgenommen wurde, das fünfeinhalb Stunden im Theater saß, gebannt war, mitgelacht, mitgeweint hat, das den Goethe verstanden hat, sich den Faust über das Verhältnis zur Bühne angeeignet hat. Das erschien uns ein glücklicher Moment vom Volkstheater, das gelingt nicht jedes Mal, sondern ist ein zu erstrebendes Verhältnis zwischen Theater und Zuschauer, also nicht festzumachen an einer Literatur oder einem Autor, sondern das Ergebnis eines konkreten Kommunikationsprozesses.

Besaß dieses Publikum eine besondere Qualität im Verhältnis zum Angebot?

Bekanntlich gibt es zwei Künste: Theaterkunst und Zuschaukunst. Brecht hat es formuliert, und wir haben es ernst genommen. Ich glaube, in den ersten zwei, drei Jahren hätten uns die Zuschauer in Schwerin gern auch wieder zum Teufel gewünscht. Am Anfang haben wir mit den ersten »Entdeckungen« das Vertrauen der Zuschauer gewonnen, obwohl wir zunächst zuviel Gegenwartsdramatik gemacht hatten, den Bogen überspannten, zuwenig deutsche Klassik, zuwenig Shakespeare, zuwenig Poesie im Theater brachten. Wir haben, vereinfacht gesagt, Gegenwartstheater als Hauptlinie gefahren, was die Zuschauer eher verprellt und nicht gefordert hat. Aber dann gewannen wir Vertrauen bei den Zuschauern und konnten die Latte immer höher legen. Und wir sind dann über FAUST bis zur Antike gegangen, und die Zuschauer sind begeistert mitgegangen. Über die Jahre hat sich ein großes Vertrauensverhältnis zwischen Theater und Zuschauern in bezug auf die kritische Auseinandersetzung mit der DDR-Gegenwart hergestellt. Als politisch engagiertes Theater, das sich einmischen wollte in die Widersprüche dieses real existierenden Sozialismus.

Können Sie die wichtigsten nennen, mit denen Sie sich konkret in den Schweriner Jahren, den siebziger und achtziger Jahren beschäftigt haben?

FRANZISKA LINKERHAND von Brigitte Reimann
Regie: Christoph Schroth, Mecklenburgisches Staatstheater Schwerin, 1978
Foto Sigrid Meixner

Franziska Linkerhand von Brigitte Reimann
Regie: Christoph Schroth, Mecklenburgisches Staatstheater Schwerin, 1978
Foto Sigrid Meixner

Sicherlich war ein Hauptmerkmal der DDR-Führung oder der DDR-Politik die Lüge. Es wurde gelogen und schöngefärbt, daß sich die Balken bogen. Wenn ein Theater sagt: »Also hier hören wir mit der Lügerei auf und legen da den Finger auf die Wunde und sagen: ›In Wirklichkeit ist es so, und nicht wie das *Neue Deutschland* es verkündet oder das Fernsehen der DDR, sondern die Verhältnisse sind so und nicht anders‹«, dann reißt das den eigentlichen Widerspruch auf: die Lügerei von Erfolgen im Produktionsprozeß, die Lügerei von Erfolgen in der Landwirtschaft und daß die Leute in den Kaufhallen erlebten, daß sie nichts kriegen konnten, und daß sie reisen wollten und nicht reisen konnten und daß sie in der Schule belogen wurden. Das war, glaube ich, eine große, wichtige Erfahrung, die wir gemeinsam mit den Zuschauern hatten, zu sagen. »Wir bemühen uns, dieser Lügerei etwas entgegenzusetzen.«

Wir hatten uns auseinanderzusetzen mit dem Begriff Demokratie. Dieses Land litt bis zuletzt darunter, daß stalinistische Strukturen eine echte demokratische Wortmeldung des Volkes verhindert haben. Diese Strukturen garantierten, daß die, die die Macht hatten, diese Macht behielten, also der Apparat. Was an den Prager Ereignissen 1968 für mich so faszinierend war, war, daß der Versuch gemacht worden ist, diese stalinistischen Strukturen zu durchbrechen und den Sozialismus mit menschlichem Antlitz, mit demokratischem Antlitz zu formulieren. Da gab es noch eine Utopie, man glaubte noch, diese Gesellschaftsordnung sei noch zu reformieren, ich habe das auch geglaubt. Das war sicherlich 1968 noch anders möglich als 1989.

Hatten Sie in Schwerin Glück? Im Gesamtbild zeigt sich, daß die sogenannten SED-Bezirksfürsten die schärfsten Aufpasser und unter Umständen die härtesten Angreifer in Theaterangelegenheiten waren.

Wir wurden sehr überwacht von der Kulturabteilung der Bezirks-

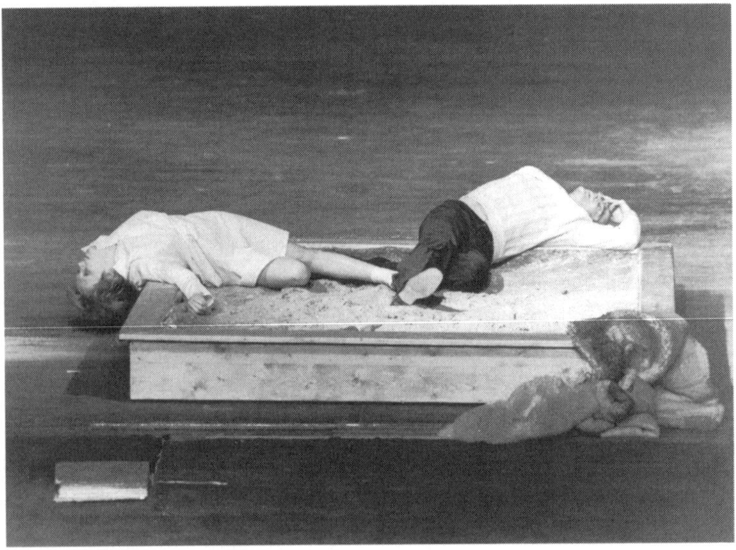

Franziska Linkerhand von Brigitte Reimann
Regie: Christoph Schroth, Mecklenburgisches Staatstheater Schwerin, 1978
Foto Sigrid Meixner

leitung. Wir mußten jedes Stück mit einer ausführlichen Konzeption versehen, die dann geprüft und abgenickt wurde. Oder es kamen Einsprüche, ganz viele Sachen haben wir nicht machen können. Wieder wollte ich Müllers BAU machen und durfte nicht. Aber zum Beispiel 1989 war der 200. Jahrestag der französischen Revolution, und wir hatten uns als Spielplan-Motto die Auseinandersetzung mit der Revolution in Frankreich, in Rußland und in Deutschland als Thema gewählt. Wir haben angefangen mit Beaumarchais' EIN TOLLER TAG, und dann wollte ich WEITER, WEITER, WEITER von Michail Schatrow machen, mit dessen BLAUE PFERDE AUF ROTEM GRAS ich im Berliner Ensemble eine tolle Erfahrung gemacht hatte. Schatrows Stück handelte von der russischen Revolution 1917 und ihren Folgen. Ein tolles Stück, das sehr aufregend war und den Finger auf die Wunde legte, ein Perestroika-Stück. Da wurde ich zum Kulturminister Hoffmann bestellt nach Berlin, und er sagte mir, daß ich dieses Stück nicht machen darf, weil die DDR-Parteiführung mit der Perestroika-Aussage dieses Stücks nicht einverstanden ist – und er bedauerte das. Er war sehr ehrlich, weil er das Stück auch gut fand, aber er war Apparat und hatte seinen treuen Chef, Genossen Hager. Nun durften wir das nicht machen, und da haben wir beschlossen: Wenn wir kein Gegenwartsstück machen, dann eben einen deutschen Klassiker, WILHELM TELL. Dagegen wird ja wohl keiner was haben. Und das war dann noch schlimmer, denn da ging der Deckel hoch. Das haben sie sich nicht träumen lassen, daß der Tell 1989 eine derartige Brisanz und Aktualität hat. »Weg muß er, seine Uhr ist abgelaufen.«

Ich kann mir vorstellen, daß Sie ein guter Diplomat waren in diesen leidigen Genehmigungsverfahren.

Ich glaube nicht.

Man ist sich aber persönlich begegnet.

Dauernd.

Wo war da die Grenze, konnte man den Spielraum erspüren?

Der Spielraum war, daß man nie wußte, was rauskam. Die obersten Kulturaufpasser waren immer unsicher. Sie konnten ja schwer selber Urteile fällen, holten sich Fachleute heran. Beim FAUST zum Beispiel war das irre. Sie kriegten solche Angst, denn Adolf Dresens tolle Inszenierung von 1968 im Deutschen Theater hatte zu einem politischen Eklat geführt, der immer noch nachwirkte. Die Truppe der Funktionäre hatte das Theater verlassen, denn dieser FAUST widersprach der Aufführungspraxis des sozialistischen Realismus, wie sie in Leipzig und in Weimar zuvor für gültig befunden wurde. Es folgten dreißig Veränderungsbedingungen aus der Kulturabteilung des ZK. Jetzt machten wir in Schwerin FAUST, und auch noch I und II – da kriegte die Bezirksleitung wahnsinnige Angst und holte eine Expertenkommission heran: Hochschullehrer. Wir mußten einen Durchlauf machen, und das waren kreuzgescheite Genossen – auch Genossen, aber kreuzgescheit. Die wußten, worum es ging bei FAUST, und haben unsere Arbeit nur bestätigt. Die Funktionäre aus Schwerin vom Rat der Stadt wollten die Aufführung absetzen, denn: »So ist unser Volk nicht« und die übliche Sache. Der Faust sei zu kritisch dargestellt, und der Mephisto sei der Gute, im Osterspaziergang sei das Volk nicht richtig dargestellt, und in »Auerbachs Keller« saufen die zuviel. Sie konnten sich damit nicht durchsetzen, denn wir hatten wahnsinniges Glück, insofern eine Expertenkommission von Wissenschaftlern unseren konzeptionellen Ansatz und unsere Realisation auf der Bühne bestätigte. Und so hatte die Bezirksleitung auch ihr Mäntelchen, konnte sagen: »Die Wissenschaftler haben es quittiert, es wird wohl gehen.«

Ein interessantes Beispiel, wie politische, wissenschaftliche und

Entdeckungen 5 – Antike
Regie: Christoph Schroth, Mecklenburgisches Staatstheater Schwerin, 1982
Foto Sigrid Meixner

Entdeckungen 5 – Antike
Regie: Christoph Schroth, Mecklenburgisches Staatstheater Schwerin, 1982
Foto Sigrid Meixner

künstlerische Autorität sich gegenüberstanden und sich letztendlich gegenseitig wieder gestützt haben.

Die Situation spitzte sich jedoch immer weiter zu, bis 1989. Wir haben einen Volksliederabend gemacht, der wurde einfach verboten. Den hatten wir zum 40. Jahrestag der DDR geplant. Der erste Teil bestand aus FDJ-Liedern und beschrieb die verlorenen Illusionen, was zum Teufel gegangen ist und mit welchen Idealen die junge Generation des Jahres 1945 angetreten ist und was sie mal aus diesem Land machen wollte und was daraus geworden ist. Der zweite Teil waren Volkslieder, die sich unmittelbar mit der DDR-Situation 1989 beschäftigten, also so ein Lied wie »Wo mag denn nur mein Christian sein, in Hamburg oder Bremen« hat natürlich eine zündende, aktuelle Wirkung gehabt, oder »Ich bin ein deutscher Denunziant«. Es waren die deutschen Verhältnisse, eingefangen in deutschen Volksliedern, was eine ungeheure Sprengkraft hatte – und das wurde verboten und durfte erst am 4. November 1989 aufgeführt werden. Wir waren früh auf dem Alexanderplatz zu der großen Demonstration und sind dann abends nach Schwerin gefahren und haben diesen Liederabend zur Premiere bringen können, unter tollem Applaus. Zum ersten Mal wurde die DDR-Hymne im Originaltext als Zugabe gesungen. Das war fünf Tage vor der Maueröffnung, da war eine Euphorie, eine Aufbruchstimmung, da war eine Kraft, es war die Atmosphäre der runden Tische, der befreienden Demokratisierungsprozesse, und die Leute waren auf den Straßen, wach und lebendig, und träumten von einer neuen Welt.

Noch mal zurück in die siebziger Jahre. Eine Schweriner Spezialität waren die »Entdeckungen«. Was war das für eine Veranstaltung?

Die Initialzündung dafür kam von Benno Bessons Volksbühne – dieser konzeptionelle Ansatz hat mir sehr gefallen. Er hat damals »Spektakel«-Abende gemacht, bei denen das ganze Theater verwandelt wurde in einen Theaterkomplex, wo in allen Ecken Theater gespielt wurde. Die Zuschauer konnten sich raussuchen, was sie interessierte, alles mit einem ganz deutlichen Zuschnitt auf Gegenwartstheater. Das hat mir sehr gefallen, obwohl ich nie eine Aufführung davon gesehen hatte. Aber ich kannte das Konzept und die Stücke, die gespielt wurden. Wir haben dann versucht, ein ähnliches Modell für uns zu erarbeiten, mit einem ersten Entdeckungsabend, in dem wir mehrere Stücke parallel spielten: zum Beispiel Alexander Gelmans PROTOKOLL EINER SITZUNG auf der Hinterbühne, ein aggressives, brisantes sowjetisches Gegenwartsstück; auf der Vorbühne spielten wir von Franz Xaver Kroetz MARIA MAGDALENA, ein sehr brisantes westdeutsches Gegenwartsstück, an einem dritten Spielort haben wir Kabarett gemacht. Der Effekt war, daß wir das en suite gespielt haben und die Zuschauer mehrmals ins Theater kamen. Es sprach sich rum – das ganze Theater war in Bewegung. Es war nicht so, man läßt eine Karte abreißen, setzt sich hin, guckt zu, geht wieder, sondern man war sechs oder sieben Stunden in dem Theater, man trank zusammen, man aß zusammen, man tanzte am Schluß, es entstand eine Kommunikation über die brisanten Probleme dieser Gesellschaft, man redete über die Stücke, man redete mit den Schauspielern, im Anschluß kamen Schauspieler, Techniker und Zuschauer zusammen, man kam in direkten Kontakt. Es war einfach ein neues Verhältnis zwischen Zuschauern und Theaterleuten, und es durchbrach die Monotonie eines Repertoiretheaters, durchbrach sämtliche Strukturen, forderte das Theater von seinen materiellen Voraussetzungen immens, alle mußten an einem Strang ziehen.

Vielleicht eine Art Spiegel dessen, was die DDR in ihrer Möglichkeit sein konnte, wobei es sicher nur großzügige materielle Bedingungen erlaubten, solche Spektakel zu veranstalten. Als hätten sich die Macher wie die Zuschauer einfach mehr Zeit genommen, als normalerweise zur Verfügung steht.

Entdeckungen 5 – Antike
Regie: Christoph Schroth, Mecklenburgisches Staatstheater Schwerin, 1982
Foto Sigrid Meixner

Entdeckungen 5 – Antike
Regie: Christoph Schroth, Mecklenburgisches Staatstheater Schwerin, 1982
Foto Sigrid Meixner

Wenn Sie das Geld ansprechen, Geld hat für mich im Theater zu DDR-Zeiten überhaupt keine Rolle gespielt. Ich habe nie irgendwie einen Zeigefinger bekommen, der sagt: Das darfst du nicht, weil das zuviel kostet. Es war immer alles möglich. Bestimmte Materialien gab es eben nicht, und dann mußtest du erfinderisch sein. Die Bühnenbildner und Werkstattleiter waren absolute Meister im Improvisieren. Und was die Eintrittspreise betrifft, gab es bei FAUST I und II für 4,50 Mark eine »teure« Karte, das konnte sich jeder leisten, das war gar kein Problem.

Sie haben in Schwerin sehr viel überregionale Beachtung bekommen, die Leute sind regelrecht dahin gepilgert. Nun war es nicht zu erwarten, daß sich in einer mittleren Stadt wie Schwerin ein solches Theater entwickelt. Welche Faktoren mögen noch eine Rolle gespielt haben?

Ich glaube, weil es eben an der Peripherie lag. Viele sagten mir: »Sei froh, daß du dort bist, in Berlin wäre nicht möglich, was ihr macht. Unabhängig von der künstlerischen Qualität, sondern die ganze Welt guckt auf Berlin, und wenn ihr da an der Peripherie was macht, das lassen die durch.« Wir bekamen Zuspruch aus der gesamten DDR, die Leute sind zu »Antike Entdeckungen« oder zu FAUST angereist, aber auch zum Beispiel zu FRANZISKA LINKERHAND. Das hatte aber auch was zu tun mit der politischen Funktion von Theater überhaupt, die natürlich heute eine andere ist.

Und die Stadt selbst?

Schwerin, eine alte Beamtenstadt, war eine Stadt im Aufbruch. Man versuchte, durch die Ansiedlung von Industrie das Gesicht der Stadt zu verändern, neue Menschen kamen dahin, Arbeiter, Angestellte. Es waren immerhin fünf Betriebe, die in der Peripherie von Schwerin entstanden, was auch eine Veränderung der Zuschauer-

FAUST I/II von J. W. Goethe
Regie: Christoph Schroth, Mecklenburgisches Staatstheater Schwerin, 1979
Foto Archiv Mecklenburgisches Staatstheater Schwerin

FAUST I/II von J. W. Goethe
Regie: Christoph Schroth, Mecklenburgisches Staatstheater Schwerin, 1979
Foto Archiv Mecklenburgisches Staatstheater Schwerin

schicht mit sich brachte. Uns interessierten diese neuen Menschlein, die da in Mecklenburg angesiedelt wurden und die neugierig ins Theater kamen.

Schwerin war auch ein großer Militärstandort, die Umgebung war voll von Armee. Konnten Sie mit diesem Umstand etwas anfangen, haben Sie vielleicht auch dahin geschaut, ob man mit der Kriegsproblematik diesen Teil der Bevölkerung ansprechen, ins Theater locken kann? NVA-Offiziere waren ja eine Kaste für sich.

Also, wir haben sie eigentlich gemieden, diese Kaste. Es ergab sich auch nicht. Wir hatten so gut wie nie Kontakt. Der damalige Chefdramaturg des Henschel-Verlages, Jochen Ziller, mußte seinen Reservistendienst unweit von Schwerin ableisten und kam jeden Abend zu uns, und wir haben viel Bier und Schnaps getrunken, und er hat uns über die furchtbaren Verhältnisse in der NVA berichtet, mit viel Humor und Sarkasmus. Das war die einzige konkrete Beziehung, die ich damals dazu hatte.

Sie hatten in Schwerin, in einer ganz anderen Richtung Ihres Umfelds, den für DDR-Theater ungewöhnlichen Versuch gemacht, in Kirchen zu spielen.

Wir hatten die Idee geboren, unseren Antike-Abend in verschiedenen Kirchen von Schwerin zu spielen. IPHIGENIE IN AULIS im Dom, die TROERINNEN in der Paulskirche, AGAMEMNON in der Schelfkirche und die ACHARNER wieder im Dom. Das hatten wir mit den Verantwortlichen der Kirchen besprochen, und die waren sehr begeistert davon und wollten dieses Projekt unterstützen. Da kriegten wir von der SED-Bezirksleitung ein klares und eindeutiges Nein: So was findet nicht statt, ihr habt euch nicht in die Belange der Kirche einzumischen, Schluß aus. Wir wollten mit den Zuschauern von Kirche zu Kirche wandern und haben uns das mit Fackeln und Kerzen vorgestellt, jede Tragödie in einem anderen Kultraum. Kirchenräume haben ja was Faszinierendes, etwas Theatralisches und etwas ganz Eigenes, und Theater darin zu machen hätte uns sehr interessiert. Der Bühnenbildner Lothar Scharsisch hatte schon sehr interessante Entwürfe gemacht, und wir waren sehr enttäuscht, daß es nicht zustande kam.

Sie hätten in dem Projekt das offizielle hohe Ansehen des Theaters sozusagen mit dem inoffiziellen hohen Ansehen der Kirche verschmolzen. War das der Grund, warum es nicht ging?

Ja. Die Partei wollte nicht, daß das staatliche Theater sich liiert oder zusammenarbeitet oder kooperiert mit der Kirche. Sie wollten da eine Abgrenzung.

Wie hat die Kirchenseite reagiert?

Traurig und etwas resignativ. Das war so, 1982. Später haben wir das Thema der Kirchenbewegung wieder aufgegriffen, in der WOLOKOLAMSKER CHAUSSEE IV, wo ein Stasi-Beamter im Mittelpunkt steht, der sich über die Unbotmäßigkeit des Volkes aufregt. Zu dieser Zeit gab es gerade diese große Auseinandersetzung zwischen Stasi und Kirche in der Berliner Zionskirche, die wir mit großer Sympathie verfolgt hatten. Uns ist dann auf der Probe eingefallen, dieser Stasi-Beamte solle das Weihnachtslied singen »Oh, Tochter Zions, freue dich!«, und er hat es gesungen, und natürlich wußten alle Leute Bescheid, brüllender Applaus und ein großer Lacher. Wir fühlten uns auch diesen Bewegungen, die in der Kirche stattfanden und die die Kirche unterstützt hatten, sehr verbunden.

Hatten Sie auch nichtkünstlerische Auseinandersetzungen mit der Staatssicherheit als Oberspielleiter und später auch Intendant?

Nein, ich muß der Ehrlichkeit halber sagen, daß die Staatssicherheit alles getan hat, damit wir als Ensemble nach Westdeutschland, nach Frankreich, nach Wien fahren konnten. Es ist nicht die Regel, sie hat uns unterstützt und hatte nur eine einzige Sorge: daß wir alle wieder zurückkommen. »Wenn ihr zurückkommt, dann könnt ihr alle sofort wieder fahren.« Das war ihre einzige Sorge. Wir waren eigentlich kein Theater, das in den Westen fährt. Die Ausnahme entstand plötzlich durch den Zufall, daß Oskar Lafontaine und Erich Honecker, die beiden Saarländer, sich gesprochen haben und der Lafontaine den Honecker fragte: »Welches Theater können wir einladen?« Da sagte Honecker: »Holt euch mal Schwerin.« Und wir waren überhaupt nicht darauf vorbereitet. Aber dann mußten natürlich für die Stasi viele Arbeiten erledigt werden – also Beurteilungen und was weiß ich alles, aber sie sind immer mit der Haltung an uns herangetreten – das widerspricht jetzt dem Klischee –: »Wir möchten, daß ihr fahrt« und haben alles in Bewegung gesetzt.

Mußten Sie bürgen? Es gab doch dieses absurde Verfahren, daß jemand bürgen mußte für jemanden, der zum ersten Mal in den Westen fährt.

Ja, so was gab es auch. Ich habe auch für ein oder zwei Schauspieler gebürgt.

Sind sie auch alle wiedergekommen?

Am Anfang, ja. Bis zum Jahr 1989 sind alle immer wiedergekommen, dann sind die ersten weggeblieben. Da fiel ja alles auseinander, das Ensemble, ich ging weg, wesentliche Mitarbeiter gingen weg – und die DDR fiel auseinander. Und da gab es kein Halten mehr.

In der DDR gab es keine so große soziale Differenzierung. Hat dieser Umstand mit dazu beigetragen, daß Ihr Schweriner Ensemble in sich so gut funktioniert hat?

Ja, ich glaube, das ist ein Gesichtspunkt. Es ist aber auch die Frage des politischen Engagements eines Ensembles. Wenn ich zum Beispiel daran denke, wie Künstler des Deutschen Theaters den 4. November vorbereitet hatten, auf einer sehr breiten Basis – viele fühlten sich einfach mündig, sich als Schauspieler zu artikulieren und nicht die Privilegierten des System zu sein, sondern Farbe zu bekennen und Flagge zu zeigen und in der ersten Reihe am 4. November auf den Alex zu marschieren, wo ja gar nicht klar war, wie das ausgeht. Es war ja auch ein Risiko.

Sie betonen immer wieder diese kritische Begleitung und Veränderung der Gesellschaft durch das Theater. Haben Sie auch Inszenierungen von Kollegen gesehen, über die Sie sagen mußten: »Das hat einen Pessimismus, das ist zwar auch eine Wahrheit für sich, aber ich kann diese Sicht nicht teilen«? Beim frühen Castorf zum Beispiel wußten einige Leute nicht, ob sein Theater zu diesem DDR-kritischen Konsens, der unter den Theaterleuten galt, überhaupt paßt.

Ich hatte Castorfs BAU in Karl-Marx-Stadt gesehen, das hat mich damals sehr fasziniert, weil damit eine völlig andere formale Sprache auf die Bühne kam und für mich ein großes Engagement und eine große Konsequenz in der Darstellung der Widersprüche dieses Landes. Ich habe dann andere Aufführungen gesehen von Castorf, die mich nicht so angesprochen haben – unabhängig davon, daß ich ihn für einen großartigen Regisseur halte, aber das war vielleicht nicht mehr so meins. Auch die Sicht auf die Welt – ich habe vielleicht mehr utopische Vorstellungen von der Veränderbarkeit dieses Systems gehabt und Castorf sicherlich überhaupt keinen Funken. Ich unterstelle das hier mal, ohne es werten zu wollen.

(Das Gespräch führte Thomas Irmer.)

Erneuerung des Berliner Ensembles

1970 wird Ruth Berghaus stellvertretende Intendantin am Berliner Ensemble; 1971, nach dem Tod von Helene Weigel, übernimmt sie die Intendanz und versucht, das Erbe Brechts neu zu beleben, seine frühen Stücke zu untersuchen und bürgerliche Dramatik (Wedekind, Strindberg) mit neuen Regisseuren (Einar Schleef) in das im Kanon erstarrte Brecht-Theater zu integrieren. Das Programm lautet: kritische Überprüfung der Inszenierungsmodelle; Entdeckung des Brechtschen Frühwerks; Erkundung der Dramatiker, in deren Tradition Brecht stand; Einbeziehung der Dramatiker, die in der Tradition Brechts stehen (Heiner Müller und Volker Braun). Viele sehen darin ein Experiment. Es reflektiert die offenen Fragen einer Theaterentwicklung, die sich einer Tradition hoher gesellschaftlicher Ansprüche versichert und diese zugleich neu und anders zu sehen gezwungen ist.

Teil II

Der Morgen findet nicht mehr statt. 1973 bis 1990

Von Ulbricht zu Honecker: ein Machtwechsel mit Folgen

Nach den Jahren verhärteter Konfrontation nach außen (Kalter Krieg) und innen (ideologische Verschärfung) schlägt die DDR-Führung im kulturellen Bereich einen neuen Kurs ein, der sich auch auf die Bedingungen für die Arbeit am Theater auswirkt. Das Streben des kleinen Landes nach internationaler Anerkennung führt zu einer Reihe politischer Abkommen, in deren Folge man sich auch scheinbar unpolitischer Strategien bedient. Zu den auffälligsten Erscheinungen gehört die internationale Repräsentation durch den Sport – was seit der Teilnahme an den Olympischen Spielen 1972 in München und der Fußball WM 1974 in der BRD immer deutlicher wird. Gleichzeitig werden erste Ansätze internationaler Kulturbeziehungen entwickelt. Prahlerischer Höhepunkt dieser neuen »Offenheit« sind die 1973 in Berlin abgehaltenen X. Weltfestspiele der Jugend.

Die Verhältnisse im Land sind vor allem davon geprägt, daß Honeckers Linie, verkündet auf dem 8. SED-Parteitag 1971, nicht mehr ausschließlich und vordergründig auf eine absolutistische Bevormundung zielt, sondern stärker auf Konsum ausgerichtet ist. Die nun propagierte »materielle Bedürfnisbefriedigung« soll durch die Lenkung der Volkswirtschaft gewährleistet werden. Kernpunkt der neuen Sozialpolitik Honeckers sind das Wohnungsbauprogramm (zur Verbesserung der immer noch prekären Wohnsituation vieler Bürger) und die Familienförderung durch direkte und indirekte materielle Zuwendungen.

Auch die Kultur soll sich mehr nach den Bedürfnissen richten. Der Anteil sogenannter heiterer Unterhaltung wächst im Vergleich zu den sechziger Jahren, und die Theater machen mit – Komödien, Schwänke, kleine Musicals und bunte Abende als Kleinprogramme auf Nebenbühnen werden populär. Unbeantwortet bleiben die großen Fragen, an denen die Theaterleute in partieller Übereinstimmung mit der Gesellschaft bzw. der Führung arbeiten: Die Utopie wird immer weiter nach unten korrigiert, individuelle Schicksale gewinnen vor dem Kollektiv an Bedeutung, Dirigismus und Zensur bleiben bestehen; nach scheibchenweise geschlossenen Kompromissen dauern sie in modifizierter Form in den alten und neuen Ritualen fort. Nüchternes Resümee: Man hat sich, ohne sich dessen voll bewußt zu sein, auf halbem Wege eingerichtet, mit noch ein bißchen Hoffnung im Gepäck.

Zu den besonders im Theaterleben selbst stets umstrittenen Fragen gehört: Welche Aufgabe hat das Theater in der DDR? Der offizielle Auftrag, wie er in den Parteibeschlüssen formuliert wird, »im Dienste der sich entwickelnden sozialistischen Gesellschaft unter Führung der SED« zu stehen, ist unangreifbar, aber wenig konkret. Tatsächlich verbirgt sich darin ein Widerspruch, der seit den fünfziger Jahren nie wirklich gelöst wurde: Von seinem Wesen her eine bürgerliche Kunst, was sich auch in der hierarchischen Organisation und der traditionellen Architektur niederschlägt, war es als solche in die DDR übernommen worden – und ungeachtet aller ideologischen Überformungen geblieben. Ansätze eines revolutionären Theaters der zwanziger Jahre, wie es damals in der Sowjetunion (Meyerhold) und in Deutschland (Piscator) zum Zuge kam, waren längst verworfen. Einzig die Versuche eines sozialistischen Volkstheaters erinnern noch ernsthaft an den Vorsatz, mit der neuen Gesellschaft auch ein neues Theater zu schaffen. Ungeklärt und verworren bleibt auch die Frage der Nation, zumal die DDR-Oberen auf schillernd anachronistische Weise einem Modell nationaler Kultur des 19. Jahrhunderts anhängen, als wäre das Volk der DDR soeben siegreich aus einem Befreiungskampf in eigener Angelegenheit hervorgegangen.

Nachdem die DDR in den Jahren 1971 bis 1973 vielfach diplomatisch anerkannt und Mitglied der UNO geworden ist, vollzieht sich auf höchster Ebene ein Wandel in den Zielsetzungen. In der Verfassung von 1968 war noch die Rede von der »ganzen deutschen Nation« gewesen, die sich die DDR zu ihrer Angelegenheit macht. Mit Honecker wird in der Verfassung von 1974 jeder gesamtdeutsche Bezug aus offiziellen Titeln getilgt und die Parole von »einem neuen Typ der Nation, der sozialistischen Nation« ausgegeben: Aus Deutscher Fernsehfunk wird Fernsehen der DDR, aus Mark der Deutschen Notenbank Mark der DDR, die Deutsche Akademie der Künste heißt nun Akademie der Künste der DDR, und in den Schulen wird den Schülern die Nationalhymne nur noch konzertant vorgespielt, da Johannes R. Bechers Zeilen »Deutschland, einig Vaterland« offenbar nur noch Verwirrung stiftet. Verwirrt wirken meist auch die DDR-Sportler auf dem Siegertreppchen, von denen erwartet wird, daß sie dem Abspielen ihrer Hymne stumm, mit stolz-verkniffenem Gesichtsausdruck Ehrerbietung erweisen.

Für die Kulturpolitik bleibt diese Auffassung von der eigenen sozialistischen Nation nicht ohne Folgen, denn was von nun an Deutsch oder nicht Deutsch oder eingemeindet DDR-Deutsch sei, ist gerade in Fragen des sogenannten Erbes nicht leicht zu entscheiden. Für die Gegenwart gilt: Was offiziell an Kunst in der DDR entsteht, ist DDR-Kunst oder DDR-Literatur oder eben DDR-Theater. Das Kürzel wird zu einer üblichen Vorsilbe vorsorglicher Vereinnahmung und im Falle von höchster Qualität zu einem Anerkennungssiegel auf dem internationalen Parkett. Die unscharfe Überlagerung von sozialistischer Nationalkultur und sozialistischer Volkskultur bleibt ungeklärt; sie ist allerdings auch nicht die drängendste Frage.

Einen Kurs vorsichtiger Lockerung im kulturellen Bereich kündigt Honecker bereits 1971 an – wohl auch um seine neue Linie zu behaupten: »Wenn man von der festen Position des Sozialismus ausgeht, kann es meines Erachtens auf dem Gebiet von Kunst und Literatur keine Tabus geben. Das betrifft sowohl die Fragen der inhaltlichen Gestaltung als auch des Stils.« Die Formel von der »Weite und Vielfalt« der Kunst erlaubt von nun an trotz weiterbestehender Kontrolle eine weniger selektive Wahrnehmung der Vergangenheit und etwas gelockerte Prinzipien der »festen Position« für die Gegenwart.

Zu den wesentlichen Merkmalen der kulturellen Entwicklung Anfang der siebziger Jahre gehört, daß in den verschiedenen Kunstsparten die Probleme des einzelnen in den Vordergrund rücken, die Gesellschaft stärker aus einer individuellen Perspektive betrachtet und Kritik anhand des Schicksals von Außenseitern oder Gescheiterten geübt wird: das politische Ideal steht nicht länger im Mittelpunkt eines Kunstwerks, Konflikte werden auch als tragische Folgen sozialer Verhältnisse erkennbar. Damit einher geht die Neubewertung früherer Epochen der bürgerlichen Kunst. Die Diskussion über die deutsche Romantik spiegelt diesen Wandel am deutlichsten: Gegenüber der Klassik lange Zeit abgewertet und als reaktionär verschrieen, setzt nun eine intensive Rezeption der romantischen Kunstauffassung ein, in der die inneren Welten der Menschen wie Träume, Visionen und in Tagträume verschobene Ängste mit objektiv waltenden Mächten in Beziehung gesetzt werden. Zwei Prosaautoren treiben diese Diskussionen mit Essays und eigenen literarischen Werken voran: Franz Fühmann, der sich besonders für ein neues Verständnis von E. T. A. Hoffmann einsetzt, und Christa Wolf mit ihrem ausgeprägten Interesse an einem »anderen« Kleist und den Leistungen der Frauen in der deutschen Romantik.

Hinzu kommt die punktuelle Neubewertung einzelner Künstler der westlichen Moderne. Zum Beispiel wird James Joyce, zuvor als formalistisch und dekadent abgestempelt, durch eine sechsbändige Ausgabe seiner Werke rehabilitiert. In der bildenden Kunst verweigern sich junge Künstler zunehmend dem angeblich volksverbundenen Realismus des 19. Jahrhunderts und entdecken die Ismen des frühen 20. Jahrhunderts wieder; in Gruppen von Gleichgesinnten wenden sie sich allmählich vom klassisch gemalten Tafelbild ab: mit Aktionen und Performances finden sie Anschluß an die Avantgarde des Westens (so bricht beispielsweise der Maler Hartwig Ebersbach mit der Leipziger Schule).

Populäre Kunstgattungen wie Film und Rockmusik erleben in diesen Jahren einen regelrechten Aufschwung. Die Legende von Paul und Paula, Drehbuch Ulrich Plenzdorf, gehört zu den bemerkenswertesten Filmen dieser Jahre. Vor dem Hintergrund des sich zum Neubau-Sozialismus hin verändernden Ost-Berlin wird die Geschichte einer ungewöhnlichen Liebe zwischen einer Kaufhallenangestellten und einem Karrieristen im Staatsapparat erzählt. Für die meisten Zuschauer ist Paul ein Vertreter einer abgehobenen DDR-Elite; Paula, eine alleinerziehende Mutter in einer Altbaubauwohnung, ist eine realistische Figur, die in benachteiligten Verhältnissen lebt und sich dennoch aus guten Gründen gegen das private Glück der kleinen Utopie in Gestalt des Bungalow-bauenden Reifen-Saft entscheidet. Trotz des lockeren Erzähltons endet der Film tragisch mit Paulas Tod: Der Mensch ist mehr als seine soziale Wirklichkeit.

Der Soundtrack zu diesem DEFA-Film, erstmalig durchgehend Rockmusik (Peter Gotthard und Puhdys), verleiht den Bildern nicht nur den zeitgenössischen Ton, sondern bringt auch eine textlyrische Ebene herein, die den üblichen Realismus aufbricht. Die Puhdys sind damals schon die Nummer eins in der DDR, und ihre Musik wird mit Plattenverträgen und Auftrittsmöglichkeiten im Fernsehen von nun an gefördert. Ein paar Jahre zuvor hatte Ulbricht noch das »Yeah, Yeah, Yeah« der Beatles gegeißelt, vom dämonischen Image der Rolling Stones um 1968 ganz zu schweigen. Seinem Traum einer sozialistischen Nationalkultur entsprechend, gewährt Honecker der Rockmusik Freiheit innerhalb fester Grenzen: als populärer DDR-Rock, der mit etwas verschwommenen und ausschließlich auf deutsch vorgetragenen Lyrismen das Lebensgefühl der »Hineingeborenen« mehr oder weniger deutlich zum Ausdruck zu bringen versucht und dessen internationale Vorbilder bei den Puhdys, bei Karat und der Sterncombo Meißen in jenen Jahren nicht zu überhören waren: Deep Purple, Genesis, Pink Floyd, Bands, die im Gefolge der kulturellen Revolution der sechziger Jahre im Westen einfache Tanzmusik zu einer Kunstform gemacht hatten und deren künstlerische Vorbildfunktion zumindest von Experten schlecht geleugnet werden konnte.

Das Theater emanzipiert sich – Grundzüge der siebziger Jahre

Für die Theater, die sich trotz der Versuche mit dem Volkstheater immer als Teil der Hochkultur verstanden, beginnt eine Zeit, die mehr Experimente im Umgang mit dem Bisherigen zuläßt. Wie allerdings in Anlehnung an die offizielle Politik ein »sozialistisches deutsches Nationaltheater« aussehen soll, weiß keiner so genau, auch aus dem Grunde nicht, weil dieses ja zunächst hätte begründet werden müssen. Die agitatorischen und anspruchsvollen Stücke mit Themen aus Industrie und Landwirtschaft waren verbraucht, die altehrwürdigen Klassikerinszenierungen wirken oft verstaubt und bieten kaum die Grundlage für die von Theaterleuten und Publikum erhoffte aktuelle Diskussion, während die Dramatiker im Lande, die sich auf das Ausweichen in mythologische Stoffe oder einfach nur aufs Warten verlegt hatten, sich der Hoffnung hingeben, einmal doch ohne zensurbedingte zeitliche Verzögerung mit ihren Stücken direkt auf ihr Publikum zu treffen. Die Spielräume gestalten sich dagegen innerhalb der konkreten und kulturpolitischen Grenzen wieder offener: Spiel, Grenzen und Offenheit – das sind in den siebziger Jahren die entscheidenden Begriffe im DDR-Theater. Der Regisseur rückt immer mehr ins künstlerische Zentrum einer Inszenierung, und die öffentliche Wirkung – eine Wirkung der Assoziationen und Anspielungen – entwickelt sich fruchtbringend. Theater erlangt – trotz noch immer leicht sinkender Besucherzahlen – eine Deutungs- und Bedeutungsgröße, die im Vergleich mit anderen Künsten in der DDR nur noch der Malerei eigen ist.

Neue Regisseure – Regietheater

Die neue Theaterkunst wird von Regisseuren gemacht, die nicht einer einzigen Generation zuzurechnen sind und deren Anfänge zum Teil weit in frühere Jahrzehnte zurückreichen. Gemeinsam ist ihnen die Offenheit für ein kritisches Theater, wie es einst von Brecht inspiriert wurde und das es, auch in Abgrenzung zu ihm, weiterzuentwickeln gilt. Benno Besson entstammt in direkter Linie diesem Denken, war er doch selbst noch Mitarbeiter Brechts. Adolf Dresen hatte mit HAMLET und FAUST bereits in den sechziger Jahren einen anderen Zugang zu den Klassikern gezeigt. Manfred Karge und Matthias Langhoff begannen am Berliner Ensemble mit nichtkanonischen Brecht-Inszenierungen, deren Konzept sie in den siebziger Jahren an der Berliner Volksbühne mit Stücken anderer Autoren weiterführen. Auch B. K. Tragelehn, den die Uraufführung von Müllers UMSIEDLERIN einige Theaterjahre gekostet hatte, meldet sich spätestens 1969 in Potsdam mit der Inszenierung von Shakespeares WIE ES EUCH GEFÄLLT in der Übersetzung Heiner Müllers zurück. Tragelehn wird am Berliner Ensemble in Zusammenarbeit mit dem Bühnenbildner und Koregisseur Einar Schleef drei aufsehenerregende Inszenierungen herausbringen, die dessen Ruf als Regisseur begründen: KATZGRABEN (1973), FRÜHLINGS ERWACHEN (1974) und FRÄULEIN JULIE (1975).

MARIA STUART von Friedrich Schiller
Regie Wolfgang Engel, Staatsschauspiel Dresden, 1980
Foto Erwin Döring

Ebenfalls mit FRÄULEIN JULIE debütiert Herbert König 1973 in Magdeburg als Regisseur. Ein paar Jahre später inszeniert er in Brandenburg Horvàths GLAUBE LIEBE HOFFNUNG mit eigenwilligen Stilisierungen in einem nicht-realistischen Kunstraum. Königs Arbeiten sind ein Extrem dessen, was in Westdeutschland später Regietheater genannt wird: ganz und gar individuelle Auslegungen eines Stücks in einem künstlerisch durchgestalteten Raum, der nicht den Vorgaben des Autors folgt. Königs häufig als Pessimismus und Alptraum empfundene Theaterwelten stoßen auf großen Widerspruch: Einerseits stellen sie den Begriff der Werktreue in Frage, andererseits wird die Grundstimmung der Inszenierung als ideologische Aussage gewertet. Frank Castorf wird ein paar Jahre später an die Arbeiten Herbert Königs anknüpfen.

Regietheater in der DDR bedeutet, sich die Freiräume für eine planmäßig genehmigte Inszenierung mit dem Stück, mit den Schauspielern während der Proben, mit dem Bühnenbildner zu erarbeiten, um eine auf aktuelle Stimmungen und Einsichten zielende Stückinterpretation zur Aufführung zu bringen. Da das Regietheater damit auch auf die bisherige Aufführungstradition reagiert, verwundert es nicht, daß die Umdeutung der Klassiker oft weit aussagekräftiger ist als ein Gegenwartsstück. Indem sich die Aufführungskunst gegenüber Werk und Tradition behauptet, wird das Theater autonomer, widersprüchlicher und letztlich auch offener für die Beteiligung des Zuschauers. Die Theaterkritik, die in der DDR diese Entwicklung zum Teil begrüßt, ohne es in der Presse deutlich zu formulieren und im einzelnen zu interpretieren, gerät in einen Zwiespalt zwischen dem, was man gesehen und gedacht hat, und dem, was man als Gehalt einer Aufführung gedruckt weitergeben kann. Die seit dem ersten Auftreten des Regietheaters um 1900 immer wieder aufflammende Werktreue-Debatte kann als Scheingefecht und Ablenkungsmanöver von der eigentlichen Frage angesehen werden: Kunst als etwas Unbekanntes, als etwas nicht Festgelegtes – entgegen der offiziellen Auffassung einer noch immer humanistisch-sozialistisch deklarierten Weltvereinfachung.

In den späten siebziger Jahren treten drei Regisseure hervor, die aufgrund ihrer Schauspielererfahrungen imstande waren, diese Spielart des Regietheaters zu höchster Form zu führen und darüber hinaus die zentrale Figur der von der DDR vereinnahmten Traditionsgeschichte, Georg Büchner, neu zu beleuchten: Jürgen Gosch, Wolfgang Engel und Alexander Lang.

Jürgen Gosch, Jahrgang 1943, ausgebildet an der Staatlichen Schauspielschule Berlin, ist zunächst Schauspieler in Parchim und Potsdam, dann Dozent an der Schauspielschule, schließlich wieder Schauspieler im Ensemble der Volksbühne, wo er zu inszenieren beginnt. 1978 interpretiert er in einer gelungenen Aufführung Büchners LEONCE UND LENA als absurde Staatsfarce – und das Bild des in der DDR als revolutionärer Dichter verehrten Büchner hängt plötzlich schief.

Auch Alexander Lang deutet 1981 mit seiner Inszenierung von DANTONS TOD am Deutschen Theater Büchners Revolutionsdrama neu, indem er die Französische Revolution als eine ihre Protagonisten verschlingende Maschinerie zeigt und mit der Doppelbesetzung von Christian Grashof die beiden Opponenten, Danton und Robespierre, nahezu gleichsetzt. Lang, Jahrgang 1941, war zuvor an verschiedenen Berliner Theatern engagiert, bevor er 1969 zum Deutschen Theater kam und dort ab 1977 regelmäßig Inszenierungen herausbringt.

Wolfgang Engel befragt Büchner 1982 in einem »Büchner-Projekt« neu. Engel, als Schauspieler zunächst zwölf Jahre in Schwerin, hatte zuvor schon eine ganze Reihe von Inszenierungen in Dresden gemacht, darunter eine die Machtverhältnisse wie mit Röntgenstrahlen durchdringende MARIA STUART und Heiner Müllers LOHNDRÜCKER, gekoppelt mit SCHLACHT, dem historischen Vorläuferstück zum LOHNDRÜCKER.

Die Nibelungen von Friedrich Hebbel
Regie: Wolfgang Engel, Staatsschauspiel Dresden, 1984
Foto Hans-Ludwig Böhme

Die Nibelungen von Friedrich Hebbel
Regie: Wolfgang Engel, Staatsschauspiel Dresden, 1984
Foto Hans-Ludwig Böhme

Spitzenhäuser und Spezialitäten

Zu den Eigenarten der DDR-Theaterlandschaft gehört die alle paar Jahre stattfindende Verlagerung der kreativen Zentren. Immer wieder bilden sich Gruppen an einzelnen Häusern heraus, die dann weitere Kräfte an sich binden und für fünf, sechs Jahre, manchmal auch länger, überregionale Strahlkraft mit dem richtigen Programm erlangen. Der titanische Einzelgänger ist in dieser Landschaft der innerbetrieblichen Bündnisse und Kompromisse eher selten anzutreffen: zum einen wären er selbst und seine Arbeit in ganz besonderem Maße gefährdet, zum anderen wird Theater ungeachtet seiner hierarchischen Struktur als Kollektivkunst des gesamten Ensembles aufgefaßt – ein Theaterverständnis, dessen Vorteile es zu nutzen gilt: selbst die vier großen Schauspielhäuser in Ost-Berlin wechseln sich, was Geltung und Einfluß betrifft, laufend ab. Ist das Deutsche Theater in den sechziger Jahren unangefochtener Spitzenreiter, so erlangt die Volksbühne in den siebziger Jahren unter Benno Besson ihren Ruf als mutiges Theater – experimentierfreudig und gleichzeitig offen für Anleihen beim Volkstheater. Dazu tragen vor allem die »Spektakel« bei, bei denen im ganzen Haus Inszenierungen laufen, die neue Stücke von Dramatikern vorstellen, wofür eine einzelne große Bühne wohl kaum oder noch nicht bereit ist (»Spektakel 1« mit zwölf Uraufführungen, 1973. »Spektakel 2«, mit acht Uraufführungen, 1974). Es geht aber auch um eine besondere Form des Beisammenseins von Theaterleuten und Zuschauern, die als Experiment gelten kann. Die Kommunikationseinbahnstraße »da oben und da vorn« für »da unten und da hinten« soll offener bespielbar sein und Theater nicht nur als heiliger Ernst verstanden werden. Dieses Überraschungspaket, das bereits 1969 in Halle unter dem Titel »Anregung« zu einer neuen Theaterform gediehen war, wird zum ausbaufähigen Modell, auch weil die ökonomischen und personellen Möglichkeiten solche mehrtägigen Theaterfeste erlaubten.

Konzentration auf den Beruf: Ursula Karusseit

Ursula Karusseit, geboren 1939, Ausbildung an der Staatlichen Schauspielschule Berlin, in der Spielzeit 1963/64 an der Volksbühne, dann Engagement am Deutschen Theater, von 1970 bis 1987 wieder im Ensemble der Volksbühne, danach bis 1990 in Köln, wo sie zuvor schon als Gast gearbeitet hatte. Wichtige Rollen: Rote Rosa in MORITZ TASSOW von Peter Hacks (1965 an der Volksbühne, Regie Benno Besson), Elsa in DER DRACHE von Jewgenij Schwarz (Übernahme 1966, Deutsches Theater, Regie Besson), Fleischersfrau in DIE SCHLACHT von Heiner Müller (UA 1975, Volksbühne, Regie Manfred Karge und Matthias Langhoff), u. a. Hexe in MACBETH (1982, Volksbühne, Regie Heiner Müller). Beginnt 1985 mit eigenen Regiearbeiten: DER HELD DER WESTLICHEN WELT von J. M. Synge (Volksbühne). Außerdem zahlreiche Rollen in Fernseh- und Kinofilmen.

Frage: Frau Karusseit, fangen wir ganz von vorne an: Wie sind Sie zur Schauspielerei gekommen?

Karusseit: Na, ich habe mich beworben, 1959 schon, erst nach Leipzig, dort bin ich durchgefallen. Und da habe ich es im selben Jahr noch mal versucht, in Berlin, und bin genommen worden. Zur Schauspielerei bin ich durch ein Betriebskabarett gekommen, in Gera in Thüringen, wo ich in einem Werk gearbeitet habe. Politisch-satirisches Kabarett nannte sich das.

Können Sie sich noch erinnern, worum es bei der Satire ging, was waren die Themen?

Es wurde alles ein bißchen auf die Schippe genommen. Innerbetriebliche Zustände, über die einer vom Werk fürs Kabarett schrieb. Es waren auch ein paar Gedichte gegen die Kirche dabei, was ja damals gang und gäbe war. Andere politische Auseinandersetzungen konnten wir da nicht behandeln.

Innerbetriebliche Themen, aber auch dafür war es wohl eine heikle Zeit?

Das war für mich noch totaler Stalinismus. Um dreiviertel sieben früh mußte ich zur Zeitungsschau im Betrieb erscheinen, um sieben fing die Arbeit an. Ein Herr las aus dem *Neuen Deutschland* vor und dann wurde darüber debattiert. Ich konnte nicht debattieren, ich kam ja aus einem christlichen Haushalt. Das ging nicht, aber dasein mußte ich.

Als was haben Sie in der Zeit in dem Betrieb gearbeitet?

Als Bürokraft im Einkauf, das hatte ich in der Handelsschule gelernt. Ich mußte für sämtliche Sachbearbeiter schreiben, und in der Zeit habe ich auch meine Bewerbungen für die Schauspielschule geschrieben.

Uns ist aufgefallen, daß die Biographien von DDR-Schauspielern dadurch geprägt sind, daß die meisten erst einen Beruf gelernt haben, oft einen produktionsnahen oder direkt in der Produktion stehenden Beruf.

Mein Vater war Berufsschullehrer, und mit Theater und so was durfte ich dem gar nicht kommen. Wie gesagt, ein christlicher Haushalt, sehr christlich, und ich wurde auch so erzogen. So etwas kam einfach nicht in Frage. Gleich nebenan war die Berufsschule für Wirtschaft und Verwaltung – dort hat er mich untergebracht, es waren noch zwei Plätze frei. Zwei Jahre durfte ich da alles lernen, politische Ökonomie, Wirtschaftskunde usw. Das gefiel mir überhaupt nicht, aber ich habe es gemacht, weil ich mußte. Das hatte weniger mit der Gesellschaftsordnung zu tun. Natürlich wurde es auch von den Theaterschulen gern gesehen, daß man einen festen Beruf lernt. Von Anfang an wurde uns immer schon gesagt: Es kann sein, daß mal was schiefgeht. Das wurde als Absicherung gesehen; später habe ich das auch von meinem Sohn verlangt.

Was denken Sie, welche Rolle das insgesamt gespielt hat, daß so viele Kollegen und Kolleginnen diese Absicherung hatten und mit einer anderen Erfahrung ausgestattet waren?

Ich fand es sehr gut, daß alle mit einem Beruf in die Schule kamen, dadurch hatten sie das Bodenständige. Es gab aber auch bei uns Leute, die von vornherein meinten, sie seien gleich Schauspieler und nun gelte gar nichts anderes mehr.

Durch welchen glücklichen Umstand wurden Sie direkt von der Schule weg auf eine der großen Berliner Bühnen geholt?

Das war Professor Wolfgang Heinz, er hat die Schule geleitet und die Szenenstudien, die er alle sechs Wochen abgenommen hat. Wir haben damals gesagt: Der Mann hat fünfundsechzig Weisheitszähne. Mit einem Grinsen und seinen fünfundsechzig Weisheitszähnen hat er dann zu mir gesagt, wenn ich so weitermachen würde, dann würde er überlegen, ob er mich nicht an sein Theater engagiert. Und damals übernahm er die Volksbühne in einer Fusion mit dem Gorki Theater. Er sagte zu den Regisseuren: Hier ist ein junges Talent, kümmert euch drum, die muß viel spielen. Natürlich habe ich jeden kleinen Kram gespielt, es ging erstmal quer durch den Gemüsegarten.

Ein paar Jahre später, 1965, haben Sie in der so berühmten wie umstrittenen Uraufführung von Peter Hacks' MORITZ TASSOW mitgespielt. Welche Erinnerungen haben Sie daran?

Oh, viele gute ... und schlechte, die mir immer noch sehr nahe sind. Besson hatte die Inszenierung gemacht, und wir hatten dann genau neun Aufführungen. Zur Premiere saßen vorn alle die, die wahrscheinlich beauftragt waren, das Stück kaputtzumachen. Darunter auch der damalige Leipziger Generalintendant Karl Kayser. Der stand als erster auf und ging. Danach meldete sich die Bauernpartei mit einem Protest: die Kommunisten hätten, als sie an die Macht kamen, nicht geklaut; sie hätten keine Speckseiten und Würste, wie wir sie über die Bühne trugen, geklaut – und die Kommunisten haben auch keine schweinischen Wörter gesagt. Ich spielte ja eine von denen, die Rote Rosa. Laut Hacks hatte ich gnadenlos durchzugreifen. Die Rote Rosa schlägt alles kaputt, was nicht ihrer Auffassung oder der neuen Gesellschaftsordnung entspricht. Sie hat tatsächlich Eier geklaut, woraufhin der Dorf-Achilles sieht, daß die Schalen überall rumliegen, und sagt: »Was habt ihr hier geklaut, Eier, wie?« Und da sagt die Rote Rosa: »Schon gut Achill, ich habe sie mir geklaut, jetzt gehe ich scheißen.« Er brüllt: »Hiergeblieben!« Und sie: »Dann scheiß' ich dich zu!« Daß die Rote Rosa so ein Brachialweib war, war Anlaß genug, das Stück ganz schlecht zu finden.

Besson, der Dramaturg und ich, wir haben zu dritt die ganze Nacht gesessen und einen Brief ans Ministerium für Kultur geschrieben und begründet, warum diese Inszenierung bleiben muß. Bis früh um drei haben wir geschrieben und dann diesen Brief zum Ministerium gebracht. Es hat uns gar nichts genützt, nach neun Vorstellungen wurde sie gnadenlos abgesetzt. Ich fing gerade mal an, mich freizuspielen bei dieser ersten Arbeit mit Besson. Ich war verklemmt, ich habe noch Fotos, auf denen man sieht, wie mir der Stock noch am Rücken klebt, man merkt, daß ich erst warm werden wollte mit dieser Rolle. Da waren neun Aufführungen natürlich zuwenig, das war klar.

Sie wußten schon in der Premierennacht, daß irgendwas Schlimmes passieren wird?

Nein, da ahnte ich noch nichts. Erst als die ganzen Kritiken rauskamen und wir runtergesäbelt wurden, Besson kleingemacht wurde, schrieben wir den Brief. Sagen wir mal so: Man glaubte, das Stück absetzen zu müssen, weil es unsere Gesellschaftsordnung nicht so widergespiegelt habe, wie man das gerne gehabt hätte. Und ich viel zu jung und viel zu naiv, um diese ganzen politischen Hintergründe überhaupt zu begreifen. Soweit war ich gar nicht in meiner Entwicklung, für mich war der Punkt: Ich will spielen.

Sie sind dann Besson ans Deutsche Theater gefolgt, haben im DRACHEN in einer Umbesetzung die Elsa gespielt.

Ja, mit dem DRACHEN hatte das so seine Bewandtnis. 1965 kam die Inszenierung raus, und Katharina Lind, die damals die Elsa probierte, hatte ein großes Filmangebot bekommen. Sie hat die Rolle dann doch gespielt, nachdem ich nicht durfte. Ich erfuhr, sie hätten mir in die Suppe gespuckt. Weil ich viel zu jung war, wußte ich nicht, daß man kämpfen muß, wenn man irgendwas wollte. Ich habe am Deutschen Theater vorgesprochen, das war ja mein Privatvergnügen, und Besson wollte mich unbedingt haben. Da hieß es, ich habe eine große Rolle am Gorki Theater in dem Stück von Claus Hammel, UM NEUN AN DER ACHTERBAHN. Das stimmte aber gar nicht, und ich wurde ganz zornig.

Ich bin dann erst ein Jahr später dort eingestiegen, weil Besson natürlich kämpfte, daß ich das trotzdem mache. Bis dahin hatte Katharina Lind die Elsa gespielt, und nach einem weiteren Angebot beim Film mußte sie sich entscheiden. Meine Premiere mit DRA-

CHEN war dann in Paris und nicht im Deutschen Theater. Die Dekorationen und Kostüme waren schon unterwegs. Mein Kostüm mußte neu gemacht werden, das habe ich mit Horst Sagert, dem Bühnenbildner, entwickelt, weil ich nicht wollte, daß die Elsa in ihrem Kleid bleibt. Ich wollte ein Kleid, das sie ablegt. Zum Schluß sollte sie im Hemd dastehen, frei für Lancelot und frei von diesem Drachen. Das haben wir dann so gemacht. Ich habe in Berlin probiert, in einer Dekoration, die eben nicht die echte war, nur Wände, und dann meine Premiere mit dem neuen Kleid in Paris gespielt. Das war schon ein Ereignis für mich.

Wurde der DRACHE vom Publikum in Paris anders als in Berlin aufgenommen?

Paris war damals das Pflaster, wo man bestand oder nicht bestand, vor der Weltpresse und so weiter. Das war wie ein Sprungbrett. Besson, der französischer Schweizer war, der mußte über die DDR nach Paris, um dort überhaupt bekannt zu werden. Mit diesem Stück ... ich würde sagen, das war ein Welterfolg. Ich konnte kein Französisch, aber ich habe mir alles übersetzen lassen: Wir saßen in den Cafés herum und haben gejubelt, wir waren so glücklich, wie das gelaufen ist. Ich spielte die Premiere und noch zwei Aufführungen, und Katharina Lind – das hat Besson sehr demokratisch gemacht – kam dann, um noch drei weitere Aufführungen zu spielen.

Besson war Ihr Lebenspartner – Sie waren verheiratet mit ihm. Können Sie uns Bessons Weg in die DDR schildern? Aus heutiger Sicht wirkt dieser Weg, wie damals wahrscheinlich auch, exotisch, selbst wenn man weiß, daß Besson wegen Brecht gekommen ist.

Brecht hatte ihn an einer Straßenbahnhaltestelle in Zürich angesprochen. Besson war immer in den Proben, und Brecht fragte ihn, ob er nicht Lust habe, er, Brecht, bekäme in Berlin sein eigenes Theater. Besson hat damals gedacht: Na ja, für ein Jahr. Dann sind es mehr als dreißig Jahre geworden. Besson war einer von Brechts lebendigsten Schülern, auch weil er aus einer ganz anderen Tradition kommt, Molière und so weiter. Als er das erste Mal selber inszenierte, war das in Rostock und nicht in Berlin. Er hat dort DER GUTE MENSCH VON SEZUAN gemacht, und Brecht ist hingefahren und hat nur zu ihm gesagt: Ich würde es anders machen, aber machen Sie mal. Nie hat er ihm ins Handwerk gepfuscht, obwohl Brecht immer sein großer Lehrmeister war. Besson brachte das Komödiantische auch in die tragischen Stücke, was dem Brecht gefiel. Während andere Schüler-Regisseure ganz exakt alles so gemacht haben, wie der Meister es gesagt hat. Nach dem Motto: Jede Farbe ist mir recht, Hauptsache es ist grau. Besson nicht, der war der »Konterpointist«.

Später gab es eine spannungsvolle Beziehung zu den Brecht-Erben. An der Volksbühne hatten wir als einziges Berliner Theater die Genehmigung für SEZUAN bekommen. Helene Weigel kam in die Proben, und die Verabredung war, daß Besson dafür später im Berliner Ensemble etwas machen sollte. Dann starb aber die Weigel, und er mußte dieses Versprechen nicht mehr einlösen. In diesem Moment fing die Tochter an, Bedingungen zu stellen. Ständig mußten wir neu einreichen, es war nicht mehr so komisch für mich. Neun Jahre haben wir das Stück gespielt, 149 Aufführungen, auch im Ausland, Italien, Dänemark. 149 Aufführungen – das ist für neun Jahre nicht sehr viel. Ich hatte dann ein Gespräch bei ihr, sie wollte, daß ich »die Hundertfünfzigste noch mache«, so ungefähr wie »die schenke ich euch«. Das wäre aber nach Spielzeitende gewesen, nach den Ferien, ich hätte eine Probe machen müssen mit allen zusammen, es wäre keine Abendregie da gewesen, und Besson war inzwischen weg. Da habe ich gesagt: »Wissen Sie, darauf verzichten wir.« Es war keine feine Art, muß ich schon sagen. Ich hätte das Stück gerne noch weiter gespielt.

Können Sie sich erklären, warum die Brecht-Erben ein Interesse daran hatten, seine Stücke für Berlin zu monopolisieren?

Warum das so war, weiß ich nicht. Damit haben alle Berliner Theater gekämpft. Das Deutsche Theater wollte immer die DREIGROSCHENOPER machen, wir wollten die COURAGE. Wir hatten sogar schon eine Bauprobe, und dann wurde uns der Boden entzogen. Die Tochter wollte genau wissen, wer was spielt. Ich sollte die Courage spielen. Wir saßen einen Abend zusammen, und danach ließ sie wissen: Die Schlampe zieht mir den Karren nicht durch Berlin. Als ich das hörte – es wurde mir von einem Freund überbracht –, habe ich gesagt, ich würde ihn gar nicht durch Berlin ziehen, die Bretter der Volksbühne reichen mir schon. Ist nichts draus geworden, wir durften nicht. Erst später in Köln habe ich die Courage spielen können.

Zurück zu Besson. Sie haben schon die romanischen Einflüsse charakterisiert, eine gewisse Freiheit von Brecht. Was war das Besondere an seiner Stellung?

Eine besondere Stellung hatte er gar nicht. Er ist doch weggegangen vom Berliner Ensemble und zum Deutschen Theater gewechselt, weil ihm sehr übel mitgespielt wurde, eben auch von den Brecht-Schülern. Am Deutschen lief es auch nicht so toll, denn mit Wolfgang Heinz vertrug er sich nicht. Nach der Wende erst habe ich erfahren, was da alles abgelaufen war. Besson bekam von einer Frau, die für ein Buch über ihn recherchiert hatte, Material, aus dem hervorging, daß der damalige DT-Intendant richtige Intrigen gegen ihn betrieben hat. Heinz wollte kein Besson-Theater: In meinem Haus kein Besson-Theater! Er rächte sich mit der Verhinderung von Gastspielen. Sie waren mit FRIEDEN und ÖDIPUS nach Italien eingeladen. Sie konnten nicht fahren, weil Heinz es verhindert hat. Das habe ich leider sehr, sehr spät erfahren.

War das Kollegenneid, oder war es politischer Natur?

Es gab auch politischr Gründe, würde ich sagen. Besson war zutiefst politisch, aber hier waren auch Machenschaften gegen ihn im Spiel. Heinz' eigene Inszenierungen sind ja nicht rausgegangen. Ich nehme an, Heinz hat gesagt: daß nur der Besson eingeladen wird, das kommt nicht in Frage.

Welche Spuren hat Besson als Anreger hinterlassen?

Castorf zum Beispiel hat immer gesagt, Besson sei sein Vorbild. Aber ich sehe keine Parallelen. Vielleicht hat er das mal geglaubt, daß er das so möchte und daß er nicht will, daß diese Art Theater untergeht. Aber es ist doch was anderes geworden.

Inwiefern? Das ist ein interessanter Gedanke; als Parallelen würde man die beiden natürlich nicht denken, aber gibt es vielleicht nicht doch eine Linie zwischen Besson und Castorf?

Ich glaube nicht. Wenn ich Castorfs Sachen gesehen habe, habe ich mich gefragt: Wo sind da irgendwelche Elemente oder Spuren, die Besson hinterlassen hat? Da sehe ich total was anderes. Was mich damals sehr geschockt hat, ist, daß ein Stück wie die SCHLACHT von Heiner Müller gekoppelt wurde mit PENSION SCHÖLLER. Ich habe es bis heute nicht begriffen. Das eine war Boulevard, und das andere ..., das haben wir ja auch gespielt, die SCHLACHT. Ich dachte: Wofür haben wir das eigentlich gemacht? Die Rolle der Fleischersfrau habe ich gespielt, mit diesem wahnsinnigen Monolog von Müller. Wir waren damit in Paris und in Italien und haben das aus der Nachkriegsgeschichte heraus sehr ernst genommen. Und jetzt stehen da plötzlich drei Töchter auf der Bühne mit bayerischen Hüten und Zöpfen und müssen das zu dritt aufsagen. Jedesmal wenn sie fertig waren ... immer eine Oktave höher und immer schneller. Ich habe eine Kollegin von mir gefragt: »Was sollte das?« – »Weiß ich selbst nicht, aber dir muß es den Magen umgedreht haben.« Hat es wirklich, weil ich damit nicht mehr klarkam.

Etwas, was Castorf mit Besson vielleicht wirklich verbindet, war eine neue Auffassung von Volkstheater. Was genau verstand Besson unter Volkstheater?

Also, das, was wir gemacht haben, war Volkstheater, bei dem das Volk tatsächlich einbezogen wurde. Das heißt, wir haben draußen Wohngebietsfeste mit Massen von Leuten gemacht und auf dem Platz vor der Volksbühne gespielt. Außerdem in der Kassenhalle, wo wir die Leute gelockt haben: »Kommen Sie lieber in unsere Aufführung!« – Denn wir spielten auf allen Bühnen, in allen Räumlichkeiten, die überhaupt zur Verfügung standen. Bei diesen »Spektakel 1« und »Spektakel 2« wurden die Leute in das Geschehen regelrecht einbezogen. Neue Stücke wurden aufgeführt. Und die Leute kamen sogar durch die Fenster, denn wir hatten keine Karten mehr. Bis nachts um eins war das Haus geöffnet, und man konnte sich mit dem Publikum austauschen. Wir haben zum Beispiel den FURZ gemacht, das war eine mittelalterliche Farce, die ich spielte: Ein Mann kommt vor Gericht, weil die Frau einen fahren läßt, als er ihr den Wäschekorb nicht trägt. Der Mann wird verurteilt. Ich weiß nicht, ob Besson es so bezeichnet hat, aber das war Volkstheater im besten Sinne.

Welche Anforderungen hat sein Theater für Sie als Schauspielerin gestellt, im Unterschied zu anderen Regisseuren, mit denen Sie gearbeitet haben?

Die Anforderungen waren schon sehr hoch. Außerdem gab es immer ein kleines Problem, ich habe aber erst später begriffen, warum. Besson hatte die Neigung, vorzumachen, Betonungen vorzumachen, schon vorher. Aber es war ja nicht so, daß es nur um Betonungen ging – ich sollte den tieferen Sinn begreifen. Das fiel mir manchmal schwer: Warum läßt er einen nicht in Ruhe? Das war aber eine Führung hin zu dem wirklichen Verstehen, wirklich Sätze inhaltlich richtig zu sprechen und nicht einfach auswendig zu lernen. Es gibt da ein schönes Beispiel von den Proben zu WIE ES EUCH GEFÄLLT an der Volksbühne. Der Darsteller des Frederic kommt immer auf die Bühne und sucht seinen Sohn. Besson gab den Text vor: »Such ihn mit der Kerze!« Und der machte ganz brav »Ich such' ihn mit der Kerze« und hatte gar nicht den Sinn begriffen, was er eigentlich meinte. Mein Sohn saß damals im Zuschauerraum, er war vier oder fünf, der hatte das begriffen und sagte: »Warum macht er es nicht so, wie Papa das macht?« Es gab viele Schauspieler, ich eingeschlossen, die nicht sofort begriffen, was Besson damit meinte. Das habe ich alles erst sehr viel später, als ich selber Regie führte, in meinen Kopf gekriegt.

Warum ist Besson weggegangen aus der DDR?

Es waren hauptsächlich kulturpolitische Gründe. Im Haus selbst herrschte nicht mehr so eine große Einigkeit, die Regisseure zogen an verschiedenen Strängen. Es hat sieben Jahre gedauert, bis Besson dieses Theater aufgebaut hatte. Und es dauerte ein halbes Jahr, da war es kaputt. Das ist ja wie ein Puzzlespiel. Und dann hat das Ministerium noch reingequatscht – die Stücke, die er machen wollte, wollte das Ministerium nicht. Alles mußte vorgelegt werden, das war schon immer aufreibend, bevor die ihren Segen gaben oder nicht, und irgendwie nervte ihn das. Mit uns kriselte es auch schon mal, das hat alles ineinander gewirkt, und dann ging er weg. Ich hatte gesagt, ich würde nie mitgehen. Ich hätte nicht gewußt, was ich dort soll, in Frankreich oder der Schweiz.

Kurze Zeit später spielten Sie bei einem ganz anderen Regisseur, der kurz vorher noch gar keiner war. In Müllers MACBETH *haben Sie eine der Hexen gespielt. Was war das Besondere an dieser Produktion?*

Heiner ist ja kein Regisseur gewesen, und daß er das überhaupt hingekriegt hat, darüber staune ich heute noch. Gegen diese Inszenierung wurde auf einer Kulturkonferenz der FDJ polemisiert: Unsere Jugend will so was nicht sehen, Pessimismus und so. Uns als Schauspieler hat das natürlich wahnsinnig Spaß gemacht. Erstmal schon wegen der Masken, und dann hatte ich gleich mehrere Rollen. Die Hexe, den ersten Mörder, den Pförtner, den ersten Soldaten am Beginn des Stücks. Mir hat das Spaß gemacht.

Und hatte das etwas mit Pessimismus zu tun?

Für uns nicht. Ein Schauspieler sieht das ja immer ganz anders. Besson hatte ihm mal gesagt: »Heiner, kein Blut auf meiner Bühne.« Er wollte MACBETH schon immer machen, aber ohne Blut. Und dann war Benno weg, und Heiner hat es gemacht.

Es gab eine Menge Blut, wenn ich mich richtig erinnere …

Aus einer Puppe floß das Blut nur so raus. Corinna wusch als Lady Macbeth ihre blutigen Hände und so weiter. Das Bühnenbild war ein Berliner Hinterhof, und das war für mich schon sehr enorm, was da produziert wurde. Wir haben es alle gerne gespielt, ich kann mich an keinen erinnern, der es nicht gerne gespielt hat. Obwohl da viel Blut floß und Merkwürdiges passierte. Zum Beispiel wurde da jemand in einer Telefonzelle erstochen, aber das war so ein Ding mit der Telefonzelle. Heiner ließ die Dialoge hinter der Telefonzelle sprechen, und ich saß unten während der Probe und habe dann gesagt: »Heiner, hier versteht man kein Wort. Die stehen hinter der Telefonzelle und reden, und ich höre nichts.« Und er antwortete: »Mußt du auch nicht, im Leben verstehst du auch nicht alles.« Das war so seine Argumentation. Am Anfang war es gerappelt voll, dann kriegte Corinna Harfouch ihr Kind, wir mußten aussetzen – und das war für die Leitung und für alle Ministerien wunderbar, denn wir durften keine Reklame mehr machen dafür. Es wurde dann irgendwann wieder in den Spielplan aufgenommen, und die Leute wußten das gar nicht. Dadurch blieb das Haus leer. Ich weiß noch, wie wir die letzten drei Aufführungen hintereinander gespielt haben. Es gab eine Anweisung an alle Gewerke, Bühnenbild, Tonmaterial, eventuelles Bildmaterial, alles zu vernichten. Zu vernichten, das muß man sich mal vorstellen! Im Osthof hat der Requisiteur Fotos gemacht, wie die ganze Dekoration zerschlagen wurde, damit das nie wieder auf den Spielplan kommt.

Warum wurde das so beargwöhnt?

In der *Berliner Zeitung* stand, die FDJ-Kulturkonferenz in Leipzig hätte doch erbracht, daß das unsere Jugend deprimiert. Wir wollen doch in die Zukunft schauen ... fröhlich und so weiter. MACBETH ist ein grausames Stück, das weiß aber auch jeder. Und die haben immer einen Bezug zur DDR-Wirklichkeit darin gesucht und den auch gefunden, so wie sie es wollten.

Es war ja auch ein Bruch mit den Traditionen des DDR-Theaters, die einer gewissen Vision immer verpflichtet waren. Für viele war das eigentlich Wichtige an dieser Inszenierung, daß endlich mal Pessimismus so unverstellt ausgestellt wurde.

Na ja, der Heiner hat auch immer gesagt: »So ist es doch.« Er hat da nicht dauernd drumrum geredet. Diese Art zu inszenieren verstand ich noch gar nicht, als Schauspieler war ich erst einmal hilflos. Wenn ich sagte: »Ich stehe jetzt hier so rum«, dann lachte Heiner und antwortete: »Na, dann lauf doch ein bißchen hin und her.« Irgendwie wurde es zum Schluß aber doch toll.

Andererseits fällt diese Inszenierung in eine Zeit, in der die DDR in eine letzte Stagnationsphase tritt. Nach dem Weggang Bessons und den beiden letzten Müller-Arbeiten gerät auch Ihr Theater, die Volksbühne, in die Stagnation.

Ich war selbst auch in einer fürchterlichen Krise. Man sagte mir: *Du* gehst nicht weg. Die letzten Männer, die wir hatten, die hat uns das Deutsche Theater weggeholt. Jeder versuchte irgendwie seine Beine woandershin zu kriegen, und ich war immer noch da. Zwei oder drei Jahre davor hatte ich ein Angebot, am Schiller Theater den Puck im SOMMERNACHTSTRAUM zu spielen. Das hätte ich furchtbar gern gemacht. Ich wollte dafür einen normalen Dienstpaß haben; ein Privatvisum hatte ich und hätte fahren können. Aber ich wollte das so nicht. Ich wollte es ganz ehrlich machen, wenn ich da drüben eine Rolle spiele. Den Dienstpaß hat man mir nicht verweigert, vielmehr auf Hinhaltetaktik gemacht, bis das Angebot geplatzt war. Ich war zornig, hatte einen Termin bei diesem Kulturideologen, Herrn Hager, womit man sich allerdings zwei Monate Zeit ließ. Ich habe richtig geheult dort und ihm gesagt: »Passen Sie auf, mit mir nicht noch mal. Wenn noch mal so was kommt – der Schauspieler hat auch nur ein Leben –, frage ich niemanden mehr, ich fahre dann. Dahin, von wo das Angebot kommt.« Und es kam dann aus Köln, mit einer Übernahme, KASSETTE von Sternheim, und zwar innerhalb von drei Tagen. Das habe ich gemacht, und das ergab die nächste Arbeit dann, die Courage. Ich habe gesagt: »Ich gehe nicht weg aus der DDR, aber ich gehe jetzt nach Köln und mache da meine Arbeit.« Und ich habe in diesen drei Jahren, in denen ich da fest engagiert war, mehr gespielt als in sechs Jahren an der Volksbühne. Immerhin hatte ich an der Volksbühne mein Regiedebüt, sehr erfolgreich.

Synges' PLAYBOY OF THE WESTERN WORLD?

Ja. Wir mußten das ganz schnell machen, denn das Stück, das ich ursprünglich machen sollte, Rudi Strahls DAS BLAUE VOM HIMMEL, wurde verboten. Strahl hatte da Kostüme beschrieben, Uniformen, die der Erzengel Gabriel und der Erzengel Michael anhaben – das spielt nämlich alles im Himmel –, und diese Uniformen waren denen der Volksarmee zu ähnlich. Daraufhin nahm die Volksarmee das zum Anlaß, dieses Stück verbieten zu lassen. Ich hatte schon probiert, ungefähr vierzig Proben gemacht, mit jungen Leuten, die teilweise Meisterschüler Vera Oelschlegels vom Theater im Palast waren und teilweise von der »Busch«-Schule kamen. Die konnten jetzt ein halbes Jahr Arbeit nicht zu Ende bringen. Dieser Beschluß war mir nicht mal offiziell mitgeteilt worden, sondern nur von meinem Intendanten, der mir den Rücken stärken wollte und sagte: »Ich komme mit ins Regieteam, damit ich dir den Rücken frei halte für deine erste Arbeit.« Daraus wurde eine Beerdigung, die wir gefeiert haben, wie sie im Buche steht, wir waren alle ziemlich betrunken. Danach fragte aber der Intendant: »Hättest du die Kraft, was Neues zu machen? Wir müßten nur den Premierentermin ein wenig verschieben.« PLAYBOY wurde eine schöne Sache, es lief über zwei Jahre.

Von Köln aus machte ich vor allem Übernahmen, einspringen, weil da nichts weiter ging oder weil jemand krank war. Irgendwie war mir das nichts. Der Intendant kam und sagte, ich solle die nächste Inszenierung machen, das war 1986. »Warum?« – »Weil du jetzt dran bist.« Das werde ich nie vergessen. Ich sagte: »Weißt du, dran bin ich eigentlich mit Spielen – ich muß mal wieder spielen!« Und dann habe ich diese Inszenierung doch gemacht, den PRINZ VON PORTUGAL, es ging um Lüge und Wahrheit. Das sollte eigentlich das Weihnachtsmärchen sein, für Kinder ab zehn Jahren mit ihren Eltern. Es wurde aber das ganz normale Premierenpublikum reingesetzt, und dadurch ist das Stück nicht so gelaufen. Denn die sagten: »Na, die Karusseit soll doch lieber auf der Bühne spielen, statt unten zu sitzen« und solche Sachen. Dabei war es richtig gut gemacht, sowohl vom Bühnenbild als auch von mir. Ein Prinz wird mit Eselsohren geboren, und keiner traut sich, das zu sagen. Bis er es selber sagt. Also, es wird immer vertuscht, vertuscht, vertuscht. Haben sie auch wieder übel genommen. Haben immer alles übel genommen.

Die Wahrheit übel nehmen, wie immer. War dieses Tollhaus DDR fürs Theater trotzdem förderlich, oder war am Ende doch vieles vergeblich, was man gemacht hat?

Nein, ich fand überhaupt nichts vergeblich. Ich glaube schon, daß alles seine Berechtigung hatte, auch das, was verboten wurde oder was nicht kam. Man kriegte auch dadurch einen Erfahrungswert. Immer wieder habe ich mich aufgeregt, wurde wütend: Was haben diese Knallköpfe da zu suchen? Die verstehen doch gar nichts vom Theater. Was wollen die eigentlich? So von oben herab, dieses Schulmeisterliche. Das hat mich immer aufgeregt. Wenn wirklich mal ein Gespräch stattgefunden hätte zwischen denen und uns und die gesagt hätten: Paßt auf, wir haben da Schwierigkeiten mit der Ideologie. Ach, das war überhaupt nicht möglich. Daß sie nicht mal den Mut hatten, mit uns zu sprechen. Daß es immer so anonym kam.

Mit dem größeren Abstand heute, ist es das, was am meisten aufregt: die Borniertheit der Funktionäre?

Ja, sie haben uns vieles kaputtgemacht, vieles verwehrt durch ihre engstirnige politische Sicht. Sie wollten nicht nach draußen gucken, woandershin.

Wen haben Sie als Hauptakteur erlebt, wenn Sie jetzt von »sie« sprechen?

Ich hatte immer wieder mit einer Dame zu tun, von der Abteilung Kultur, Abteilung Theater, die rechte Hand vom Bezirkssekretär. Die hat mich Maß genommen, hat sich getroffen mit mir. Heute ist sie übrigens sehr aktiv in der PDS. Ich will sie gar nicht verurteilen. Aber damals, als ich in Köln war, hat sie mich ins »Ganymed« bestellt, und wir saßen in diesem Restaurant: »Aber Sie werden doch hoffentlich nicht weggehen. Ich hoffe, daß Sie ...« – also immer mit diesem Druck. Und da habe ich gesagt: »Bisher sehe ich keine Veranlassung, wegzugehen, ich mache meine Arbeit. Wenn ich meine Arbeit überall machen kann, dann bleibe ich da, wo ich hergekommen bin, das ist kein Problem für mich.«

Der Reisedruck war für Sie nicht mehr so groß.

Der war nicht so groß. Aber ich war ja nie privat gereist, nur theatermäßig. Ich habe keine privaten Reisen gemacht. Einmal, als die Kinder klein waren. Man mußte auch Geld haben, um in den Westen zu reisen. Da nützte einem der Paß dann auch nichts. In Osnabrück habe ich mal inszeniert, da kriegte ich den Dienstpaß erst zur Premiere. Ich war einfach mit meinem Privatpaß rübergefahren. Gesagt: »Ihr könnt mich mal alle. Die Inszenierung muß in fünf Wochen stehen.«

Würden Sie ein Fazit wagen: Von welcher Theaterwelt sprechen wir, wenn wir auf die DDR zurückblicken?

Schwer zu sagen. Ich fand diese Theaterwelt hervorragend. Es wurde mir mal vorgeworfen: »Ihr seid nur deswegen so gut gewesen, weil ihr in einem Ghetto gelebt habt.« Was ja absolut nicht stimmt. Aber wir hatten eine Konzentration auf das Theater, wir hatten die Konzentration auf unseren Beruf. Heute nennt man das Job. Ich meine, wir hatten einen Beruf, den wir auch mit Verantwortung ausüben konnten. Und das ist ... weggeblieben. Das ist nicht mehr da, das ist nicht mehr vorhanden. Da ist eine allgemeine Resignation. Die gab es manchmal auch, wenn Leute in der DDR sehr lange an einem Theater waren. Da gab es ja nichts weiter, als nach Berlin zu gehen. Dort war Schluß. Und wohin geht man dann ... Das war auch eine Art an die Mauer stoßen und nicht mehr weiterkönnen.

(Das Gespräch führten Thomas Irmer und Matthias Schmidt.)

Christoph Schroth, Assistent bei Besson an der Volksbühne, geht 1974 nach Schwerin und bringt viele neue Ideen mit: nicht nur für ein zeitgenössisches Volkstheater mit geeigneten Klassikern und Gegenwartsstücken, sondern auch für die jährlichen »Spektakel«. Schroth begründet die Schweriner »Entdeckungen« mit thematischen Schwerpunkten: 1977 Jugendentdeckungen, 1978 Brecht-Entdeckungen, 1979 DDR-Entdeckungen, die mit Schroths Inszenierung von beiden Teilen des FAUST eröffnet werden. Zwei Jahre danach entstehen die viel beachteten »Antike-Entdeckungen«. Schroth macht die Bezirksstadt über Jahre zu einem der interessantesten Theater »in der Provinz«, einem Wallfahrtsort für Theaterenthusiasten auch aus Berlin. »Spektakel« gibt es auch an anderen Theatern, so 1977 in Rudolstadt unter Leitung des Regisseurs Klaus Fiedler.

In Berlin versucht währenddessen Ruth Berghaus nach dem Tod der Prinzipalin Helene Weigel, das Berliner Ensemble nach einer Phase des Erstarrens im Akademismus wieder zu einem Theater zu machen, das sich den Fragen der Zeit zuwendet und sich künstlerisch profiliert – zum einen, indem es sich unvoreingenommen auch wenig erprobten Brecht-Stücken näherte, u. a. IM DICKICHT DER STÄDTE; LEBEN EDUARD II. VON ENGLAND; DAS LEBEN DES GALILEI; TURANDOT ODER DER KONGRESS DER WEISSWÄSCHER; DIE MUTTER, 1974; CORIOLAN, eine in ihrer

Wucht immer wieder erneuerte Aufführung der berühmten Inszenierung von 1964 –, zum anderen, indem sie durch die Zusammenarbeit mit Heiner Müller und Karl Mickel auf DDR-Dramatik setzt und neue Stücke auf die Bühne bringt, etwa Heiner Müllers ZEMENT als Uraufführung und als Erstaufführung Peter Hacks' OMPHALE, beide 1973. Seine exponierte Rolle bringt dem BE nicht nur anhaltende internationale Anerkennung, besonders bei den linken westeuropäischen Theaterleuten ein, sondern lenkt auch das besondere Augenmerk der Partei auf das Theater. 1977 werden Ruth Berghaus' Versuchen »mit Brecht über Brecht hinaus« ein Ende gesetzt. Die Intendanz wird dem von höchster Ebene der SED protegierten Manfred Wekwerth übertragen, einem Regisseur, der Ende der fünfziger Jahre zu den besten gehörte, nun aber zum Gralshüter geworden ist: Ruth Berghaus scheitert an der Allianz von Kurt Hager und den Brecht-Erben.

Sämtliche Bemühungen, bei der Bevölkerung ein Interesse am Theater zu wecken, ob mit Volkstheater oder anspruchsvollen Brecht-Erkundungen, zeigen immer deutlicher, daß in den siebziger Jahren Theater eine Angelegenheit der gut ausgebildeten DDR-Mittelschichten geworden ist. Die Werktätigen im Arbeiter-und-Bauern-Staat, denen die preisgünstigsten Kollektiv-Abos fast schon als Geschenk auf die Werkbank gelegt werden, gehen kaum ins Theater und ziehen, sofern möglich, das West-Fernsehen nicht nur zur Entspannung, sondern auch zu ihrer Information vor. 1973 ermittelt das Maxim Gorki Theater einen Anteil von gerade mal acht Prozent Arbeitern unter seinen Besuchern – ernüchternd selbst für Theaterleute, die sich schon längst im klaren darüber sind, für wen sie spielen; und für die Spezialisten des Regietheaters, die auf den Theaterschulen noch den offiziellen Auftrag vernommen hatten, die Entdeckung, daß sich ihr Theater mittlerweile an ein anderes Publikum wendet.

Schauspieler in hohem Amt: Hans-Peter Minetti

Hans-Peter Minetti, geboren 1926, Schauspielstudium am Deutschen Theaterinstitut Weimar, ab 1953 am Maxim Gorki Theater, von 1956 bis 1959 im Ensemble des Deutschen Theaters, danach dort immer wieder als Gast. 1975 bis 1989 Direktor der Staatlichen Schauspielschule Berlin (ab 1982 Hochschule für Schauspielkunst »Ernst Busch«), 1984 bis 1989 Vorsitzender des Verbands der Theaterschaffenden. Wichtige Rollen: Franz Moor in DIE RÄUBER von Schiller (1954, Maxim Gorki Theater), Tellheim in MINNA VON BARNHELM von Lessing (1960, Deutsches Theater), Apuleius in HALSGERICHT von Karl Mickel (1988, bat Berlin). Außerdem zahlreiche Rollen in Film- und Fernsehproduktionen.

Frage: Sie sind nach dem Krieg von Hamburg nach Weimar gegangen, um dort in Belvedere bei dem Rußland-Remigranten Maxim Vallentin Schauspiel zu studieren. Diese Einrichtung war ein Vorläufer späterer Schauspielschulen in der DDR, von denen Sie die Hochschule für Schauspielkunst »Ernst Busch« Berlin lange leiteten. Wie hat sich das ergeben? Sie kommen selbst aus einer Theaterfamilie – aber zunächst hatten Sie etwas anderes studiert, weil Sie ursprünglich nicht sofort in die Fußstapfen des berühmten Vaters treten wollten?

Minetti: Zuerst habe ich versucht, dem zu widerstehen, und in Kiel und Hamburg Geschichte studiert. Das war, glaube ich, auch ganz gut, denn mein Interesse für Politik war unmittelbar nach dem Krieg enorm. In Kiel, wo meine Eltern geboren sind, hatte ich meine ersten Theatererlebnisse. Ich habe ein intensives Verhältnis zu dieser Stadt, aber dann zog es mich nach Berlin, mehr aus privaten Gründen, ich hatte dort eine Freundin. In Berlin wurde eine Studentenbühne gegründet, das war reizvoll. Wir spielten auch ein sowjetisches Stück, das uns vom »Haus der Kultur der Sowjetunion« nahegelegt wurde, IM WIRBELSTURM – ein Rotarmist und ein Weißgardist, die beide um dieselbe Frau werben. Wir haben uns da reingestürzt und hatten auch erstaunlich viel Resonanz, nicht nur vom Publikum, sondern auch von der Presse.

An der Weimarer Schule, die Maxim Vallentin 1947 als Deutsches Theaterinstitut gründete, war der Einfluß des sowjetrussischen Theaters maßgeblich. Wie stellte sich der für Sie dar?

Vallentin hatte während der Emigration an einem Theater an der Wolga gearbeitet, das extra für die vor Hitler geflohenen Emigranten eingerichtet worden war. Das war sicherlich sehr wichtig für ihn, und er hat aus dieser Zeit viele Anekdoten erzählt, rührende und fürchterliche. Er brachte aus dieser Zeit große Schauspieleremigranten wie Alexander Granach, Friedrich Richter, Amy Frank und einige andere nach Weimar, aber die haben uns davon natürlich so gut wie nichts erzählt, denn sie wollten uns nicht den unschuldigen Glauben, den wir hatten, zerstören. Aber man bekam schon mit, wie schwer es für sie gewesen sein muß.

Was stand im Mittelpunkt von Vallentins Schauspielmethodik?

Ganz wichtig war die Konzentration, die war sozusagen eine eigene Aufgabe. Auf der Bühne gab es einen kleinen Verschlag, und da sollte man vor dem Spiel reingehen und sich konzentrieren. Das war Wahnsinn, weil es dort viel zu eng war. Man konnte nichts mit sich selbst anfangen, als da drin zu hocken. Man verlor auch die Lust am Konzentrieren, und wir haben entsetzlich gelitten unter diesen Etüden. Gott sei Dank, daß es auch sehr wichtige Erfahrungen gab. Natürlich habe ich die Verbindung zum Papa gehalten, und wenn ich ihm davon erzählte, dann war er gerührt und gleichzeitig auch ein bißchen schockiert.

Warum?

Na ja, weil das alles sehr eigenartig war und für ihn unverständlich. Wir haben ja auch diese sowjetischen Stücke gespielt, das gehörte schon dazu, und wenn ich ihm davon erzählte, war er eben etwas belustigt. Vielleicht habe ich es aber auch nur lustig erzählt, insofern konnte er sich ein Bild davon machen. Ich schwankte hin und her: Sollst du in Weimar bleiben oder sollst du nicht? und habe mich ihm gegenüber geöffnet. Ich war noch unsicher, ob ich mich nicht doch mehr für Geschichte und Politik interessierte. Und da sagte er, und das war geradezu klassisch: »Junge, die Intrigen sind in der Politik noch hundertmal schlimmer als im Theater.« Da ist nun wirklich was dran. Das hat mich, wie soll ich sagen, nach Weimar zurückgebracht.

Dort gab es immerhin merkwürdige Regeln. Wenn Sie als Student nach Berlin fuhren, mußten Sie ein Papier unterschreiben, daß Sie erstens nicht in die Westsektoren gehen und zweitens das Brecht-Theater nicht besuchen.

Das stimmt, die Westsektoren waren tabu, das mußten wir unterschreiben. Natürlich schrecklich, aber wir haben uns nicht daran gehalten. Und noch weniger haben wir uns daran gehalten, daß wir nicht ins Berliner Ensemble sollten. Das ging einfach gar nicht, denn wir waren wie besoffen vom Berliner Ensemble. Das war eine solche Öffnung, die MUTTER COURAGE, die Weigel zu erleben. Bei ihrem Gastspiel in Weimar hatten sie mal eine Probe, und wir waren natürlich alle da, und ich kenne nicht einen einzigen aus unserem jungen Ensemble, der nicht hingerissen war. Das war eine schöne Annäherung an Brecht, und es machte uns ja Spaß, daß es verboten war. Das Verbot war schlimm, aber es erhöhte den Reiz, es sich anzusehen.

Haben Sie sich denn nicht Gedanken gemacht, warum etwas, das eine solche Ausstrahlung auf junge Theaterleute hatte, verboten war?

Natürlich haben wir uns dazu Gedanken gemacht, wir waren entsetzt. Gleichzeitig war dieses Spannungsfeld zwischen Stanislawski und Brecht, in dem wir uns befanden, sehr aufregend. Ich konnte mir gut vorstellen, daß das, was an den Moskauer Theatern gespielt worden war, schon spannend gewesen sein muß. Aber es war eben doch kein Vergleich mit dem revolutionären Touch, den Brecht aus den USA mitbrachte. Dieses Hin-und-her-Gerissensein war im Grunde auch eine Gnade. Diese Möglichkeit, sowohl die Stanislawski-Methode als auch alles, was Brecht nun an Neuem auf die Bühne brachte, kennenzulernen, ergab eine kostbare Ambivalenz.

Sie waren dann unter dem Intendanten Vallentin Schauspieler am neu eröffneten Maxim Gorki Theater, ab 1958 zugleich auch Kandidat des ZK der SED. Können Sie uns erzählen, wie Sie diese Parallele von Kunst und Politik in dieser frühen Phase der DDR erlebten?

Wie schon gesagt, von Anfang an hatte ich mich für Politik interessiert und für diese Spannung zwischen Kunst und Politik. Es war für mich doch irgendwie verlockend, das ZK von innen zu erleben. Das war ja etwas, wie soll ich sagen, Tabuisiertes, Geheimnisvolles. Wie geht es da drinnen zu? Ich war furchtbar gespannt auf Rededuelle, die es dann aber so gut wie überhaupt nicht gab. Es herrschten Eintönigkeit und auch – das muß ich leider sagen – Langeweile, alles ging so nach Schema. Und ich war sehr, sehr enttäuscht.

Aber Sie sind dann auch sehr, sehr lange Kandidat geblieben.

Ja, ja. Die Frage war: Kann ein Schauspieler überhaupt in einem solchen Gremium sitzen? Ich habe mich da insofern ganz wohl gefühlt, als es eben auch spannende Momente gab, und ich hielt es mit einem Satz von Goethe, der geschrieben hat, daß es ihm großes Vergnügen bereitet, »den Großen dieser Zeit in die Karten zu sehen«. Das war ein Grund, daß ich sagte, dies würde mich interessieren. Und dann war es oft nur Langeweile pur.

Welche Rolle war Ihnen dabei zugedacht? Sicherlich nicht die, anderen in die Karten zu sehen.

Ich war öfter mit Delegationen in Moskau, habe das Theater dort studiert, und das war für mich schon eine Aufgabe. Das Schreckliche, wenn nicht gar Widerwärtige war diese absolute Eintönigkeit der Sitzungen. Es mußte schon viel geschehen, daß man mal aufhorchte. Ich habe manchmal dort meine Rollen gelernt.

Wie, Sie haben Ihre Rollen während der ZK-Sitzungen gelernt?

Ja, was sollte ich denn sonst dort machen, man hatte keinen Gewinn aus dem, was gesagt wurde. Ich habe oft genug gewartet, jetzt sage ich sogar: gebetet, daß da mal etwas passiert und daß es auch mal Streit gibt. Aber das gab es eben gar nicht in dieser ganzen ersten Zeit. Später gab es ja dann genug Streit.

Wissen Sie noch, welche Rollen Sie dort gelernt haben?

Nein. Das weiß ich nicht mehr, aber es war eine Wohltat. Ein Nachbar hat das mitgekriegt, der war Arzt, und der andere Nachbar auf der anderen Seite hat's auch mitbekommen. Die haben das wunderbar toleriert und mich beneidet, daß ich auf diese Weise abschalten konnte.

Wurden im ZK Theaterfragen erörtert?

Ich erinnere mich ganz genau an die ÜBERGANGSGESELLSCHAFT, weil ich darüber eine Diskussionsrede gehalten habe. Die Unruhe im ZK war spürbar, da wurde endlich geredet, da tauschte man sich gegenseitig aus. Ich konnte nicht anders, als mich für die ÜBERGANGSGESELLSCHAFT auszusprechen, denn dieses Stück von Volker Braun hatte mich sehr berührt.

Es gab im ZK eine Debatte über dieses Stück?

Ja, und ich habe sie angestoßen. Einige meinten, solche Stücke könnten wir gar nicht gebrauchen, die würden uns nicht prägen. Ich hatte Hetterle, an dessen Gorki Theater das Stück rauskommen sollte, angerufen, um ihm zu sagen: »Ich habe das und das gemacht und das und das gesagt über das Stück«, und es war für uns beide, glaube ich, wichtig, daß wir uns diese Bestätigung geben konnten.

Wer waren denn Ihre Kontrahenten in dieser Debatte?

(lacht) Viele, unglaublich viele.

Welche Rolle hat Kurt Hager in diesem Fall gespielt?

Ich habe ihn kennengelernt und glaube, daß er von den Mitgliedern des Politbüros der Klügste war. Diese Rede von den Tapeten, die man nicht wechseln muß, hat ihm sehr schwer angehangen, bis zuletzt. Aber gleichzeitig war er von einer außergewöhnlichen Intelligenz! Und wenn ich als Präsident des Theaterverbandes ein Anliegen hatte, dann ging ich nicht zum Kulturminister, sondern zu ihm, weil er offen war.

Bei Fragen der Literatur war er wohl nicht so offen.

Heins RITTER DER TAFELRUNDE fand er nicht gut, das gab er deutlich zu verstehen. Ihm war klar, daß in Artus Honecker zu erkennen war, die Tafelrunde eigentlich fürs ganze Politbüro stand. Ich gab zu bedenken: »Das kann doch nicht sein, daß du darin den Honecker siehst.« – »Nein, das will ich auch nicht«, kam sofort.

Haben Sie noch in Erinnerung, wie das intern behandelt wurde, als es in Dresden endlich gespielt werden durfte? Haben Sie später mit Hager darüber gesprochen?

Mit Hager, später? Nein, es hatte sich dann ja schon fast alles aufgelöst. Auf der anderen Seite waren wir – stolz ist nicht das richtige Wort –, aber wir waren glücklich darüber, daß das Stück gespielt wurde. Das war das Entscheidende. Die Widersacher saßen in der Bezirksleitung Dresden. Und wir haben uns sehr gefreut darüber, daß wir die Aufführung durchgesetzt haben, gerade auch im Verband und gegenüber dem Minister für Kultur, der da sehr oft zu ängstlich war. Wir bildeten uns was darauf ein, sage ich jetzt vorsichtig, daß wir im Verband kühner waren als das Ministerium.

Das war ja auch die Aufgabe des Theaterverbandes.

Richtig, richtig.

Durfte man erwarten.

Ja, müßte man erwarten, ja.

Worin haben Sie die Aufgaben des Verbandes gesehen, dessen Präsident Sie von 1984 bis 1989 waren?

Es ging vor allem darum, kleinere Theater zu erhalten. Das sage ich jetzt in einer Zeit, in der es ja auch wieder ganz, ganz schwierig ist, Theater zu bewahren. Aber damals war es bei einzelnen Theatern ein großer Kampf, in Prenzlau oder Greifswald und Stralsund zum Beispiel. Ich könnte Ihnen zu der ganzen Problematik etwas Literarisches vorlesen, das ich mal im Verband vorgetragen habe. Einverstanden? In dem klassischen Märchen DER SCHATTEN des sowjetischen Autors Jewgenij Schwarz findet sich die wunderbare Geschichte über das bedauernswerte Schicksal eines Königs: Dem König war die Führung des Landes zu schwierig geworden, er überließ das also seinen Diplomaten und Beamten und widmete sich allein dem einzigen Theater des Landes. Bis der König plötzlich zu der überraschenden Erkenntnis kommt, daß es ja noch viel, viel schwieriger und vor allem auch viel anstrengender ist, ein Theater zu leiten als ein Königreich. Der Leibarzt des Königs hatte nämlich festgestellt, daß der König schon bei dem bloßen Versuch, die Beziehungen der Theaterleute untereinander zu ergründen, unheilbar verwirrt worden war. Der Leibarzt schlug daraufhin eine ganz einfache, probate Heilmethode vor. Er riet dem König, die Hälfte der Theaterleute hinrichten zu lassen. Aber der König war damit nicht einverstanden. Warum nicht? Ganz einfach, er konnte sich trotz langem Nachdenken und beim besten Willen nicht entscheiden, welche Hälfte der Truppe die Hinrichtung verdient hätte. Angesichts der Verschlungenheit und Undurchdringlichkeit dieses Problems verwirrte sich der Geist des Königs vollständig.

Wie wurde das aufgenommen?

Das war natürlich ein kleines gefundenes Fressen für die versammelten Theaterleute.

Wurde gelacht?

Ach, und wie! Steht sogar hier im Protokoll.

Es gab in der DDR Intendanten, die ihre Theater in der Tat quasi wie absolutistische Herrscher führten, Karl Kayser in Leipzig und Hanns Anselm Perten in Rostock. Wie konnte es eigentlich dazu kommen, daß ein Intendant eine solche uneingeschränkte Macht erlangte?

Davon wird hier bei Jewgenij Schwarz ein bißchen erzählt. Das war ja das Problem. Es gab kleine und vielleicht auch mal größere, wie soll man dazu sagen, Hierarchien – nein, wie würde man dazu sagen? Ich möchte kein böses Wort gebrauchen.

Das waren Alleinherrscher.

Eben.

Wie war Ihr Verhältnis zu den beiden?

Man kann sagen, ein gutes, aber bei beiden mußte man unheimlich vorsichtig sein.

Inwiefern?

Despoten sind ja schwierig zu handhaben, das war für die Ensembles nicht einfach und konnte sehr weh tun. Ich war auch mal eine Zeitlang Vorsitzender der Gewerkschaft am Theater, und da mußte man sich mit Intendanten anlegen, das gehörte dazu. Aber ich habe daraus selber viel gelernt.

Wie konnte Despotie an einem DDR-Theater entstehen?

Das ist rätselhaft, Karl Kayser war übrigens schon in Weimar Intendant. Und er hat auch dort schon wie ein Despot regiert, Schauspielerinnen oder Sängerinnen gefeuert. Das gab's, da hat die Gewerkschaft versucht gegenzuhalten, aber die Gewerkschaft ist dabei immer schwächer. Nicht nur in diesem Fall.

Auffällig war, daß einem Despoten wie Kayser die kritischen Perestroikastücke in Leipzig zu spielen überlassen wurde. Steckte da eine bestimmte Strategie dahinter?

Ja, darüber haben wir damals auch gerätselt.

Und, was dachten Sie?

Ich glaube, es hat möglicherweise eine Rolle gespielt, daß seine Kompetenz auch wieder seiner Machterhaltung diente. Was anderes fällt mir dazu nicht ein. Aber ich muß zugeben, er hat einen mutigen Spielplan gehabt, ganz bestimmt.

Kompetenz in dem Sinne, daß er den richtigen Ton finden wird, diese Stücke zu inszenieren, oder den richtigen Regisseur dafür aussucht?

Ja, auch, und ganz wichtig: die richtige Presse. Von der Theaterkritik haben wir noch gar nicht gesprochen. Kayser hat bei solchen Vorhaben Theaterkritiker miteinbezogen, er war da sehr clever.

Was war das für ein Verhältnis zwischen einzelnen Theatern und der Kritik?

Aber auf jeden Fall blieb die Kritik unabhängig, das war ganz, ganz wichtig. Ich kann mich nicht erinnern daran, daß daran gerüttelt worden ist. Die Kritik stand auf einem hohen Niveau.

Es wurden doch aber auch Kritiken unterdrückt, um unliebsame Diskussionen zu verhindern.

Das gab es, ja, ganz bestimmt, zum Beispiel bei Müllers MACBETH.

Als Präsident des Theaterverbandes haben Sie sich vorsichtig für die Existenz freier Gruppen eingesetzt, die in der Theaterlandschaft der DDR ja nicht vorgesehen waren, und es gab auch Streit darüber mit dem Kulturminister.

Es gab da einen Wechsel. Von den freien Gruppen kamen natürlich auch Leute zur Schauspielschule, um dort zu studieren. Das war ein allgemeiner Trend, wenn Sie so wollen, der kam aus dem Westen, was uns aber nicht daran gehindert hat, das zu befördern, denn diese Entwicklung fanden auch wir notwendig. Als Rektor der Hochschule war ich daran interessiert, die Studenten in die Theater zu bringen. Es folgten mehr und mehr hervorragende Produktionen, in denen Studenten mitspielten, zum Beispiel bereits 1980 BLAUE PFERDE AUF ROTEM GRAS in der Regie von Christoph Schroth am Berliner Ensemble. Das war ein sehr wichtiges Stück von Michail Schatrow, weil es zugleich der Anfang vom Ende war. »Niemand kann den Sieg des Kommunismus verhindern, wenn nicht die Kommunisten selbst ihn verhindern«, das war eins der bitteren, aber leider sehr wahren Worte.

Aber das war doch keine freie Produktion im eigentlichen Sinn.

Doch, es war schon eine freie Produktion, mit den Studenten aus der Hochschule, die am Berliner Ensemble spielten.

Ein paar Jahre später, 1988, wurde Schroths Schweriner Erstaufführung von Schatrows WEITER, WEITER, WEITER verboten. Wissen Sie, warum und durch wen?

Also, ich glaube, so klar war das Verbot nicht, davor haben sie sich gehütet. Ein bißchen Respekt vor der Sowjetunion war doch noch geblieben. Das glaube ich nicht, daß es verboten war, das müßten wir beide noch mal nachschlagen.

Die starke Behinderung dieser Stücke ist jedenfalls unstrittig.

Ja, das ist wahr, ja. Ich glaube, wir waren mit diesen kritischen Stücken an eine Grenze gekommen, die wir nicht überschreiten wollten und nicht überschreiten konnten – und die wir doch überschreiten wollten. Das klingt schön vertrackt, aber so war es auch. Gleichzeitig spielte da auch immer die Sorge mit, das Ganze nicht den Bach runtergehen zu lassen. Diese Sorge war auch in mir, ganz bestimmt. Denn das wollte ich nicht, und das habe ich zu verhindern versucht. Nicht nur ich, viele haben es versucht, jeder mit anderen Mitteln. Ab und zu hat man Schauspieler und Intendanten im Westen beneidet, daß sie solche Probleme nicht am Hals hatten, diese Vorsichtigkeit und Behutsamkeit. Diese Energie, den heiligen Zorn, das Runterschlucken, das war alles von einer Höchstspannung getragen. Und doch haben wir es gebraucht, auch als Widerpart. Aber das war auch so was von lebendig, und es gab so was von Streitbarkeit im besten und schönsten Sinne. Streitbarkeit ist ja nun weiß Gott kein schlimmes Wort, sondern ein notwendiges, ein bitter notwendiges Wort. Und das alles hat in uns hineingewirkt. Viele sind gegangen, das hat unglaublich geschmerzt, große Talente. Alexander Lang, bei dem hat's mir am meisten weh getan. Da hat der Kulturminister gesündigt. Ich hatte mich um Alexander Lang noch bemüht, bin zu ihm nach München gefahren. Ja, es tut vieles sehr, sehr weh. Aber mit Wehklagen richtet man überhaupt nichts aus, sondern man richtet doch nur etwas aus, wenn man sich etwas bewahrt und weiterarbeitet, weiterspielt, wie ich. Das ist ja ein Glück, das ist nicht hoch genug zu schätzen, daß ich voll im Spielplan bin, ich meine, in einem großen Spielplan, nicht in einem kleineren. Und das ist für einen Schauspieler ganz, ganz wichtig, daß er sich regeneriert mit den Rollen, die er spielt, daß er mit den Rollen hadert.

(Das Gespräch führten Thomas Irmer und Matthias Schmidt.)

Biermann und die Folgen

Wolf Biermann, der Sänger des halböffentlichen Worts über Widersprüche im Arbeiter-und-Bauern-Staat, besitzt für Theaterleute eine besondere Anziehungskraft. Der Barde hatte 1965 mit Brigitte Soubeyran in dem Hinterhofkino ROXY im Prenzlauer Berg das »Berliner Arbeiter- und Studententheater«, kurz bat genannt, gegründet – später und bis heute die Studiobühne der Hochschule für Schauspielkunst »Ernst Busch« – und eines seiner auf den Stalinismus zielenden Parabelstücke geschrieben. Spontan taucht er mit seiner Gitarre beispielsweise in der Kantine des Deutschen Theaters auf, um Schauspieler, Dramaturgen und Regisseure mit seinen Songs gegen die Dummheit der Partei auf dem Weg zum Kommunismus zu inspirieren. Während des jahrelangen Auftrittsverbots findet Biermann hier sein Publikum. Als er 1976 während einer Konzertreise nach Köln ausgebürgert wird, kommt diese starke Bindung – neben dem Schock über diese Willkür – zum Tragen: Schauspieler und Dramatiker, nicht allein Schriftsteller, initiieren und unterzeichnen eine Protestnote. Trotz einzelner Rücknahmen in der Parteiführung und Absprachen zur Schadensbegrenzung entgleitet der Parteiführung die Kontrolle über die Biermann-Affäre, die einen Exodus von Künstlern aus der DDR nach sich zieht, der das Theater in besonderer Weise trifft. Die einst an Honeckers propagierte, aber nie eingelöste neue Kulturpolitik geknüpften zaghaften Hoffnungen sind endgültig verflogen. Der Bruch ist für viele so eklatant, daß selbst

Künstler, für die bis dahin ein Leben in der Bundesrepublik keine Alternative darstellte, das Land verlassen. Unter ihnen befinden sich besonders viele Regisseure und Schauspieler, die eine neue Eiszeit vorhersehen oder selbst von Repressalien, Arbeitsverbot und anderen Auseinandersetzungen betroffen sind und deren Entscheidung zum Verlassen der DDR eine direkte oder indirekte Folge der Biermann-Affäre ist: die Schauspieler Hilmar Thate, Angelica Domröse, Armin Mueller-Stahl, Jutta Hoffmann, Katharina Thalbach, Jürgen Holtz, Manfred Krug, Jürgen Heinrich, Sylvester Groth; die Regisseure Adolf Dresen, Jürgen Gosch, Benno Besson, Uta Birnbaum, B. K. Tragelehn, Manfred Karge, Matthias Langhoff, Herbert König; und die hochbegabten Dramatiker Thomas Brasch und Stefan Schütz, denen immer wieder Steine in den Weg gelegt worden waren.

Unbestritten ist wohl, daß es bei dieser schwersten kulturpolitischen Krise der DDR nicht in erster Linie um Biermann ging. Ganz andere Fronten entstehen, als die von einem solchen Widerstand vollkommen überraschte Parteiführung erneut die so brutale wie einfache Formel aufstellt: Wer nicht für uns ist, ist gegen uns! Damit ist dieses nebulöse WIR und UNS endgültig desavouiert, was wiederum den Verfall von Bindungen beschleunigt, die aufgrund verkappter Gruppenutopien wenigstens im kleinen Kreis der gemeinsamen Arbeit bestehen. Oft äußern die Dableibenden Verständnis für die Weggehenden. Andererseits wird einigen Künstlern, die dennoch bleiben, das Privileg von Dauervisa eingeräumt – Westkohle statt Braunkohle, die noch in den sechziger Jahren Unbotmäßigen drohte.

Ein veränderter Alltag bricht für die Theater an: kaum zu schließende Lücken müssen gefüllt werden. Der Ausreisesog hört bis zum Ende der DDR nicht auf, und Schauspieler, die einen Ausreiseantrag gestellt haben, erhalten in der Regel Auftrittsverbot. Die Theaterelite ist dezimiert, auch wenn sie im anderen Deutschland ihr Theater fortzusetzen sucht, was die früheren Kollegen natürlich mit Interesse verfolgen. Im Westen bedeutet die Ausreisewelle häufig den ersten Kontakt mit dem, was die DDR war, auch wenn einige sie am Bahnhof Friedrichstraße für immer hinter sich zu lassen glauben.

Es geht um etwas Kostbares: Jutta Wachowiak

Jutta Wachowiak, geboren 1940, Schauspielstudium an der Filmhochschule Babelsberg, 1963 erstes Engagement am Hans-Otto-Theater in Potsdam, 1968 bis 1970 in Karl-Marx-Stadt, seitdem am Deutschen Theater Berlin. Wichtige Rollen: Luise Millerin in KABALE UND LIEBE (mit Christian Grashof in Karl-Marx-Stadt, 1969), Sonja in ONKEL WANJA von Tschechow (1972 am Deutschen Theater, Regie Wolfgang Heinz), Natalja Petrowna in Turgenjews EIN MONAT AUF DEM LANDE (1987 am Deutschen Theater, Regie Thomas Langhoff). Außerdem zahlreiche Rollen in Fernseh- und Kinofilmen, darunter preisgekrönt in dem DEFA-Film DIE VERLOBTE von Günther Reisch und Günther Rücker.

Frage: Biographisch angefangen: Eine der Besonderheiten von Schauspielern in der DDR ist, daß sehr, sehr viele, und auch Sie, erst einen Beruf gelernt haben und dann auf die Schauspielschule gegangen sind, in Ihrem Fall Babelsberg. Wie ist dieser Weg zustande gekommen?

Wachowiak: Als ich die Schule verließ, war ich nur 1,42 m klein, wirklich sehr winzig. Ich war damals sehr krank, das hat sich erst später herausgestellt. Meine Mutti und ich waren der Meinung, daß wir jetzt erst einmal Zeit gewinnen müßten, und so habe ich eine Berufsschule für Betriebswirtschaft und Verwaltung besucht, auf der man Maschineschreiben und Steno lernen konnte. Meine Mutter meinte, damit käme man immer irgendwie klar, und nachdem die Zeit um war, habe ich gezielt nach Arbeitsstellen gesucht, bei denen es Laienspielgruppen gab, weil ich da gern mitmachen wollte. Über den Weg bin ich dann auch von einem Laienspielgruppenleiter ermuntert worden, das doch ernsthafter ins Auge zu fassen. Ich hatte den Eindruck, meine Begeisterung reicht auch aus. Das muß so sein, wenn man den Beruf durchhalten will.

Was war Ihre Motivation, zu sagen: Jetzt will ich?

Ich bin schon als Kind wahnsinnig gern ins Theater gegangen, damals wurde ich von meinen Eltern mitgenommen, und ich ging auch gern ins Kino, das war unglaublich sentimental, ich schwärmte für Maria Schell und weinte wie verrückt, wenn die auch weinte. Also ganz schlicht und ganz naiv eigentlich. Ich bin später ins BE gegangen und habe Käthe Reichel gesehen und plötzlich gedacht, das würde ich auch gerne können, soviel in jemandem auslösen, wie es mir passiert ist, als ich da im Theater saß. Man konnte aber nicht davon ausgehen, daß immer jemand mit soviel Bereitschaft dasitzt wie ich, aber um die etwas härter Verpackten zu kämpfen, fand ich auch irgendwie reizvoll. Ich wollte also über den emotionalen Weg zu Genüssen und Einsichten verhelfen.

Sie haben die Laienspielgruppe erwähnt. Das scheint ein für die DDR typisches Phänomen gewesen zu sein, daß man von Kindern in Laienspielgruppen bis hin zum Arbeitertheater eine große Breitenwirkung erzielen wollte. Wie haben Sie das erlebt?

Ich habe es als eine wunderbare Möglichkeit empfunden, mich einzubringen, und ich fand es natürlich sehr schön, daß unser Laienspielleiter meist sehr angetan davon war, was ich da einbrachte. Das sind zunächst, wenn man so will, alles egoistische Angelegenheiten, die mir wohl taten. Aber ich habe damals schon begriffen, daß es sehr schwierige Momente gibt in dem Beruf, daß es sehr schwer ist, Bedürfnisse zu befriedigen und gleichzeitig welche zu wecken.

Sie sind nach der Schauspielschule zunächst in Potsdam und dann in Karl-Marx-Stadt gewesen, wo Gerhard Meyer Sie für seine Ensembles gefördert hat. Wie war das, als junge Schauspielerin in einem Provinztheater – was ich nicht abwertend meine – unterzukommen?

Von der Filmhochschule bin ich direkt nach Potsdam engagiert worden, wo auch einige unserer Dozenten spielten. Gerhard Meyer hatte mich gleich ans Hans-Otto-Theater geholt. Und da war ich fünf Jahre, das war eine sehr wichtige und überwiegend unglückliche Zeit für mich, weil ich mich nicht ausgerüstet sah für das, wie Theater dann wirklich funktioniert. Obwohl ich dieses Studium wahnsinnig genossen habe und ich glaube, daß eine Schule eigentlich nicht viel mehr leisten kann, denke ich, daß es vielen Absolventen so geht: daß sie plötzlich das Gefühl haben, da gibt es noch viel, was ich gar nicht kann, was ich nicht richtig kann. Ich kriegte einfach nicht richtig Luft in dem Klima in Potsdam. Gerhard Meyer war inzwischen Intendant in Karl-Marx-Stadt und sagte: »Jutta, ich sehe ja, wie du hier versuchst, irgendwie klarzukommen. Falls es dir nicht gelingt, du kannst jederzeit nach Karl-Marx-Stadt kommen.« Und das habe ich dann gemacht. Das war keine leichte Entscheidung, aus dem Kollegenkreis, mit dem ich trotz der vielen Widersprüche sehr verbunden war, rauszugehen. Das ist etwas, was viel konsequenter ausgetragen wurde in den DDR-Theatern, dieser Sorte von Ensemble-Theatern, die es heute nicht mehr gibt. Das waren die Vereinigungen, wo die Fetzen flogen und man aber erst an einer Stelle losließ, wo die Ehe wirklich kaputt war, aber sehr lange um den Erhalt gerungen wurde. Man sagte nicht nach zwei Spielzeiten: Das paßt mir nicht, ich gehe woandershin. Das dauerte. Ich bin dann nach fünf Jahren gegangen, aber so lange habe ich wirklich gedacht: Ich will dahinterkommen. Ist es jetzt mein Defizit, oder gibt es so was, daß einfach die Chemie nicht stimmt, und dann blüht man nicht? Das wollte ich herausfinden. Karl-Marx-Stadt habe ich angenommen, weil ich herausfinden wollte, ob ich in dem Beruf überhaupt bleibe oder ob ich lieber ins Büro zurückgehe. Und ich habe dann in Karl-Marx-Stadt KASIMIR UND KAROLINE mit Christian Grashof als Partner und Wolfram Krempel als Regisseur probiert. Nach drei Proben habe ich gemerkt, das Vertrauen reicht hier aus, um die rigorosen Irrtümer einfach zugeben zu können, ohne Angst haben zu müssen, daß sie gegen einen verwendet werden. Wenn man nichts ausprobieren darf, kommt man nicht dahinter, welcher Weg jetzt wirklich der für uns gültige ist. Das habe ich da empfunden, und für diese glückliche Fügung bin ich wirklich dankbar. Die hat dazu geführt, daß ich in diesen zwei Jahren Karl-Marx-Stadt tatsächlich meine Mitte gefunden habe.

Welche Rolle hat Gerhard Meyer dabei gespielt? Mit welcher besonderen Fähigkeit hat er Schauspielern und Schauspielerinnen, wie Sie sagen, die Möglichkeit gegeben aufzublühen?

Der hatte viel Ahnung von Menschen, der hatte viel Ahnung vom Theater, mehr, als man seinen eigenen Inszenierungen anmerkte. Theater ist ja gar nicht demokratisch, es gibt fette Talente, und es gibt dünne Talente, das ist einfach so, und die dünnen sind auch zu gebrauchen; und gerade die brauchen Zuneigung, und die hatte er und wußte sie auch zu dosieren. Die Leute fühlten sich aufgefangen und waren durch dieses Empfinden in der Lage, bis an ihre Grenzen zu gehen. Es hat wohl viel mit großem Vertrauen zu tun, mit einem Riesenherzen, mit einer großen Fähigkeit zu gucken, Leute einschätzen zu können, ihnen das Gefühl zu geben: Er weiß, wer du bist; er weiß was und er verwendet es nicht gegen dich. Also, das ist einfach ein Wohlbehagen, dessen Wert ich im vollen Umfang erst zu schätzen wußte, als es ausblieb. Als ich Gerhard Meyer nicht mehr hatte und einfach bestimmte Veränderungen vor sich gingen, ich auch in Regionen aufstieg, wo solche emotionalen Bindungen irgendwie als unprofessionell gelten.

Aber ganz anders heute, wo es diesen Satz gibt: »Das ist jetzt schrecklich, aber da mußt du mit Professionalität durch.« Das hört man jetzt so oft, ich finde den Satz so ekelerregend, und ich weiß nicht, warum viele Kollegen sich damit abfinden und glauben, wenn sie sich auf ihre Professionalität zurückziehen – und es ist ein Rückzug –, es ginge um nichts wirklich Kostbares. Das ist theaterfeindlich, davon bin ich mittlerweile zutiefst überzeugt. Was man gegen seinen Willen tut oder unter solchen Qualen, kann nicht gelingen. Aus einem verkrampften Arsch kommt kein fröhlicher Furz, das ist so.

Sie sind dann doch schnell ans Deutsche Theater gekommen.

Ja, es stellte sich heraus, daß ich bei mir angekommen war und in dem Beruf was zu suchen hatte. Wolfgang Heinz, der mich engagiert hatte, war aber schon nicht mehr Intendant, sondern Hanns Anselm Perten. Ich mußte ihm sagen, wie ich heiße und woher ich komme, und der wußte gar nicht, warum ich in dem Ensemble bin und was ich da soll. In dieser Situation kriegte ich mein erstes Kind und war raus aus der Firma, was irgendwie auch wieder eine glückliche Fügung war. Als ich wiederkam, inszenierte Wolfgang Heinz ONKEL WANJA, und ich spielte darin die Sonja. Mit dieser Arbeit habe ich mir meinen Platz im Ensemble erworben, durch wortlose Anerkennung. Die ließen mich rein. Es ging gut weiter mit Plenzdorfs DIE NEUEN LEIDEN DES JUNGEN W., und danach habe ich mit Heinz viel gearbeitet. Ich weiß, er war ein altmodischer Regisseur, aber der hat mir unglaublich gutgetan.

Wie hat ein Ensemble wie das am Deutschen Theater funktioniert?

Wir wußten alle: Wir sind jetzt an einem Theater, von dem wir eigentlich nicht wieder weg wollen. Das ist sehr gefährlich. Man wollte, daß es erstklassig sein soll, daß höchste Qualität hier stattfindet, und das machte es notwendig, daß man sehr streng miteinander umging, daß man sehr freundlich miteinander umging, daß man mit äußerster Behutsamkeit und großer Achtung die Vorschläge beobachtete, die auf der Probe entstanden. Kurzes Glück kann jeder, sagt Tucholsky. Wenn Sie in einem Ensemble bestimmte Phasen des Zusammenarbeitens von Leuten schaffen, die dann aber auseinandergehen und in anderer Konstellation wieder eine solche Vereinigung schmieden, die nichts weiter im Kopf hat, als für die nächste Premiere das Schönste zu schaffen, was zu schaffen ist, dann ist das harte Arbeit. Das ist nur am Leben zu erhalten, wenn man sich die Beglückungen, die entstehen, auch zugibt, es ist wie verheiratet sein. Es ist wirklich so, verheiratet mit sehr vielen und mit allen gleichzeitig, zum Teil mit Leuten, mit denen die Verständigung sehr schwer ist. Das wurde auch ausgetragen. Und auch sie haben nebeneinander gelebt und guten Tag gesagt und: »Das war aber schön, was Sie da gespielt haben.« Man hat etwas zurückbekommen, selbst von Leuten, bei denen klar war: Wir können uns nicht aushalten. Das gibt es natürlich, das schadet nicht. Wenn oben jemand ist, dessen Verstand und dessen Herz und dessen Mitte ausreichen, um unten alles zuzulassen und jedem die Achtung zukommen zu lassen, die ihm gebührt, ist das einfach etwas sehr Kostbares. Was sehr schwer zu machen ist, und was uns offenbar viele, viele Jahre gelungen ist.

Seit 1970 bin ich an diesem Theater, und seit ungefähr acht Jahren mag ich es nicht mehr. So lange hat die Liebe gehalten, und so lange bin ich eigentlich auch zurückgeliebt worden. Seit acht Jahren ist die Liebe erst vorbei, und das war vorher eine lange Zeit, mehr als eine Hochzeit.

Der Ensemblecharakter des DT und diese lang anhaltende Liebe, die Sie eben beschrieben haben – wie schätzen Sie im Rückblick die Arbeitsbedingungen für Ihr Schauspielerleben in der DDR ein?

Es waren sehr, sehr gute Bedingungen. Ich habe auch nie darüber nachgedacht, was so eine Aufführung von der Ausstattung her kostet. Was die Spielplangestaltung betrifft, also was die Dramaturgien auszustehen hatten, um ihre Projekte durchzukriegen, das ist sicher zum Kotzen gewesen. Zum Teil äußerst unerfreulich, dank des Einfallsreichtums und der geschickten Argumentation ist es aber immer wieder gelungen, irgendwelche Vorbehalte bei den Administratoren abzubauen. Beim Theaterverband waren immer mal Leute, die schlüssigen Argumenten nicht beikamen und dann zum Schluß auch nichts anderes mehr wußten, als zu nicken: Macht's, wenn ihr meint. Das DT hatte keinen feigen Spielplan, Majakowski und solche Sachen waren schwer durchzusetzen. Durch die Kontinuität innerhalb des Ensembles hat sich auch bei den Zuschauern eine hergestellt. Die kamen, wußten natürlich zu deuten, und es gab auch unausgesprochene Einverständnisse, die hergestellt wurden. Die Auswahl der Stücke wird sicher kompliziert gewesen sein, aber mich hat das damals als Schauspielerin nicht so furchtbar interessiert – wenn ich schöne Rollen bekam. So ist man einfach.

Können Sie vor diesem Hintergrund sagen, welche Funktion aus Ihrer Sicht Theater für die DDR hatte?

Na, Theater war ein Ort des seriösen, soliden Amüsements, phantasievoll, intelligent, komödiantisch, auch dafür da, reizvoll Sachen zu verklickern. Ich meine damit in erster Linie das Stück, das aus bestimmten Gründen ausgesucht worden ist und diese Gründe so plastisch, spielerisch und so ereignisreich wie möglich stattfinden lassen sollte. Also, es ist durchaus nicht so erzieherisch gemeint, wie das vielleicht klingen mag. Wir hatten natürlich Lust, es sollte nicht langweilig werden, und man sollte sehen, wie schön das Bild ist, das sich der Bühnenbildner ausgedacht hat, und wie schön das ist, was die Kollegen spielen und was die Werkstätten leisten, die unsere Kostüme genäht haben, und was die Maske kann, wenn sie den und den in dieser oder in jener Weise verändert hat. Wenn wir miese Kritiken hatten, war's besonders voll, weil dann die Leute dachten: Da muß ja etwas dran sein. Und es war an Tausenden von Fäden verknüpft mit der gesellschaftlichen Realität. Wir haben immer versucht, eine Position zu finden, die mit dem zu tun hatte, was draußen gerade los war. Es war dadurch sehr lebendig, viel lebendiger als vermutet wird, und auch sehr ernsthaft.

Sie sagen, die gesellschaftliche Relevanz war vor allem in der Stückauswahl begründet und durch das, was man vielleicht in dem Stück transportiert. Wenn man beispielsweise DIE NEUEN LEIDEN DES JUNGEN *W. von 1973 nimmt, erinnern Sie sich noch, auf welche Weise das Stück Bezug auf die Zeit nahm?*

Der Plenzdorf hatte den Daumen ganz genau drauf: daß sich jemand diesen sehr geradeaus orientierten Lebensnormen entzog und plötzlich Schönheiten in einem Leben beschreibt, die in der offiziellen Definition für das, was man unter Glück zu verstehen hat, nicht vorkamen. Und das haben die Leute eben als sehr befreiend empfunden, weil es ihnen auch so ging, weil sie spürten, daß sie auch so eine Sehnsucht haben. Es tat ihnen gut, wenn jemand das aussprach, es artikulierte und abhandelte. Sie fühlten sich unheimlich befreit, wenn sie auf der Bühne sahen: Das darf man, der sagt's ja auch. Theater war eben ein Raum, dessen Grad der Gefährlichkeit als relativ gering eingeschätzt wurde, was zur Folge hatte, daß wir ziemlich weit gehen konnten. Das hat uns eben zum Teil mit einem Selbstbewußtsein versehen, mit dem die Regisseure heute gar nicht umgehen können.

Sie haben sowohl im Theater als auch im Film und im Fernsehen oft mit Thomas Langhoff zusammen gearbeitet und häufig Rollen gespielt, die stark auf individuelle Probleme von Menschen zielten, die in der frühen DDR noch gar nicht thematisiert wurden. Möglicherweise kam Ihnen das sogar sehr entgegen, weil Sie von Anfang an sagten, daß Ihnen eine emotionale Herangehensweise, wie etwa bei GUTEN MORGEN, DU SCHÖNE, liegt. War das etwas, aus dem Sie ableiten konnten, daß sich in der DDR etwas veränderte?

Ja, ab einem bestimmten Zeitpunkt, ich glaube, in den siebziger Jahren, standen individuelle Geschichten stärker im Vordergrund, besonders im Film. Roland Gräf hat mehrere solcher Filme gemacht. Geschichten, die sich äußerst angenehm abhoben von der Ästhetik der frühen DDR-Jahre, die über die Köpfe der Leute hinweggingen und gut gemeint waren. Wenn Sie die Leute nicht erreichen, können Sie erzählen, was Sie wollen, es nützt nichts. Diese persönlichen Geschichten haben die Leute interessiert. Schade war nur, daß zu diesem Zeitpunkt die DEFA ihre Glaubwürdigkeit ziemlich verspielt hatte. So daß diese Filme heute von vielen Leuten, wenn sie mal wieder zu sehen sind, als überraschend angenehm empfunden werden, damals aber einfach durchgingen und nicht weiter auffielen bei den Zuschauern. Ich erinnere mich unheimlich gern an MÄRKISCHE FORSCHUNGEN, ich mag den Film nach wie vor, ebenso BANKETT FÜR ACHILLES und GUTEN MORGEN, DU SCHÖNE. Die Möglichkeit, damals solche Geschichten zu erzählen, war die Folge eines ziemlich zähen Kampfs der Dramaturgieabteilungen und der Leute, die sich auseinanderzusetzen hatten mit kulturpolitisch angesagten Marschrichtungen. Da mußten Pfade gefunden werden, die irgendwie nicht mit diesen Marschrichtungen kollidierten und auch nichts mit ihnen zu tun hatten.

Diesem Aufbruch in die Individualisierung folgte gesellschaftlich in den frühen achtziger Jahren eine Phase der Stagnation. Hat das auch am Theater eine Rolle gespielt?

Ja, ich habe das ganz stark empfunden, daß es eine Zeit war, in der ich nicht wußte, wohin orientiere ich jetzt eigentlich meine Absichten. Es herrschte so eine allgemein empfundene Ratlosigkeit, mit der ein größerer Egoismus einherging. Man zog sich mehr in sich selbst zurück und reduzierte auch irgendwie die Ansprüche im großen. Das machte resignativ, und das muß ganz vielen Leuten so gegangen sein. Das blubbste so nach unten, machte mal hier blubb, und dann war wieder Ruhe – das Schweigen im Walde. Deshalb wurde der Wind, den Gorbatschow plötzlich in diese tote Gegend hineinpustete, mit so absolut übersteigerten Hoffnungen aufgenommen. Egal, sie waren übersteigert, aber doch wieder auch gut zu brauchen. Man hatte jedenfalls den Eindruck, die eigene Orientierung wieder justieren zu können. Und man konnte die Leute, die eben noch gepredigt hatten: »Von der Sowjetunion lernen heißt siegen lernen«, plötzlich mit dem gleichen Argument schlagen. Da war wieder Luft in der Bude, Mitte der Achtziger. Und dann ging es ja nicht mehr lange.

Plötzlich kam die Hoffnung aus dem Osten. Sie haben sich sehr engagiert am 4. November 1989, bei der großen Demonstration auf dem Alexanderplatz. Man ahnte: Jetzt steht es auf der Kippe, vielleicht das Ende der DDR. Wie erinnern Sie sich an diesen Tag? Was ist da passiert in den Köpfen?

(lacht) Was in den Köpfen passiert ist, weiß ich nicht. Was in meinem passierte, war, daß ich noch am 4. November ernsthaft gedacht habe, wir könnten mit einem letzten Versuch dieses Land in Ordnung bringen. Ohne seine Grundkonstellation gleich mit abzuschaffen. Das hing natürlich auch mit der Ahnungslosigkeit zusammen, die diese Käseglocke, unter der man irgendwie lebte,

produzierte. Diese Ahnungslosigkeit, nehme ich an, betraf nicht nur mich. Da sind sehr, sehr viele Leute in jedes Messer gerannt, das man ihnen hingehalten hat, und haben schmerzhaft eingesehen, daß sehr vieles sehr anders ist, als wir es unter der Käseglocke in unserem kleinen Land dachten.

Am 7. Oktober, am 40. Jahrestag, hatte es schon in der Volksbühne eine Zusammenkunft von Kollegen gegeben, die Unruhen in der ganzen DDR waren ja offenbar. Wir sagten uns: Theater ist ein öffentlicher Raum, wir können das nicht einfach ignorieren, daß da jetzt soviel in Gang gekommen ist und so viele weg wollen. Aber eine Million Fragen blieben einfach unbeantwortet, waren aber richtig fällig. Es gab ganz heftige Gespräche und Auseinandersetzungen, und da haben wir uns für den 15. Oktober im Deutschen Theater wieder verabredet. Zu diesem Zeitpunkt ging es schon um die Übergriffe der Polizei, und an diesem 15. Oktober kamen die ersten Berichte von Betroffenen. Ich hatte in meinem Briefkasten einen Zettel mit dem Vorschlag für die Demo auf dem Alex, ich solle das doch im Theater sagen. Der kam von Bärbel Bohley und aus dem Verband der Bildenden Künstler. Und diesen Vorschlag habe ich am 15. Oktober im Deutschen Theater unterbreitet, unter Jubelgeschrei. Uns war klar, wir werden uns vorbereiten für diese Protestdemonstration. Ich bin dann aber in eine unabhängige Kommission zur Klärung der Polizeiübergriffe berufen worden und habe mich mit den Vorbereitungen für den 4. November nicht mehr befaßt. Es waren andere Kollegen, die das gemacht haben. Diese Zusammenkunft am 15. Oktober bei uns im Deutschen, die war unglaublich aufregend, die Leute bis unters Dach und in den Foyers Lautsprecher. Kollegen aus der ganzen Republik, und eben nicht nur Kollegen, sondern auch Arbeiter aus einem großen Lichtenberger Betrieb, ganz nach den Prinzipien, daß die künstlerische Intelligenz sich sozusagen nicht abhebt von ihren Adressaten – an die sie sich eigentlich wenden mit ihrer Kunst. Gysi war bei dieser Zusammenkunft auch dabei und machte uns darauf aufmerksam, daß die Genehmigungsfrist für Demonstrationen vier Wochen betrug, und das sei bis zum 4. November nicht möglich. Daraufhin hat sich dieses Vorbereitungskomitee konstituiert und ist zum Polizeipräsidenten. Die von der Unterhaltungskunst hatten noch am selben Abend in der Gethsemane-Kirche ein Konzert, das von der ARD übertragen wurde und bei dem sie den 4. November über die ARD schon bekanntgaben. Da war nichts mehr zu löten an der Holzkiste. Und wenn wir wirklich auf den 19. November gerückt wären, nachdem der 9. da war, dann hätte es keine Demo mehr gegeben, es hätte einfach keine mehr gegeben. Dieser 4. November ist also zustande gekommen unter sich fügenden Umständen – man kann die auch glücklich nennen, wenn man will. Ich erinnere mich sehr gern an diesen Tag. Die Demokratiefähigkeit dieser vielen, vielen Hunderttausend war wirklich beglückend, also das kann ich nicht anders sagen.

Am 9. November war ich kurioserweise in Braunschweig zu einem Filmfest eingeladen, ein kleines Filmfest, wo dem DDR-Film schon in den Jahren zuvor Raum gegeben wurde. Plötzlich standen die Trabis in Braunschweig, und alle sagten: »Ist das nicht toll! Ist das nicht toll?« Ich weiß noch, daß sie sagten: »Du freust dich gar nicht.« Und ich habe gedacht: Doch ... doch, ich freue mich. Ich wußte noch nicht, warum. Es war eine Freude, die mit sehr vielen offenen Fragen verbunden war und sich darum nicht so ganz frei entfalten konnte. Wir sind dann die Straße lang von einem Gespräch zum anderen, und an einem Trabi klebte ein Zettel, da stand drauf: Wenn Sie das nächste Mal kommen und vielleicht schönes Porzellan oder Lederbalgpuppen oder so was besitzen, dann rufen Sie doch bitte die Nummer an ... Irgendwie traf dieser völlig unvorbereitete Vorgang auf völlig unvorbereitete Leute, und da wußte ich: Da wird eine Menge Verantwortungslosigkeit die Freundlichkeit überwiegen.

Man kann es ja nur angenehm finden, daß nichts Schlimmeres passiert ist, was aber auch damit zusammenhing, daß die Luftblasen unter dem angeblich so fest Gefügten so groß waren: Man brauchte von allen vier Ecken nur einmal Schnipps zu machen – und das Land war weg. Heute empfinden es alle als peinlich, daß wir am 4. November '89 noch dachten, das wäre in Ordnung zu bringen. Dachte ich aber, und ich sage auch nach wie vor, daß ich so dachte. Es ist mir egal, ob das Leute peinlich finden – ist mir schnuppe. War ja auch nur von kurzer Dauer, ich muß meine Naivität nun nicht übertreiben, es war sehr schnell klar.

Daß ich aber im Moment meinen Beruf gar nicht mehr liebe und irgendwie hoffe, daß mir das noch mal gelingt, das wäre schon schön.

(Das Gespräch führten Matthias Schmidt und Thomas Irmer.)

Aufs Ende zu – das Theater kämpft mit seiner Rolle

Die Volksbühne ist seit Mitte der siebziger Jahre quasi das Heiner-Müller-Theater. Die SCHLACHT und DIE BAUERN werden hier uraufgeführt – DIE BAUERN ist das von Müller 1964 umgeschriebene, drei Jahre zuvor verbotene Stück DIE UMSIEDLERIN. Doch Texte wie HAMLETMASCHINE und MAUSER bleiben für die DDR weiterhin gesperrt. Auf die Frage, warum er keine neuen Stücke über die DDR schreibe, antwortet Müller, er habe so viel über die DDR geschrieben, daß diese Mühe hat, das erst einmal einzuholen. Schließlich fängt der Dramatiker selbst an zu inszenieren. MACBETH in seiner eigenen Bearbeitung ist eine düster-fatalistische Inszenierung – Hoffnung auf die Geschichte, die in der DDR-Kunst stets eine Art Silberstreifen am Horizont war, gibt es nicht mehr. Statt dessen Gewalt und wieder Gewalt, ausweglose Unterdrückung. Die hochartifizielle Inszenierung ist das Berliner Entree zweier junger Schauspieler: Ulrich Mühe und Corinna Harfouch.

Noch einmal wird auf einer FDJ-Kulturkonferenz (1982 in Leipzig) der Kunstpranger errichtet. Hartmut König geißelt Müllers MACBETH als »Ausverkauf theatralischer Mittel«. Volker Brauns SCHMITTEN, das – zehn Jahre nach seiner Fertigstellung – in Leipzig erst jetzt zur Uraufführung kommt, wird gleichfalls gerügt: Aus dem Arbeiterstück ist bei Braun der drohende Utopieverlust geworden, Bürokratie und Direktivengehorsam haben den Sozialismus ausgehöhlt. Folgen hat die propagandistisch groß aufgezogene Kulturkonferenz allerdings schon keine mehr. Die beiden Dramatiker sind mittlerweile weltbekannt; ihr Denken, ihre Kritik ist dieser Art von politischer Kunstrichterei längst entkommen. Die Schelte zeitigt keinerlei Wirkung mehr – dennoch bleiben die Rituale der Genehmigungsverfahren und Probenabnahmen bestehen.

Dableiben ohne Hoffnung

Stagnation hat das Land erfaßt, ökonomisch, mental. Wer nicht weggeht, richtet sich in seiner Nische ein, sorgt für genügend Westgeld für den Intershop oder folgt den alltäglichen Regeln in der »Grauzone morgens«, wie der Dresdner Lyriker Durs Grünbein ein paar Jahre später, 1987, seinen ersten Gedichtband nennt. In den Großstädten wartet die Jugend nicht mehr auf staatliche Alternativen, sondern schafft sich in der Kunstproduktion eigene Räume und Parallelwelten zur vom Staat gelenkten Kultur. Aus Galerien, Gruppen bildender Künstler und Musikgruppen heraus entstehen grenzüberschreitende Theaterformen, die sich als Performances und Happenings vom traditionellen Theater abgrenzen. In Berlin findet die erste freie Gruppe »Zinnober« viel Beachtung, auch von Theaterleuten. Doch beim Finanzamt weiß man eine »freie Gruppe« nicht zu veranlagen, ein solcher Fall ist juristisch nicht vorgesehen So handeln denn auch einige Zinnober-

Produktionen von der verkehrten Welt, die leicht als die reale zu erkennen ist.

In Halle baut sich inzwischen einer sein eigenes Theater – eine einmalige Initiative außerhalb der Planwirtschaft. Stets steht Peter Sodann, der als junger Kabarettist eine Haftstrafe verbüßen mußte, unter Beobachtung von – ein Rekord – siebzig IMs. Doch das ficht den Dickschädel nicht an.

Dickschädel mit Vision: Peter Sodann

Peter Sodann, geboren 1936, Schauspielausbildung an der Theaterhochschule Leipzig, Gefängnisstrafe wegen eines Kabarettprogramms, anschließend 1964 bis 1966 am Berliner Ensemble, nach Engagements in Erfurt und Karl-Marx-Stadt 1974 bis 1980 Schauspieldirektor in Magdeburg, ab 1981 in Halle, dort Ausbau des neuen theaters, dessen Leiter er bis heute ist. Wichtige Rollen: Dullfeet in ARTURO UI (1964 am Berliner Ensemble, Regie Manfred Wekwerth und Peter Palitzsch), Möbius in DIE PHYSIKER von Dürrenmatt (1977 in Magdeburg). Als Regisseur: VAN GOGH von Alfred Matusche (Uraufführung 1973 in Karl-Marx-Stadt), in Halle ein breites Repertoire von Gegenwartsdramatik (Müller, Braun, Hein), dazu Tschingis Aitmatows DIE RICHTSTATT (1989, Bearbeitung in eigener Übersetzung).

Frage: Herr Sodann, Sie haben Werkzeugmacher gelernt und dann ein Studium begonnen. Erst danach sind Sie auf die Schauspielschule gegangen. Wie ist dieser Weg zustande gekommen?

Sodann: Viele Schauspieler in der DDR stammten aus einfacheren Verhältnissen. Heute ist das vielleicht wieder anders. Jedenfalls ich stammte von ganz unten, wie man so schön sagt, und mußte einen Beruf lernen. Zu meiner Zeit kam man mit vierzehn Jahren aus der Schule – und man hat einen Beruf gelernt, ich eben Werkzeugmacher. Eigentlich wollte ich Tischler werden, aber das hat nicht geklappt, weil ich zu klein war. Es gab in der DDR eine Einrichtung, wo die Leute aus einfachen Verhältnissen auf der Arbeiterfakultät ihr Abitur nachmachen konnten, dort war ich auch. Bei meiner ersten Bewerbung an der Schauspielschule wurde ich abgelehnt, weil ich zu wenig Talent hätte, so sagten sie damals in Leipzig. Weil die anderen Jura studierten, habe ich dann auch Jura studiert. In dieser Zeit kam ich zum Studentenkabarett, und ohne Eignungsprüfung dann auf eine andere Fakultät. Nämlich zur Theaterhochschule.

Als Mitglied des Kabaretts »Rat der Spötter« gerieten Sie sofort in Riesenkonflikte mit dem Land und landeten schließlich sogar im Gefängnis. Mit welchem Mut oder auch aus welcher Naivität heraus ist das passiert?

Ach, wissen Sie, das ist vielleicht der Widerspruchsgeist, der in einem steckt. Ich bin ja – ich mach's jetzt mal auf die heitere Tour – eigentlich immer mit meiner »Regierung« in Konflikt geraten. Zumindest mit diesem System. Der erste Konflikt bestand darin, daß wir als Lehrlinge ein Berichtsheft darüber führen mußten, was wir Montag gemacht hatten, Dienstag, Mittwoch, Donnerstag, bis zum Samstag. Auf der rechten Seite mußte man eine Zeichnung anbringen und unten drunter vielleicht noch was schreiben über das Bohren, das Feilen usw. In der Betriebsberufsschule sollte eine Lenin-Büste aufgestellt werden, und ich in meiner Naivität habe in mein Berichtsheft hineingeschrieben: Büstenhalter für Lenin gedreht. Und das war mein erster Zusammenstoß mit der »Regierung«. Na gut.

Am 17. Juni habe ich anderthalb Stunden länger gestreikt als die anderen – durch einen Zufall, weil ich Frühschicht hatte. Während der Ungarn-Ereignisse 1956 habe ich Unterschriften gesammelt, und wir haben uns dagegen gewehrt, daß der Russischunterricht Hauptfach wurde an der Arbeiter- und Bauern-Fakultät (ABF). Dann kam 1968 der Einmarsch in die CSSR, wo man auch das seine dazu gesagt hatte. So kommt das eine zu dem anderen. Das ist heute nicht anders – heute habe ich viele Fragen an diese neue »Regierung«, als sei dies jetzt schon der Endzustand der Welt, und das ist es nun weiß Gott nicht. Mein Lehrer hatte zu mir gesagt, ich hätte meinen Gerechtigkeitssinn zu stark entwickelt. *(lacht)*

Hätte die Gefängnisstrafe nicht prinzipiell an Ihrem Glauben rütteln müssen?

Die erste Anklageschrift lautete sogar auf zehn Jahre. Da kann man schon dran zerbrechen, aber ich wollte immer den Sozialismus oder immer schon eine klassenlose Gesellschaft, mehr Gerechtigkeit zwischen Arm und Reich. Freiheit, Gleichheit, Brüderlichkeit, na ja, die sind immer ein Grundprinzip meines Denkens, damit übersteht man schon solche Zeiten und macht einfach weiter.

Sie haben dann weitergemacht und sind nach dem Schauspielstudium, das Sie wieder aufnehmen durften nach einer Unterbrechung, gleich ans Berliner Ensemble gekommen.

Das war doch ein bißchen anders. Als ich aus dem Gefängnis kam, durfte ich ja nichts machen, ich war nicht exmatrikuliert, sondern relegiert, das heißt, ich durfte nie wieder studieren. Ich habe noch einen weiteren Beruf lernen müssen, weil ich als Werkzeugmacher keine Arbeit bekam, und habe dann Dreher gelernt. Heinz Kahlow riet mir, mal zu Helene Weigel zu fahren, die liebte irgendwie Verrückte, die was ausgefressen hatten. Ich habe dann bei ihr vorgesprochen, sie hat mich auch genommen, aber der Kulturminister Burg hat es nicht genehmigt. Aber ich glaube ganz sicher, daß die Staatssicherheit damals in irgendeiner Weise sogar ein gutes Wort wieder für uns eingelegt hat, daß wir wieder studieren durften, weil sie dachten, wenn wir das mit den jungen Menschen weitertreiben, dann machen die noch größeren Ärger. Und so kam es, daß ich wieder studieren durfte, und daraufhin hat mich Frau Weigel beim zweiten Mal genommen. Für zwei Jahre, auch mit ihr habe ich mich mal gestritten, trotzdem war es eine große Lehranstalt für mich.

Hat diese BE-Zeit den Hauch des Besonderen behalten?

Diese BE-Zeit hat hundertprozentig den Hauch des Besonderen – und den trage ich immer noch in mir. Diese Art und Weise, Theater zu spielen, realistisch zu denken und auch, nun ja, Brecht zu lieben.

Vom BE ging es an eine ganze Reihe kleinerer Theater in der »Provinz«.

Was heißt kleinere Theater? Ich bin zuerst nach Erfurt, das war ein relativ großes Ensemble, wir waren da fünfunddreißig Schauspieler, und das ist schon eine ganze Menge. Karl-Marx-Stadt und Magdeburg, wo ich auch Schauspieldirektor war, die waren auch nicht schlechter. Die DDR-Theater waren damals eingeteilt in A-, B- und C-Theater. Größere Städte wie Weimar, Erfurt, Karl-Marx-Stadt, Dresden, Leipzig, die hatten doch alle sehr gute Ensembles. Also ich bin eben in der »Provinz« geblieben und habe mir dann hier in Halle, in der anderen »Provinz« sozusagen, fast alles erfüllt, was es für einen Theatermenschen gibt.

Das DDR-Theater war nicht so vom Etat abhängig wie heute, die Ensembles waren größer, wie Sie sagen. Mit welchen Einschränkungen und Schwierigkeiten waren Sie konfrontiert?

Kämpfen mußte man schon, ich war nicht nur Schauspieler, sondern auch Regisseur und später Leiter eines Ensembles. Andere mögen anderes erlebt haben, aber ich habe all das gemacht, was ich wollte, und ich habe es auch durchgesetzt. Viele Regisseure haben sich darum bemüht, Becketts WARTEN AUF GODOT zu spielen, und das war eben noch nicht gestattet. Herrgott, da habe ich mich nun nicht herumgestritten mit irgendeiner Leitung, dann habe ich ein anderes Stück gespielt, wo sie auch warten. SOMMERGÄSTE von Maxim Gorki, da warten alle, habe ich eben das gemacht, verstehen Sie?

Welche Funktionen hatte Theater in diesem Land?

Ich habe das Theater als weltliche Kirche bezeichnet. Wo man von der Bühne herab etwas sagt, was man sonst nur leise zu sich sagt. Meine Funktion war es immer – ich will nicht über die anderen reden –, einen gerechteren Sozialismus oder eine gerechtere Welt herzustellen. Das kann ich immer wieder sagen, mehr weiß ich nicht, und es ist mir zwar nicht gelungen, aber die Leute sind zumindest gern ins Theater gegangen. Als die Wende kam, ist hier in Halle keiner mehr in die Kirche gegangen, wie kurz vorher noch. Aber ins Theater kamen sie weiterhin.

Sie haben sich hier in Halle ein eigenes Theater geschaffen, ein äußerst ungewöhnlicher Vorgang für DDR-Verhältnisse. Woher nahmen Sie den langen Atem?

Der Beruf des Schauspielers hat mir nie ausgereicht. Ich hatte als junger Schauspieler immer den Wunsch: Wenn du mal alt bist, mußt du folgendes geschafft haben: du kaufst dir einen Gasthof mit drei Einrichtungen – einer Gaststube für die Laufkundschaft, einer für die besseren Bekannten und einer dritten Stube, wo du dich mit deinen Freunden hinsetzen kannst. Und dann muß noch ein Saal dabei sein, wo du jede Woche deine Gedichte vorträgst. Dazu Gästezimmer für die, die es nicht mehr nach Hause schaffen. Und das habe ich mir eigentlich hier in einer wesentlich größeren Art und Weise verwirklicht.

Für die Stasi galten Sie als ein so hochverdächtiger Theatermacher, daß gleich ganze Spitzelriegen um Sie herum plaziert wurden. Wie haben Sie konkret mit der Tatsache gelebt, daß sich so viele Leute mit Ihnen befaßt haben? Wußten Sie es?

Daß sich viele Leute mit mir beschäftigen, das habe ich gewußt, aber daß es so viele waren … Ich weiß nicht, man gewöhnt sich auch daran. Ich kann es Ihnen vielleicht an einem Beispiel erläutern: Ein Schauspieler wurde von einem Stasimann über mich befragt. Er hat es mir erzählt, und da habe ich mir den Stasimann geholt, den zu mir bestellt und gesagt: Wenn du das noch mal machst, kriegst du mitten in der Stadt eine aufs Maul. Der war kleiner als ich, einem größeren hätte ich es vielleicht nicht so direkt gesagt. Daraufhin kam der nächste Vorgesetzte und sagte: Mit Bodo mußt du dich nicht unterhalten, unterhalte dich lieber mit mir. Den habe ich auch rausgeschmissen, und den nächsten auch wieder. Das ging schon. Ich habe so ein bißchen Narretei gespielt, das muß ich auch zugeben. Also man hat mir schon manche Dinge gestattet, weil man dachte: Na ja, es hat keinen Zweck mit dem.

Das klingt jetzt recht amüsant …

Sehen Sie, es ist ganz einfach. Hier gab es einen Parteisekretär der Stadt, Falkenstein oder so ähnlich hieß er. Der war richtig dumm. Dem habe ich eben gesagt, daß er eine ganz dumme Rede gehalten hat. Darüber haben sich natürlich andere Parteigenossen wieder gefreut, daß ich das mal endlich ausgesprochen habe, daß er dumm ist. Er hätte mich ja anzeigen können, andere hätten wohl verhindert, daß der mich anzeigt, weil ich ihnen eine Freude gemacht habe. Haben Sie mich jetzt verstanden, was ich meine?

Der Künstler gebrauchte seine Narrenfreiheit, um wirklich was zu erreichen?

Ja, natürlich hatte der Künstler in der DDR eine etwas größere Narrenfreiheit als andere. Sie konnten ja Dinge äußern, denen nicht beizukommen war, weil der Satz nun mal von Goethe oder Schiller oder einem anderen berühmten Mann stammte. In der Oper hat man kaum was gesagt, im Schauspiel, da wurde schon rangegangen, aber im Kabarett war es am schlimmsten – da haben sie gedacht: Hier verstehen wir alles, also gehen wir gleich ran.

Was mich richtig geärgert hat, war, daß ich persona non grata war und später erfahren mußte, daß viele Leute mich nicht haben sprechen dürfen, man führte sie um mich herum weg und isolierte mich, zumindest in Halle. Eine andere Geschichte war, daß ich einmal eine Uraufführung gemacht habe, die nirgendwo registriert wurde, sondern diese Uraufführung dann dem Maxim Gorki Theater zugeschrieben wurde. Darüber ärgert man sich natürlich. Wenn Sie aber das wollen, was Sie wollen, dann geht der Ärger wieder weg, und Sie werden wieder von vorne anfangen, und es ist gut so ... Als ich anfing, dieses Theater zu bauen, hieß es auch erst: Der ist doch blöd, packt er doch nie. Na gut, ich habe zweiundzwanzig Jahre dafür gebraucht, aber es ist fertig.

Also das ist zweifellos ein Bild mit viel Pro und viel Contra. Letztlich waren es aber auch Umstände, die für Kreativität und Ideen förderlich waren, oder?

Jede Diktatur erzwingt in gewisser Weise mehr Kreativität. Ob man will oder nicht. Darum gibt es heute sowenig Witze.

Warum haben Sie nie gesagt, was für viele Kollegen die letzte Konsequenz war: Ich gehe jetzt, ich will ein Arbeitsvisum für den Westen, ich will ganz weg. Sie sind hier geblieben.

Weil ich mein Recht nicht dort finde, sondern da, wo man mir Unrecht angetan hat. Da konnte ich nicht weg. Außerdem hatte ich immer den Wunsch, das Licht als letzter auszuschalten. Ich habe mich doch nicht ernsthaft mit dem Stalinismus auseinandergesetzt und mit diesen ganzen Dingen, um mich dann abzuseilen, sondern ich wollte mein Recht hier haben. Meine Grundeinstellung zum Theater oder zur Welt war ja immer eine ganz plausible, aus meiner Kindheit stammende: mein Vater war im Krieg gefallen. Und das hat mich eigentlich immer dazu bewogen, die Welt so zu verändern, daß das nie wieder passiert.

Wissen Sie, ich werde sofort ausgelacht von den Künstlerkollegen, wenn ich sage: Kunst ist Seelsorge. Da kriegen Sie aber was zu hören. Seelsorge beziehungsweise Aufklärung. Dreiecke malen, das liegt mir nicht. Und da unten vor dem Theater steht ein Spruch: Die edelste Beschäftigung des Menschen ist der Mensch. Ja!

Als Sie mit relativ wenig Mitteln Ihr Theater hier in den achtziger Jahren aufgebaut haben, brachten Sie ein Schild draußen an: Wir haben keine Kohlen, bitte helft! *Konnten Sie sich wirklich auf die breite Unterstützung der Bevölkerung verlassen?*

Dieses Theater habe ich gebaut mit einer Losung, die ich mir damals ausgedacht habe: »Einer für alle, alle für Halle, und nichts mehr für Berlin.« Die Leute wußten doch, alles ging nach Berlin. Ich habe diese Stadt gehaßt, und ich mag sie bis heute nicht leiden.

Damit meine ich nicht den Berliner. Dieser Spruch hat mir damals zu DDR-Zeiten natürlich viel geholfen. Ich habe dadurch vom Tischler das Brett bekommen oder von dem anderen die Schrauben oder von dem die Unterstützung und von noch jemandem ein bißchen Geld. Entstanden ist dieses ganze Gebäude vor der Wende durch die Faulheit anderer. Die anderen Kultureinrichtungen haben auch alle Geld gehabt, aber am Ende des Jahres hatten sie es eben nicht verbaut oder nicht verbraucht. Ich habe mir dann Ende des Jahres das Geld geholt, weil ich schon wieder fertige Pläne hatte. Das nötige Material hat man sich eben beschafft. Ich weiß nicht, wie oft ich um die Welt gefahren bin mit meinem Trabi bzw. mit meinem Wartburg, um das alles zu besorgen. Und heute ist der Kampf eben ein anderer, aber es ist ein ähnlicher, nach wie vor.

Wenn man auf diese Bühnenrepublik zurückblickt, ist nicht zu übersehen, daß die DDR auch ein großes Maß an Inszenierungen im Alltag aufwies. Durchritualisierte Großveranstaltungen aller Art, alles gewissermaßen Inszenierung. Wenn wir es als solche nehmen, was hat an ihr nicht gestimmt?

Die Wahrheit, die hat nicht gestimmt. *(lachend)* Sehen Sie, das kann man jetzt nicht verwenden. Aber es gab drei Männer in Deutschland. Der eine hieß Wehner, der andere Ulbricht und der dritte Pieck. Sie haben zwei deutsche Staaten aufgebaut. Alle drei. Und keiner von ihnen hat jemals offen über den Stalinismus gesprochen, obwohl sie im Hotel Luxor in Moskau nebeneinander gewohnt hatten. Das war die erste Lüge. Und an Lügen geht man irgendwann zugrunde.

Meinen Sie, daß die DDR am Verschweigen, am Verdrängen gescheitert ist?

Wenn man so etwas wie einen gerechten Staat schaffen will, eine gerechte Demokratie, eine Gleichheit zwischen den Menschen, Freiheit-Gleichheit-Brüderlichkeit, dann braucht man ein sehr gebildetes Volk. Und bis dato ist es nie gelungen, ein gebildetes Volk zu haben, weil keine Regierung daran interessiert ist, ein gebildetes Volk mit hervorzubringen, weil sie ja wieder gewählt werden will. Ein gebildetes Volk würde vielleicht eine andere Einrichtung finden, würde vielleicht auch etwas anderes versuchen.

Ich denke, daß Marx sich vor allem in einem Punkt verrechnet hat. Er hat den Menschen zuviel zugetraut. Bei Martin Luther ist oberstes Gebot, die Jugend zu erziehen, gut zu erziehen, viel Wissen ins Volk zu bringen. Damit sie keine Dummheiten machen, damit man erkennt, was die Welt im Innersten zusammenhält. Um was anderes geht es ja gar nicht. Und heute? Wenn man etwas streicht, man streicht garantiert an der Bildung, an der Kultur.

In der DDR gab es den merkwürdigen Widerspruch zwischen dem Bekenntnis aller Politiker zur Kultur, zur Kultur für das Volk und deren großzügige Förderung – andererseits hatten genau diese Leute auch eine Riesenangst vor der Kultur. Woher kommt das?

Erstmal hat man damals gesagt: Kunst ist Waffe. Im Sinne einer zielgerichteten Kunst zum Wohle des Sozialismus. Aber in der Wirklichkeit war es so, daß sie gelogen haben, das liegt doch auf der Hand. Und diese Lüge zu bekämpfen, davor hatten sie Angst. Ich habe damals immer darüber gesprochen, das Wichtigste ist, alle müssen alles wissen. Oder wissen können. Oder sogar noch besser: wissen müssen. Darauf wurde mir immer geantwortet: Das ist nicht nötig.

Sie haben gerade in einem Film über den 17. Juni eine der Hauptrollen gespielt. Hat dieser Moment des Scheiterns Sie noch mal berührt?

Ich habe mir den Film schon dreimal angesehen. Ich bin immer ganz traurig darüber, daß so vieles verschenkt worden ist durch Dummheit. Mein Lehrer, mein Grundschullehrer, ein Neulehrer nach dem Krieg, war beim Zusammenbruch der DDR ganz verzweifelt. Er war ein strenggläubiger Kommunist, und er fragte mich damals: »Peter, sag mal, warum geht das alles zugrunde? Ich verstehe das nicht. Ich habe alles gemacht, um was es uns ging, nicht wahr?« – »Na ja, hast du denn immer studiert?« – »Alles, was uns genützt hat.« Da habe ich zu ihm gesagt: »Du hättest aber auch mal das studieren müssen, was dir vielleicht nicht nützt, damit du weißt, was dir nützt.« War er ganz baff.

(Das Gespräch führte Matthias Schmidt.)

Auch am Poetischen Theater, der Bühne der Leipziger Karl-Marx-Universität, weiß man die Spielräume zu nutzen. Beinahe jeder aus der jüngeren Generation der Theatermacher hat zu der einst von Adolf Dresen als Student gegründeten Laienbühne mindestens einen Arbeitskontakt. Stücke von Heiner Müller und Volker Braun kommen auf die Bühne genauso wie bislang in der DDR nicht aufgeführte amerikanische Stücke – einiges wird so schnell wieder verboten, daß das kleine Theater ironisch »Urabsetzungstheater« genannt wird. 1988 inszeniert Jo Fabian, auf dem Weg zu seinem Bildertheater, einen BAAL, der die zeitgleich herauskommende BAAL-Inszenierung von Alejandro Quintana an Manfred Wekwerths Berliner Ensemble ohne weiteres in den bunten Schatten stellt. Die ästhetischen Unterschiede zwischen den Generationen formulieren das unterschiedliche Dasein in der DDR – und sind nun nicht mehr zu überbrücken, wie es in den siebziger Jahren durchaus noch der Fall war.

Theaterleidenschaft mit gordischem Knoten: Martin Linzer

Martin Linzer, geboren 1931, Studium der Theaterwissenschaft und Germanistik an der Humboldt-Universität, ab 1954 Redakteur bei *Theater der Zeit,* 1963 bis 1967 Dramaturg am Deutschen Theater, danach wieder Redakteur bei *Theater der Zeit,* dort 1990 bis 1992 Chefredakteur, nach der Neugründung der Zeitschrift 1993 ihr Herausgeber bis 1999.

Frage: Wie haben Sie das Kriegsende erlebt? Erinnern Sie sich, wann Sie in dieser Zeit das erste Mal etwas vom Theater wahrgenommen haben?

Linzer: In einer sehr schwierigen Situation, weil wir nicht in Berlin waren zu dem Zeitpunkt, sondern jenseits der Oder, und den Einmarsch der Roten Armee schon Ende Januar dort erlebt hatten. Wir wurden Anfang Juli nach Berlin gebeten, von den dann schon polnischen Behörden, und kamen in eine erschreckend zerstörte Stadt, die wir so nicht gekannt hatten, denn wir waren 1943 von Berlin weggegangen. Wir haben das Bild der Zerstörung sofort wahrnehmen müssen, weil unser Zug, der uns von Freienwalde nach Berlin brachte, am heutigen Nordbahnhof endete, damals noch Stettiner Bahnhof, und wir den Rest des Weges bis Nieder-Schöneweide mit dem Handwagen zu Fuß durch ein Trümmerfeld zogen. Wir haben dort in dem schönen Vorort Oberspree Gott sei Dank unser Häuschen unzerstört vorgefunden, allerdings von Fremden besetzt, was sich aber regeln ließ. Noch im selben Jahr habe ich diesen Weg zurück in die Stadt gemacht aus Anlaß meines ersten Theaterbesuchs nach dem Krieg. Als Vierzehnjähriger wurde ich an die Hand genommen von einem älteren Freund der Familie, der sich auch für Theater interessierte. Wir gingen in das Deutsche Theater, zu dieser dann geschichtsnotorisch gewordenen Aufführung von NATHAN DER WEISE in der Inszenierung von Fritz Wisten, mit Paul Wegener als Nathan.

Unser Weg dorthin war ein merkwürdiges Erlebnis: Man kam von Oberspree mit einer Straßenbahn, die es schon wieder gab, gerade mal bis Treptow. Dann muß uns der Weg, das habe ich später rekonstruiert, über Schlesisches Tor, Köpenicker Landstraße, Spittelmarkt, irgendwie in die Schumannstraße geführt haben, über eine Brücke an der Museumsinsel, die im Wasser lag und über die man sich rübertasten mußte. Ich glaube, wir waren deshalb auch nicht ganz pünktlich. Aus dieser Trümmerwüste in ein, wie wir es kennen, rot-samten ausgeschlagenes, mit goldenem Stuck verziertes Theater. Einen größeren Kontrast konnte man sich nicht vorstellen, noch unterstützt durch den Eindruck der Lessingschen Worte – da war nach diesem Krieg von Toleranz die Rede und von Friede unter den Menschen. Das war schon ein Erlebnis und hat möglicherweise dazu geführt, was ich damals gar nicht erahnen konnte mit vierzehn, daß mein Weg einmal zum Theater führen würde. Auch einmal in dieses Deutsche Theater direkt hinein. Bis heute ist es mein Lieblingstheater, bei allen Problemen, die ich heute damit habe.

Die Botschaft von Toleranz war deutlich zu vernehmen in diesem eigentlich verwirrenden Kontrast zwischen einem so schönen Theater und einer vollkommen zerstörten Stadt?

Es war eine äußerlich sehr märchenhafte Inszenierung, aber diese humanistische Botschaft haben wir damals alle verstanden, weil sie auch sehr gebraucht wurde. Die Menschen waren sehr bereit, sie zu hören, waren offen dafür.

Haben Sie schon damals darauf geachtet, wer die Inszenierung gemacht hat?

Ich habe damals schon die Theaterkritiken in den Zeitungen sehr intensiv verfolgt, auch Buch geführt über diese ersten Aufführungen.

War Ihnen bewußt, daß sich das Theater eigentlich aus völlig verschiedenen Kräften zusammensetzte, wofür diese Inszenierung ein gutes Beispiel war: Paul Wegener, ein Staatsschauspieler, der dageblieben war; Fritz Wisten, der im KZ gesessen hatte; und der Intendant Gustav von Wangenheim, der aus der Sowjet-Emigration zurückgekehrt war.

Das wußte ich natürlich zu dem Zeitpunkt als Vierzehnjähriger noch nicht, das habe ich mir dann erst nach und nach durch Lektüre angeeignet. Für den Moment der Aufführung hat das wahrscheinlich keine Rolle gespielt. Die Masse der Schauspieler hatte in Berlin gelebt und bis zur Schließung der Theater nach Ausrufung des totalen Krieges 1944 dort auch gearbeitet. Also am Deutschen Theater waren das Leute wie Paul Wegener, Gerda Müller, Aribert Wäscher, Herwarth Grosse und und und. Man könnte stundenlang berühmte Namen aufführen. Dazu auch Gustaf Gründgens. Die Anzahl von Rückkehrern aus der Emigration, von denen nur einige zur Moskauer Gruppe gehörten, war relativ gering: Gustav von Wangenheim, Hans Rodenberg, der Schauspieler Heinrich Greif, der aber sehr bald starb. Die Westemigranten kamen zum größten Teil sehr viel später aus Amerika, manche erst 1948/49, was auch mit den Verfolgungen durch McCarthy zu tun hatte. Das hat man also in den Aufführungen erst mal nicht so wahrgenommen.

Später aber insofern dann doch, als Stücke am Deutschen Theater ins Repertoire aufgenommen wurden wie STÜRMISCHER LEBENSABEND, eines der sowjetischen Gegenwartsstücke, die mit mehr oder weniger Druck durch die Kulturoffiziere »angesetzt« wurden. Diese berühmten Stars unter den Schauspielern standen diesen Stücken – dem Stil, der Schreibweise und auch den Stoffen – natürlich relativ fremd gegenüber, so daß manche Aufführung dann auch schon mal durchaus in die Nähe des Kitsches geriet. Der eigentliche Höhepunkt der Durchsetzung sowjetrussischer Dramatik war die Aufführung von Jewgenij Schwarz' DER SCHATTEN, die Gründgens gemacht hat.

Das war ein nicht so schnell zu vergessendes Ereignis, eine Märchenparabel, für die Gründgens auch ästhetische Mittel fand, sie in einer stilisierten Art zu zeigen, mit einer leichten komödienhaften Spielweise, die die Hintergründe zwar keineswegs hervorhob, aber erahnen ließ. Sicher hat ihn der biographische Hintergrund von Schwarz kaum interessiert. Er hat es als ein wirkungsvolles Theaterstück begriffen und als solches inszeniert.

Für das Deutsche Theater schien es also trotz allem, als könnte da eine Kontinuität wiederhergestellt werden, und es ließe sich etwa an Max Reinhardt wieder anknüpfen?

Natürlich haben die Schauspieler und auch die Regisseure erst einmal dort wieder anknüpfen müssen, wo sie 1944 oder davor aufgehört hatten. Neu waren zunächst wirklich nur die wenigen neuen Texte. Aber es waren ja auch eine Reihe von Klassikern zu spielen, die während der Nazi-Zeit verboten oder nicht genehm waren, wie NATHAN.

Es wurde auch der alte Sprechstil weiter gepflegt und beispielsweise in den Kino-Wochenschauen unreflektiert fortgesetzt. Wie hat sich diese Berliner Theaterlandschaft in den späten vierziger Jahren weiterentwickelt, als das Leben langsam wieder in Gang kam? Was ist für Sie da erinnernswert?

Jede Besatzungsmacht hatte ja ihre Spezialisten, die natürlich alle versucht haben, ihre Autoren durchzusetzen. Zunächst hat es dadurch relativ schnell eine Differenzierung gegeben, aber noch keine Spaltung. Man hat anfangs auch amerikanische Stücke im

Deutschen Theater sehen können. Eine dieser Inszenierungen am Deutschen Theater hat zu dem Skandal geführt, daß Käthe Dorsch in dem Künstlerklub »Möwe« Wolfgang Harich eine Ohrfeige verabreichte – wegen seiner vernichtenden Kritik an einer offenbar recht kitschigen amerikanischen Familiengeschichte. Die Amerikaner, Engländer und Franzosen sah man sonst eher im Hebbel-Theater oder im Schloßparktheater. Und so hat sich das dann Ende der vierziger Jahren doch ein bißchen auseinanderdividiert. Eine Aufführung der SCHMUTZIGEN HÄNDE, die im Renaissance-Theater lief, wäre damals im sowjetisch besetzten Sektor nicht möglich gewesen. Oder die Aufführung der FLIEGEN von Sartre am Hebbel-Theater in der Inszenierung von Jürgen Fehling, eine der schönsten, aufregendsten Inszenierungen dieser Zeit.

1948 kehrt Bertolt Brecht nach Berlin zurück. Haben Sie das bewußt wahrnehmen können?

Ich muß immer aufpassen, was ich damals wahrgenommen habe oder was sich dann erst später in die Erinnerung eingebrannt hat, aber zum fraglichen Zeitpunkt noch gar nicht bewußt reflektiert wurde. Durch meine Aufzeichnungen bin ich sicher, daß ich alle Inszenierungen des frühen Berliner Ensembles gesehen habe, zumindest alle von Brecht inszenierten. Die erste, MUTTER COURAGE, war ja noch eine Aufführung am Deutschen Theater, die habe ich dort Anfang 1949 gesehen. Von Brecht wußte ich schon ein wenig, durch Lektüre, auch durch das Lesen des *Sonntags,* durch Gespräche und ein bißchen durch die Schule. Ich erinnere mich, daß wir als Teil unserer Abiturprüfung gebeten wurden, eine Schaudiskussion über Brechts »Fünf Schwierigkeiten beim Schreiben der Wahrheit« zu führen. Und das haben wir drei dazu Aufgeforderten, glaube ich, auch ganz gut gemacht. Das beweist mir im nachhinein, daß Brecht zu diesem Zeitpunkt, 1950, mir nicht ganz unbekannt sein konnte.

Aber sicherlich war die Kenntnisnahme von Brecht in der Bevölkerung relativ gering. Woher sollten sie ihn kennen? Und so wurde auch das theatralische Wirken, das Wirken des Berliner Ensembles, durchaus nur zögerlich angenommen. Das ist kein stürmischer Siegeszug gewesen. Nicht nur weil es behindert worden wäre, das kam auch dazu. Das war etwas Neues, etwas Fremdes, und das war auch gewöhnungsbedürftig. Auch für einen wie mich, der zunächst einmal geprägt war von dem, was er im Deutschen Theater oder auch in anderen Berliner Theatern gesehen hatte. Die Inszenierung des HOFMEISTER, die ich besonders geschätzt habe und möglicherweise die reinste Brecht-Aufführung gewesen ist von allen seinen großen eigenen – wobei man heute weiß, daß, vielleicht nicht zufällig, auch Besson eine große Rolle dabei gespielt hat –, habe ich schon als eine Variante, als eine Ergänzung, als eine Konkurrenz zu dem bestehenden Theater wahrgenommen, die mir auch zugesagt hat, für die ich auch Sympathie empfunden habe.

Was war das Neue daran?

Da könnte man es sich leicht machen und sagen: Das Neue war die Brecht-Gardine. Aber die steht natürlich durchaus für etwas, sie ist nicht nur ein Mittel gewesen, um Akte oder Szenen zu trennen. Sie hatte Symbolcharakter für die Helle, für die Transparenz, für eine gewisse Rationalität, die diese Aufführungen ausgezeichnet haben. Die Unverkitschtheit. Diese Aufführungen waren ja nicht frei von Emotionen, das darf man nicht annehmen, das wäre ganz verkehrt. Aber es waren eben durch Vernunft gefilterte Emotionen. Klarheit und Schönheit auch, von einer großen Poesie.

Sind Sie in diesen Jahren außerhalb Berlins ins Theater gegangen?

In diesen Jahren noch nicht. Nach dem Abitur habe ich sofort Theaterwissenschaft studiert und bin in dieser Zeit nicht aus Berlin herausgekommen. Dazu war auch das Geld nicht da in unserer Familie. Als wir 1954 unser Staatsexamen machten, bin ich mit einem befreundeten Kommilitonen nach Dresden gefahren. Dresden bot sich deswegen an, weil da ein entfernter Onkel unserer Familie lebte und mir ein kostenfreies Wohnen für eine Woche ermöglichte. Dort sind wir eine Woche lang ins Theater gegangen. Eine meiner ersten Arbeiten für *Theater der Zeit* verband sich damit: ein Interview mit Antonia Dietrich, damals die Heldin des Dresdner Schauspiels.

Haben Sie da Unterschiede festgestellt zu dem, was Sie aus Berlin kannten?

Kaum. Das unterschied sich wenig von dem Theater, das es im Deutschen Theater gab. Es war möglicherweise eine Spur »provinzieller«, auf der anderen Seite, was das Verhältnis des Dresdner Publikums zu seinem Theater anging, eine Spur familiärer, herzlicher als in Berlin.

Können Sie uns sagen, wann das DDR-Theater begonnen hat?

Die Anzeichen eines Auseinanderlebens, die gab es zwar schon früher, noch vor der Gründung der Deutschen Demokratischen Republik. Bekanntlich konnte man sich in Berlin bis 1961 frei bewegen und beispielsweise ins Schiller Theater gehen. Daß die Gründung des Berliner Ensembles ins Jahr 1949 fiel, das Gründungsjahr der DDR, mag indes kein Zufall sein.

Viele sehen Brechts MUTTER-COURAGE-Inszenierung als den Beginn des DDR-Theaters an. Aber man kann es auch fließender sehen: daß diese Entwicklung wahrscheinlich ein Prozeß war, der über viele Jahre ablief und erst Ende der fünfziger Jahre in seiner Eigen-

heit erkennbar ausgeprägt war. Andererseits gab es schon um 1950 herum Stücke durchaus propagandistischer Art, die nicht aus der Sowjetunion kamen, sondern von deutschen Autoren, wie Karl Grünbergs GOLDEN FLIESST DER STAHL. *Haben Sie das damals gesehen?*

Wenn ich mich recht erinnere, war das im Haus der Presse am Bahnhof Friedrichstraße, wo später das Kabarett »Die Distel« zu Hause war, eine Sonderaufführung von irgendwoher organisiert. Ja, das war schon damals ein etwas belächeltes Monster als Stück, das hat keiner ernst genommen.

Daß mit dem Planwagen der Courage ein Anfang gesetzt worden wäre, war in dem Moment natürlich noch unklar. Als einen historischen Moment der Synthese von Brecht und einem recht traditionellen Theater – was nicht unbedingt mit Stanislawski gleichzusetzen ist, was aber natürlich damit zu tun hat – habe ich immer die Aufführung der MINNA VON BARNHELM in der Regie von Wolfgang Langhoff als wichtig angesehen. Das war 1960, und schon äußerlich bot sich diese Deutung aufgrund der Besetzung an: eine der wesentlichen Brecht-Schauspielerinnen, nämlich Käthe Reichel, spielte im Deutschen Theater die Minna und ein mit Stanislawski groß gewordener Schauspieler wie Hans-Peter Minetti den Tellheim. Dazu die gestandenen Größen des Deutschen Theaters wie Fred Düren.

Brecht und Stanislawski als zwei wesentliche Linien der fünfziger Jahre, die bei dieser Inszenierung sogar in Gestalt zweier Schauspieler zusammentrafen. Wie wirkte diese gelungene Synthese? Hatten Sie den Eindruck, es könnte sich etwas Drittes aus diesen beiden ergeben, nach all diesen kulturpolitischen Kämpfen um Brecht und Stanislawski?

Ich denke, ja. Diese Polemik war eigentlich mit dieser Aufführung erledigt. Es hat danach auch nie wieder jemand versucht, diesen Streit hochzubringen, der ja auch ein bißchen ein Stellvertreterkrieg gewesen ist. Das real existierende Brechttheater hatte mit den früher formulierten Theorien von Brecht auch nicht mehr so viel gemein. Es gibt da keine hundertprozentige Deckung. Und es werden heute immer gern Schauspieler des BE zitiert wie der alte Peter Kalisch, einer der früh von Brecht engagierten Schauspieler, der sagte: »Ich hab' doch immer Stanislawski gespielt, der Alte hat es nie gemerkt.« Und bei aller Überspitzung ist da natürlich etwas dran.

Sie waren zu diesem Zeitpunkt schon einige Jahre bei Theater der Zeit. *Der Gründer, Fritz Erpenbeck, war kein Freund der Brechtschen Auffassung. Sie aber waren von Brechts Theaterkunst beeindruckt. Hatten Sie deshalb als junger Kritiker Probleme?*

1954 brachte Brecht seinen KREIDEKREIS heraus, und ich war »infiziert« davon. Zu diesem Zeitpunkt hatte ich keine genügende Erfahrung, auch nicht ausreichende Schreiberfahrung, um mich direkt in diese Auseinandersetzung zu begeben. Erpenbeck hat immer streng geschieden: Brecht der Autor, der Dichter, gegen den spricht nichts, der ist große Klasse, der ist in Ordnung – bloß das Theater, das er macht, das ist ein Irrtum. Er war der Meinung, im deutschen Theater mit Erfahrungen des chinesischen Theaters zu experimentieren sei sinnlos. Es gehe um Charaktere und Konflikte, die sich einfach auszudrücken hätten, und nicht um Kommentare oder Verfremdung oder das Danebenstehen. Andererseits war Fritz Erpenbeck ein sportlich denkender Mensch, der zumindest in seiner unmittelbaren Umgebung andere nie zu indoktrinieren versuchte. Der hätte nie versucht, mir den Brecht auszureden. Ich war aber noch nicht in der Lage, hier Stellung zu beziehen, habe mich sehr lange davor gedrückt und bescheiden mit Kritiken über weniger konfliktgeladene Inszenierungen angefangen.

Die aus Moskau zurückgekommenen Emigranten Erpenbeck, Wangenheim, Rodenberg und Vallentin hatten von dort eine regelrechte Konzeption eines für das neue Deutschland vorgesehenen Theaters mitgebracht. Ist Ihnen damals bekannt geworden, was die sich darunter vorgestellt hatten und inwieweit sich diejenigen, die auch an wichtigen Stellen saßen, dann tatsächlich danach gerichtet haben?

Damals nicht, und das hatte auch damit zu tun, daß diese Leute – ich kann mich nur auf Fritz Erpenbeck beziehen, weder Rodenberg noch Maxim Vallentin habe ich persönlich näher gekannt – eine große Scheu hatten, über ihre Moskauer Zeit zu reden. Dafür hatten sie mehr oder weniger gute Gründe, und alle haben diese Zeit sehr verdrängt. Und insofern ist über diese Fragen eigentlich wenig gesprochen worden. Diese Moskauer Zeit war ein Tabuthema, und so sahen das auch andere. Erpenbeck erzählte laufend Anekdoten, doch das waren immer Geschichten aus den zwanziger Jahren, als er Reporter bei der *Roten Fahne* war, über seinen Umgang mit den Prostituierten in der Oranienburger Straße, wo unser Verlag war. Oder Anekdoten aus Kriegszeiten oder aus seinen Anfängerzeiten als Schauspieler. Moskau gab es nicht. Und wir haben uns aus Ehrfurcht vor dem alten Herrn daran gehalten und sagten: Vielleicht später? Als kulturpolitisches Konzept, das war schon klar, ging es vom Nationaltheaterbegriff aus – daß also die Klassik im Mittelpunkt stand und daß auch eine neue Dramatik entwickelt werden sollte. Aber wir stutzten schon ein bißchen bei dieser Abwehrhaltung gegen Agitprop, die sie als linkssektiererisch bezeichneten. Erpenbeck selbst hatte doch noch bei Piscator mitgearbeitet, er kannte das genau. Daß das keine Rolle mehr spielen sollte, hat uns verwundert, denn für uns waren es doch die progressiven Traditionen, die linken Traditionen der Weimarer Zeit. Warum geht man da nicht weiter? Warum führt man das nicht fort? Nee, das wurde mal schnell abgebogen.

Wie stellte sich Mitte der fünfziger Jahre die Theaterlandschaft der DDR dar? Auch wenn Sie nicht alles gesehen haben, müssen Sie sich als Redakteur doch ein Bild davon gemacht haben.

Es war mir von da an möglich, mehr Aufführungen außerhalb Berlins zu sehen, vor allem in Dresden, aber auch auf Ausflügen nach Leipzig und Rostock. Das war weniger erfreulich wegen der dort herrschenden Theaterfürsten: Karl Kayser in Leipzig, Hanns Anselm Perten in Rostock. Hier und da gab es mal eine Aufführung von Interesse, in Gera oder in Potsdam oder in Plauen. Das war alles zu dieser Zeit für mich noch zufällig und ein Tasten und Suchen nach Erlebnissen, nach Erkenntnissen, ohne eigentlich ein eigenes Konzept zu haben. Ein Herumsuchen, was in Dresden einfach angenehm war, dort gab es angenehme Kollegen, mit denen es sich nach der Aufführung noch wunderbar Bier trinken ließ.

In der DDR der fünfziger Jahre gab es über achtzig Städte mit Theatern. War Ihnen diese ungeheure Dichte bewußt und daß diese Theaterlandschaft aus der Vergangenheit des Bürgertums in der deutschen Kleinstaaterei übernommen worden war?

Klar war, daß es eine Überversorgung gab, daß in vielen der kleineren Theater keine ausreichende künstlerische Qualität vorhanden war und es eigentlich keinen Bedarf für sie gab. Unmittelbar nach dem Krieg gab es einen großen Theaterhunger. Die Theater waren voll, auch in Berlin, wo es die merkwürdigsten Gründungen gab. Theater wurde wie verrückt gespielt, überall. Das ist zunächst durch die Währungsreform etwas reduziert worden. In den fünfziger Jahren wurde aber langsam klar, daß man das konzentrieren mußte, was dann Anfang der sechziger Jahre zu einer Schließungswelle geführt hat. Meißen mit seinem wunderschönen Theaterbau, Greiz, Staßfurt, Burgstädt, Borna, man kann da noch mehr nennen, die wurden aufgegeben. Das hat aber zu keiner Verarmung der Szene geführt. Die besten Leute wurden jeweils in die größeren Nachbartheater übernommen. Rudolf Donath, der Held des Meißener Theaters, war dann über Jahrzehnte am Staatsschauspiel Dresden. Für die meisten Theaterbesucher war es nicht so schwierig, mit der Bahn oder später mit dem Auto in ihr Theater zu kommen. Es gibt immer noch eine große Dichte des Theaternetzes, und mit den Schwierigkeiten hat man ja heute noch zu tun.

Konnte man an der Existenz dieser vielen Theater in der Frühzeit der DDR schon erkennen, daß sie einen bestimmten Auftrag zu erfüllen hatten?

Nachhaltig erkennen konnte man das weniger an den wegfallenden oder übrigbleibenden Theatern als an den Neugründungen, die es ja auch gab. Natürlich wurde ein Theater wie das Theater der Bergarbeiter Senftenberg ganz bewußt in dieser Stadt und ihrer Region angesiedelt. Dort ausgerechnet gab es ja kein Theater, und es gab auch keinen Raum, es wurde eine Turnhalle oder eine Schule umfunktioniert, um Theater, Kunst und Kultur in eine Region zu bringen, in der eine aufblühende Industrie entstand, der Braunkohlenabbau in der Lausitz. Das war eine kulturpolitische Entscheidung. Nach solchen Gesichtspunkten wurde auch die Auswahl der zu schließenden oder zusammenzulegenden Theater entschieden. Man hat natürlich schon darauf geachtet, daß ein überschaubares und auch flächendeckendes Netz erhalten blieb. Inklusive der neuen Kindertheater, die ja eine wichtige Rolle gespielt haben und spielen sollten.

Das »Theater der Freundschaft« in Berlin war eine solche wichtige Neugründung. Welche Rolle sollte dieses Theater spielen?

Es war das Theater, das im Sinne der Jugendorganisation natürlich auch einen bildenden, erzieherischen Einfluß auf die Kinder und Jugendlichen nehmen sollte. Das war nicht nur zum Spaß da. Daß die Theaterleute daraus auch Spaß gemacht haben, das spricht wiederum für sie.

Wenn man versucht, die Aufgaben oder Funktionen der Theater in dieser Frühzeit zu begreifen, geht es um eine ganz grundsätzliche Frage. Es gab diesen Erlebnishunger, es gab ein großes Unterhaltungsbedürfnis, es gab diesen klassischen Bildungsanspruch, und es gab zugleich diesen Auftrag, eine neue Gesellschaft mit aufzubauen. Wie würden Sie diese unterschiedlichen Funktionen gewichten für die Zeit der fünziger Jahre?

Der Anteil der Klassik war sicherlich groß, und daß die Leute in erster Linie unterhalten werden wollten, steht wohl auch fest. Der, sagen wir verkürzt, politische Auftrag des Theaters hat sich erst nach und nach entwickelt und ist in den besten Fällen dann mit den anderen Funktionen eine mehr oder weniger gelungene Synthese eingegangen. Das waren dann auch die Momente, wo es oft kritisch wurde.

Also das Gelingen war gleichzeitig auch das Sichselbstgefährden?

Zu den Paradoxien dieser Theaterentwicklung gehört, daß man einerseits auch in Zeiten hysterischer politischer Auseinandersetzungen und Diskussionen gefahrlos spätbürgerliche Operetten wie DIE LUSTIGE WITWE spielen konnte, andererseits der ernstgemeinte Versuch, theoretisch vorgegebene sozialistische Positionen mit den Stücken von Peter Hacks oder später von Heiner Müller durchzusetzen, auf höchstes Mißtrauen und Abwehr stieß. Unter dieser Paradoxie hat das DDR-Theater Zeit seines Lebens gelitten.

Hacks und Müller sind natürlich die besten Beispiele, wie eine neue sozialistische Dramatik unterdrückt oder behindert wurde. Je größer der Abstand wird, desto weniger versteht man das, weshalb gerade diese Autoren mit diesen dem Sozialismus verbundenen Stücken auf den größten Widerstand stießen.

Selbst mir fällt es heute langsam schwer, das zu vermitteln, denn eigentlich kann man heute nur noch darüber lachen. Obwohl uns damals nicht immer zum Lachen zumute war, das muß man auch sehen. Also etwas wie die Uraufführung von Müllers UMSIEDLERIN 1961, die dann verboten wurde, das hatte genau diese Mischung aus Heiterkeit, Fröhlichkeit und einer gewissen Grusligkeit, weil man sofort wußte, auf welche Widerstände das Stück treffen wird. Und da war diese Illusion im Herbst 1961 nach dem Mauerbau, daß jetzt ein bißchen Ruhe ins Land kommt.

1963 gingen Sie als Dramaturg ans Deutsche Theater. Unmittelbar nach einer für das DT ganz schwierigen Situation, der Ablösung von Wolfgang Langhoff und diesem Skandal um Hacks' DIE SORGEN UND DIE MACHT. Wie erlebten Sie diesen Moment?

Ich wollte nach acht Jahren *Theater der Zeit* verlassen, um endlich auch die Praxis kennenzulernen. Eigentlich sollte ich Dramaturg an der Volksbühne werden, an die mich Wolfgang Heinz bereits engagiert hatte. Als dann Wolfgang Heinz das Deutsche Theater übernehmen mußte, wurde mein Vertrag für die Volksbühne umgeschrieben in einen für das Deutsche Theater. Das war ein Glück. Es war eine Aufbruchssituation, weil Heinz neu war, eine Reihe von Dramaturgen war neu, Regieassistenten ... – das war eine neue Truppe, die etwas wollte, die sich eigentlich relativ schnell mit den Dagebliebenen zu einer Mannschaft vereinigte. Besson, der schon Gastinszenierungen am Deutschen gemacht hatte, kam dazu, und Wolfgang Langhoff war noch am Hause tätig. Es gab da also einen fließenden Übergang. Langhoff hatte noch eine Hauptrolle gespielt, in »1913«, einem Sternheim-Stück, aber die Proben, die er aufgenommen hatte, zu HEINRICH IV. in der Fassung von Peter Hacks, wurden wegen einer akuten Erkrankung Langhoffs abgebrochen.

1965 fand das berüchtigte 11. Plenum statt. Welche Konsequenzen hatte das für Sie am Deutschen Theater?

Der Schwerpunkt lag eigentlich beim Film. Hauptopfer waren die DEFA und die DEFA-Regisseure, deren Filme verboten worden sind. Das Theater hat nur eine Nebenwirkung abbekommen, die aber für das Deutsche Theater insofern gravierend war, als dadurch ein im Deutschen Theater gefördertes Projekt nicht zustande kam: DER BAU von Heiner Müller. DER BAU war ein Auftrag, um ihn als Autor wieder zu aktivieren. Nebenbei war es auch eine soziale Maßnahme, er hatte in der Zeit wirklich kaum Einkünfte und brauchte einfach Geld. Es hat zwei Anläufe zur Realisierung im Deutschen Theater gegeben, eine Probenphase mit dem Regisseur Ernst Kahler, der damit ästhetische Schwierigkeiten hatte und es freiwillig wieder aufgab, und eine Probenphase mit Benno Besson, die sich sehr gut anließ. Das wurde dann abgebrochen. Wie es üblich war, erfolgte dies durch den Intendanten auf dringende Empfehlung der entsprechenden Behörden. Das haben wir natürlich alle an diesem Theater erlebt, andererseits haben wir es durch neue Projekte, durch neue Arbeiten wieder zu verdrängen versucht. Und das ist uns insofern ganz gut gelungen, kann man etwas zynisch sagen, als DER DRACHE ein riesiger Erfolg wurde.

Paradoxerweise wurde zur gleichen Zeit gerade mit diesem Stück eine der im Rückblick wichtigsten Inszenierungen des DDR-Theaters realisiert. Was zeichnete den DRACHEN aus?

DER DRACHE war eine für das Publikum sensationelle Aufführung, vor

Probenfoto DIE SORGEN UND DIE MACHT von Peter Hacks
Regie: Wolfgang Langhoff, Deutsches Theater Berlin, 1962
Foto Willy Saeger

allem durch Horst Sagert, den von Besson motivierten Ausstatter, der ein Künstler von hohem Grade war und auch immer noch ist. Was diesem Stück einen einzigartigen, phantastischen Rahmen gegeben hat, in dem erst die Erzählung dieses Stücks möglich wurde als märchenhafte Überhöhung, die aber den Inhalt und die Aussage des Stücks nicht in eine märchenhafte Unverbindlichkeit verflüchtigte. Wir waren unvorsichtig genug, ein Programmheft für diese Aufführung zu machen, das nicht nur wunderschöne Illustrationen von Horst Hussel aufwies, sondern auch Texte aus dem *Neuen Deutschland* mit Alltagsgeschichten. Da wurden dann einige Leute sehr hellhörig, und ab der fünften Aufführung mußten diese Programmhefte zurückgezogen werden. Die Aufführung war in keiner Phase gefährdet, aber es sollte vermieden werden, daß man sozusagen gegenwärtige Assoziationen aus diesem Märchen bezog.

Könnte man sagen, daß von dieser Inszenierung diese bestimmte Art von DDR-Theater als assoziative Öffentlichkeit ausging, in der schwierige Wahrheiten in verkleideter Form angesprochen wurden? Hat es vorher etwas Vergleichbares gegeben?

Bessons FRIEDEN vielleicht, aber DRACHE war sicherlich das erste bedeutende Zeichen für eine solche Entwicklung. Das erste wichtige Beispiel. Zu behaupten, DER DRACHE sei eine Initialzündung gewesen, das wäre vielleicht übertrieben. Aber er steht am Anfang einer solchen Entwicklung, ja.

Könnten Sie sagen, wie sich das fortgesetzt hat?

Das setzte sich in der Arbeit von Besson selbst natürlich fort und dann in Inszenierungen von Regisseuren, sagen wir, wie Adolf Dresen, Alexander Lang oder Wolfgang Engel in Dresden, in den Arbeiten vieler jüngerer Regisseure, die in Ermangelung guter Texte über die Gegenwart und auch wegen der Schwierigkeit, solche

Texte durchzusetzen, versuchten, klassische Stücke aufnahmefähig zu machen für gegenwärtige Probleme. Ohne sie in jedem Falle zu verbiegen. Ein Stück wie HAMLET ist so geräumig, daß es jeder Zeit gelingt, ihre drängenden Fragen mit dieser Handlung, mit diesem Stoff, anhand dieser Figuren lebendig zu machen. Und so ist das mit anderen Stücken auch passiert. Büchners DANTONS TOD, im Deutschen Theater von Lang, war natürlich ein aktueller Kommentar; genauso wie seine IPHIGENIE im Zusammenhang mit Grabbes GOTHLAND, da könnte man sicherlich viele Beispiele nennen.

Würden Sie sagen, daß es eine besondere Qualität des DDR-Theaters war, unter seinen eigenen Bedingungen eine solche Sprache hervorzubringen?

Es war eine Qualität, die der DDR oder dem DDR-Theater abgetrotzt wurde und die andererseits eine erzwungene war – und aus diesem Grund möglicherweise fragwürdig, aber es war eine Qualität. Es waren in den besten Fällen hervorragende Inszenierungen, denen man in keinem Fall vorwerfen konnte, daß sie nur einem äußerlich aktuellen, billigen Zweck geopfert worden wären.

Von Besson geht noch eine andere Linie aus, die als die Weiterentwicklung des Volkstheaters im weitesten Sinne bezeichnet wurde. Was kann man darunter verstehen?

Besson ging es darum, das Theater nach dem Vorbild der Kulturhäuser in den Banlieues von Paris für die Leute weit aufzumachen. Nicht nur für theatralische Vorstellungen, auch für Veranstaltungen anderer Art. Auch für die Gastronomie. Also Theater zu Zentren der Unterhaltung, der Geselligkeit und der Kommunikation zu machen. Das ist nicht eingeengt zu verstehen auf eine Spielweise, natürlich soll es auch verständlich, griffig bleiben, unterhaltsam bleiben, ohne billig zu werden.

Dantons Tod von Georg Büchner
Regie: Alexander Lang, Deutsches Theater Berlin, 1981
Foto Papita Engel

Dantons Tod von Georg Büchner
Regie: Alexander Lang, Deutsches Theater Berlin, 1981
Foto Papita Engel

Außerhalb Berlins wurde das vor allem in Halle probiert, Ende der sechziger, Anfang der siebziger Jahre, von Horst Schönemann und Christoph Schroth. Worin lagen ihre Verdienste?

Na ja, die halleschen Unternehmungen jetzt unter diesem Aspekt zu sehen, das wäre ein bißchen fragwürdig. Zumindest ANREGUNG 2 war eine Bestellung von Margot Honecker für einen pädagogischen Kongreß. Das war eine Pflicht- und Fleißarbeit. Schroth hat das Spektakel-Konzept eigentlich erst in Schwerin dann im Sinne Bessons weiter ausgearbeitet.

Halle war nichtsdestoweniger durch verschiedene Veranstaltungen wichtig: die nicht unumstrittene Dramatisierung von Kants AULA, Schroths Filmadaption ZEITGENOSSEN, das waren schon wichtige Unternehmungen in dem Sinne, das Theater für Gegenwartsfragen zu öffnen und auch die Leute mit Gegenwartsproblemen zu unterhalten. Insofern gehört Halle schon dazu. Aber erst in Schwerin ist diese Erscheinungsform, die dort »Entdeckungen« hieß – also Abende mit mehreren Angeboten, mit Speis und Trank und Tanz und ich weiß nicht was allem – voll entwickelt worden.

Sie haben die AULA in Halle angesprochen. Christoph Schroth hat sich in dem Sinne darüber kritisch geäußert, daß man sich nach einer gewissen Tabuzeit in den sechziger Jahren wieder DDR-Themen zugewandt habe, aber eben Bestätigungstheater dabei herausgekommen sei.

Das Theater in Halle wurde sehr unterstützt durch die politische Protektion, die es dort durch den damaligen Bezirkssekretär Sindermann gegeben hat. Letzten Endes war es natürlich ein affirmatives Theater und in keiner Weise ein Theater, das sich widerständig oder gar widerständlerisch geriert hätte. Seine Verdienste liegen darin, Möglichkeiten, die damals bestanden, auch nach oben hin ausgetestet zu haben. Die Inszenierung von Plenzdorfs DIE NEU-

Die neuen Leiden des jungen W. von Ulrich Plenzdorf
Regie: Horst Schönemann, Landestheater Halle, 1972
Foto Barbara Stroff

EN LEIDEN DES JUNGEN W. war sicher wichtiger und in gewisser Weise auch kühner als DIE AULA. Da verstehe ich den Vorwurf, daß das so ein bißchen auf ein Weglachen der DDR-Problematik hinauslief. Das war leicht, das war auch gut gemacht, das war ein bißchen ranschmeißerisch. Der JUNGE W. war da viel ernsthafter, glaube ich, und wirkungsvoller, in der Nachwirkung. AULA war der Erfolg. Heiner Müller hat einmal gesagt: Das eine ist Erfolg haben, das andere ist Folgen haben. Und mehr Folgen hatte, glaube ich, DIE NEUEN LEIDEN DES JUNGEN W.

Sie haben gerade zwei Begriffe verwendet: affirmativ und widerständig. Manchmal kam wohl beides zusammen. Können Sie sagen, wo die Trennlinie verlief?

Das ist schwierig. Wenn man genau hinsieht, gab es kein wirklich großes Theater, wo es nur Affirmation oder das unbedingte Befolgen der Parteilinie gegeben hat. Es wurde in Leipzig unter Karl Kayser anständiges und wichtiges Theater gemacht und nicht nur Linientreues. Genausowenig hat es wesentliches widerständiges Theater gegeben im Sinne eines das System total negierenden Dissidententums. Ich wüßte dafür kein Beispiel zu nennen. Die wichtigsten Zeugnisse des DDR-Theaters entstanden dort, wo auf der Grundlage einer Bejahung der Ziele einer sozialistischen DDR Theater gemacht wurde, das die Widersprüche, die Konflikte, die auf diesem Wege entstanden, mit verarbeitet hat. Das geschah in der Regel gegen den Widerstand von oben, weil man eine kritische Haltung nicht zuließ. Diese Theaterleute haben meist nicht gefragt, wenn sie Probleme bekamen: Warum sind wir verboten worden?, sondern sie haben sich selbst gefragt: Warum haben wir nicht das geschafft, was wir für richtig halten und von dem wir meinen, daß es das Richtige ist, nicht nur aus unserer subjektiven Befindlichkeit heraus, sondern auch im Interesse des Landes, des Staates, unserer Gesellschaft? Warum ist es uns nicht gelungen,

Die Aula von Hermann Kant.
Regie: Horst Schönemann Landestheater Halle, 1972
Foto Barbara Stroff

Die Aula von Hermann Kant
Regie: Horst Schönemann, Landestheater Halle, 1972
Foto Barbara Stroff

das verständlich zu machen? – Das war die vorherrschende Haltung. Aus solchen Haltungen sind Inszenierungen wie DIE SORGEN UND DIE MACHT oder MORITZ TASSOW entstanden.

Genau diese Erfahrung scheint mir von einer jüngeren Generation, die in den siebziger Jahren hervortritt, berücksichtigt worden zu sein. Diese Theaterleute gingen anders vor, wählten andere Stücke und probierten andere Theatermittel aus. Wer war da wichtig, was ist da passiert? Inwiefern bedeuteten die siebziger Jahre tatsächlich eine Weiterentwicklung?

Das war ein Suchen nach Möglichkeiten, sich politisch zu artikulieren mit Theatertexten, in die das zunächst einmal nicht direkt eingeschrieben ist – also die Klassiker durchscheinend zu machen für Gegenwartsprobleme. Das hat sicherlich dazu geführt, daß die Regisseure wichtiger wurden, im Sinne des auf diese Weise entstandenen Regietheaters. Und das ging so weit, daß man bei der Auswahl seiner Theaterbesuche nicht mehr sagte: »Ich gehe jetzt zur IPHIGENIE, sondern: »Ich gehe jetzt zu Alexander Lang«; daß als Motivation, ins Theater zu gehen, die jeweilige Lesart und ästhetische Interpretation eines Textes wichtiger wurde als der Text selbst. Was aber bei Künstlern wie Lang und Engel nicht zu einer Zerstörung der Texte führte, zu einer billigen Aktualisierung, zu einer Verflachung, sondern zu sehr ernsthaften Versuchen, aus der Durchdringung der historischen Tatbestände in diesen Texten Parallelen zu ziehen, Assoziationen für heute zu wecken – ohne banale Gleichsetzung. Und das waren auch die großen ästhetischen Erfolge. Engels NIBELUNGEN, die Gastspiele gegeben haben, oder seine PENTHESILEA in Dresden, das waren große Inszenierungen des DDR-Theaters, genauso wie Langs DANTON und SOMMERNACHTSTRAUM.

Was war mit Herbert König? Wir haben uns mit seinen Arbeiten beschäftigt, und sein Name fällt mir jetzt auch deshalb ein, weil

Fräulein Julie von August Strindberg
Regie: Herbert König, Bühnen der Stadt Magdeburg, 1973
Foto Jürgen Banse

Sie sagten, es habe grundsätzliche Übereinstimmung mit den Idealen gegeben. Aber der Weg dorthin war doch für jeden sehr unterschiedlich ...

Von König selbst habe ich zuwenig gesehen, um ihn umfassend und gerecht beurteilen zu können. Ich habe nur einen Horváth von ihm gesehen, wo er recht frei umging mit dem Stück, vor allem sehr viel Liedgut, Schlager und anderes dort unterbrachte, um das Stück angriffslustiger zu machen. König ist sicher der, der am äußersten Rand dieser Gruppe zu sehen ist, dort, wo bereits in der Person das größte widerständige Potential angelegt war. Also er war sicherlich am wenigsten ein Freund dieses Landes. Aber das sage ich mit Vorsicht.

Ein junger Regisseur, für den Sie sich sehr interessiert haben, war Frank Castorf. Bei ihm kommt sehr vieles zusammen, bis hin zu seiner Übereinstimmung mit Bessons Auffassung von Theater, auch in bezug auf diese stagnierende, langsam entschlafende Gesellschaft, wo wegzugehen die einzige Alternative war. Castorf, der das alles irgendwie für sich aufgreift, aufsaugt, es seltsamerweise aber nicht an einem wichtigen Ort entwickeln kann, sondern damit in Städten wie Senftenberg und Brandenburg anfängt und es in Anklam ausfeilt. Ich weiß, es war am Anfang schwierig, ein Anhänger Castorfs zu werden. Wie sind Sie es dennoch geworden?

Ich habe die allerersten Sachen nicht gesehen, sie haben mich aber neugierig gemacht, zum Beispiel diese Brandenburger Inszenierung GOLDEN FLIESST DER STAHL, die ist ja nur einmal gelaufen, dann war sie sofort verboten. In Senftenberg war er hauptsächlich Dramaturg.

Er hat dort angefangen mit kleinen Brecht-Sachen.

Das habe ich gar nicht wahrgenommen. Als er dann in Anklam war, wollte ich endlich mal eine Arbeit von ihm sehen. Wobei ich ehrlicherweise sagen muß, als ich zum AUFTRAG fuhr – meiner ersten Begegnung mit einer Arbeit von Castorf –, war das Motiv eigentlich mehr mein Interesse an Müllers AUFTRAG. Ich hatte davor die Uraufführung an der Volksbühne gesehen, die Heiner selber gemacht hatte. Danach gab es eine sehr schöne in Karl-Marx-Stadt von Axel Richter, und Castorfs war hier die dritte. Das war auch ein bißchen das Prinzip der Redaktion: So etwas verfolgt man, das wird mit der Uraufführung nicht abgehakt, sondern das ist so wichtig, und es gibt so viele Möglichkeiten, das zu inszenieren, das hat so viele Facetten, also gucken wir mal weiter, wie machen das andere. Das war also mein Motiv, nach Anklam zu fahren.

Und es war eine spektakuläre Premiere, mit großer Besetzung, Klaus Gysi und Gregor Gysi waren auch da, zusammen mit Theaterleuten aus Berlin. Man mußte da kein Zimmer nehmen, man wußte, selbst wenn man kein Auto hatte, man wird von irgend jemandem mitgenommen. Später bin ich dann zu NORA gefahren, zu einer normalen Vorstellung. Und da hatte er mich, der Castorf. Das Verrückte war: Ich hatte nicht nur große Mühe, es für die Zeitschrift zu beschreiben, sondern auch, es mir selbst zu beschreiben. Mir darüber klarzuwerden, was das denn ist, weil das Spiel nun wirklich aus allen bekannten Bildern und Klischees herausfiel. Bei aller Reduktion der Texte hatte ich nie das Gefühl, daß hier etwas gegen die Autoren, gegen die Stücke gemacht würde, sondern es wurden nur andere Möglichkeiten gesucht, das klarzumachen, die Situationen zu beschreiben, die Figuren aus anderen Blickwinkeln zu sehen. Das war einfach spannend. Nicht in einem dissidentischen Kontext, sondern es war eher exotisch. Er war ein sympathischer Verrückter, der dort anfing, mit dem Theater zu spielen. Von dem man auch nicht wußte, ob er selber wußte, was er da tat, ob ihm das selber klar ist, denn es war sehr verspielt und doch von einer großen Ernsthaftigkeit. Ich habe die NORA nie so gut verstanden wie in dieser Inszenierung, obwohl Männer von Frauen gespielt und Rolling-Stones-Titel gesungen wurden statt spanischer Tarantella, und alles so verrückte Sachen. Wäre das nicht gewesen, hätte mich der Castorf nicht interessiert. Ich habe lange gebraucht, zu verstehen, was dahinter ist. Und eins, glaube ich, war auf alle Fälle dahinter, was mir nachher bestätigt wurde in Gesprächen nicht nur mit Castorf selbst, sondern auch mit anderen Leuten über Castorf, wie Robin Detje, als er sein Castorf-Buch machte: Castorf hat mit der DDR nicht mehr gerechnet zu der Zeit. Für den war sie eigentlich schon passé. Man hatte das Gefühl, er hat in einem Raum gespielt, wo die DDR schon nicht mehr da war. Das hatte ihm diese Freiheit gegeben und auch den Inszenierungen diese Leichtigkeit und ihren Charme. Für Castorfs Anfänge war das, glaube ich, sehr wichtig.

Sie sagen, Castorf habe mit der DDR schon nicht mehr gerechnet und das habe ihm die Freiheit gegeben. Wieviel DDR war in seinen Arbeiten?

Ja, in den Figuren war sie drin, aber nicht als Milieu, nicht als etwas die Leute Hinderndes, die Leute Zwingendes. Ich meine, die DDR war für ihn kein Gegner und kein Zwang.

In Karl-Marx-Stadt inszenierte Castorf 1987 Müllers BAU *in einer Weise, daß man wirklich annehmen konnte, die DDR sei eigentlich schon zu Ende. Zwanzig Jahre zuvor hatten Sie sich selbst um dieses Stück sehr bemüht. Was ging in Ihnen vor, als Sie in Karl-Marx-Stadt im Theater saßen?*

Es war ja nicht die erste Wiederbegegnung mit dem Stück, davor hatte Fritz Marquardt den BAU an der Volksbühne inszeniert. Es ist mir da nicht anders gegangen als bei diesen Anklamer Sachen. Ich habe hinter der scheinbaren Zerstückelung des Textes immer noch den Autor und das Stück gesehen, wenn auch eher in einer Weise, daß es durchschaubarer wurde und daß es mehr über den Erkenntnisstand der Entstehungszeit des Stücks hinausging, vom Erkenntnisstand der Zeit der Inszenierung ausging und auch die kritischen Erfahrungen mit berücksichtigte, die das Publikum in der Zeit gemacht hatte. Und das war eben schon die Zeit neuer Hoffnungen, Perestroika, auch eines dadurch souveräneren Blicks auf das Stück und seinen Gegenstand.

Eine andere bahnbrechende Inszenierung war 1982 Heiner Müllers MACBETH in der Volksbühne, die zunächst vollkommen verstörend, aber auch sehr verlockend wirkte. Was war das Geheimnis dieser Arbeit?

Ja, so gefragt heißt immer, man sollte es möglichst mit einem Satz beantworten, und das ist auch hier sehr schwierig.

Eine ständige, wichtige Diskussion, die sowohl in der Gesellschaft, in der offiziellen Gesellschaft, als auch unter Theaterleuten geführt wurde, war: Gibt es eine historische Perspektive, gibt es ein letztes Fünkchen Optimismus oder Rationalität, das auf etwas Besseres hoffen läßt? Dieses Fünkchen schien in Heiner Müllers Inszenierung an der Volksbühne ausgelöscht zu sein. Es war eine sehr pessimistische Auslegung der MACBETH-Geschichte, die in der Stückfassung bereits vorgegeben ist und in der Inszenierung noch weiter radikalisiert wurde. Die Inszenierung wurde aus diesem Grund auch offen angegriffen. Es war das letzte Mal, daß ein Stück in dem Maße verurteilt worden ist, wenn auch nur mehr von einer FDJ-Kulturkonferenz. Sie sagten vorhin, es gebe immer einen Konsens, es würde schon alles irgendwie weiterbestehen und sich wahrscheinlich verbessern, wofür man aber einiges einzusetzen habe. Diese Arbeiten von Castorf, aber auch Heiner Müllers MACBETH haben in meiner Erinnerung gerade nicht diese Qualität, sondern man fühl-

te sich eher endlich einmal dankbar im Negativen bestätigt. Das kann natürlich jeder anders erlebt haben. Welchen Rang nimmt für Sie diese Arbeit ein?

Sicher ist richtig, daß dieses Fünkchen Hoffnung aus den Texten getilgt war. Das muß nicht heißen, daß es aus den Köpfen getilgt ist. Das kann man unterscheiden. Das Publikum war inzwischen durch viele Erfahrungen, politischer wie künstlerischer Art, wirklich reif für eine solche Weiterentwicklung. MACBETH war ja nicht nur hoffnungslos resignativ in der Vordergrundhandlung. Müller ging, was die Geschichte auch an Sozialem betrifft, bis zur Ebene unterhalb der Macbeth-Herrscher. Das hat dem Stück noch eine neue Dimension gegeben, in die man sich hineinversetzen und hineindenken mußte. Es ging auch darum, wie souverän man für sich damit umging. Ob man für das Gefühl, es ginge noch etwas im Leben, es ginge noch irgendwo weiter, es wäre noch etwas zu erledigen, unbedingt die Bestätigung der Bühne brauchte. Also insofern habe ich Müllers Texte nicht als Aufgabe, als Endpunkt empfunden. Ich glaube, da würde auch Müller widersprochen haben – hat er ja auch.

Das Programmheft bestand nur aus Fotos von der Ermordung Kennedys und einem Nietzsche-Zitat, in dem es sinngemäß heißt, die Erde treibe sinnlos im Weltall vor sich hin und würde irgendwann mal zermahlen werden. Ich denke, daß das durchaus eine Ansage war, mit einer bestimmten Art von Hoffnungstheater, das keine realistische Grundlage mehr hatte, aufzuhören.

Ja, das ist richtig, aber das bedeutet doch nicht für mich, daß ich keine Hoffnung mehr haben darf, sondern das kann mich herausfordern, dem etwas entgegenzusetzen. Etwas anderes zu finden. Ich muß mich dem nicht ausliefern.

Die trübe Stimmung und der ausgiebig zelebrierte Pessimismus kamen nicht von ungefähr. Das letzte Drittel der DDR wird von der Ausbürgerung Biermanns eingeläutet, 1976. Bald darauf gehen auch viele Theaterleute in den Westen. Welche Rolle spielte Biermann in Theaterkreisen?

In der Zeit, als ich am Deutschen Theater war, tauchte Biermann mindestens jeden zweiten Abend in der Kantine auf und hatte immer »zufällig« die Gitarre mit und ließ sich erst mal bitten, doch etwas zu singen – machte er auch ganz schnell. Das war als Kneipenunterhaltung prima. Das haben wir dann sogar versucht, na ja, offiziell zu machen. Es hat eine Arbeitsgruppe am Deutschen Theater gegeben, die ein Biermann-Programm machen wollte. Das war die Zeit, als er noch gelegentlich im Rahmen von »Jazz und Lyrik« auftreten durfte. Und wir haben ein richtig schönes Programm gemacht, nicht nur Biermann sollte auftreten, sondern auch Fred Düren und Elsa Grube-Deister waren eingebunden, weswegen wir ein paar heftige Diskussionen innerhalb der Theaterleitung hatten. Aber wir haben es dann sogar bei Wolfgang Heinz durchgekriegt, doch als es konkret werden sollte, wurde das Programm von ganz oben verboten. Das war, glaube ich, auch 1965, im Zusammenhang mit dem 11. Plenum. Biermann gehörte so ein bißchen zum Theater, weil er dauernd da war, und da haben wir ihn gebeten, die DRACHEN-Übersetzung zu machen, was dann, wie ich meine, an seiner Faulheit gescheitert ist.

Es ging auch um die Frage, ob es eine besondere Nähe zwischen Biermann und dem Theater gab, die heute nicht mehr so bekannt ist. Es fällt auf, daß sich besonders Schauspieler und Theaterautoren mit ihm solidarisierten im Zuge seiner Ausbürgerung, mehr als andere künstlerische Berufsstände.

Biermann war so ein Kumpeltyp. Er ritt in die Kantine ein und war mit allen per du. Natürlich waren die Texte auch gut. Man hat das klammheimlich gern gehört, nicht? Die Frechheit machte ja auch Spaß. Die Solidarität galt natürlich dem Kollegen, der Protest dem rigorosen Akt der Ausbürgerung.

Wir sprachen vorhin über die Entwicklung dieser Besonderheit des Assoziativen, die in den siebziger Jahren von der DRACHEN-Inszenierung ausging. In der Regel wurde darauf geachtet – sonst funktioniert es auch nicht –, daß diese Assoziationen verständlich sind. In Castorfs frühen Sachen und auch in dieser Müller-Arbeit wurde, glaube ich, ganz bewußt darauf verzichtet. Gab es da auf einmal eine neue Art von Theaterverständnis, das sich nicht länger auf jene Traditionen des aufklärerischen und die Verhältnisse durchleuchtenden, verstehbar machenden DDR-Theaters berief? Daß da etwas anderes begann, was später in den achtziger Jahren in vielen anderen Aufführungen, zwar nicht als bestimmend, aber doch häufig wiederzufinden war?

Das ist richtig, doch andererseits gab es seit diesen Inszenierungen in der politischen Realität neue Zeichen und neue Hoffnungen und möglicherweise auch neue Illusionen, die eben mit Gorbatschow und Perestroika verbunden waren. Ich glaube, man kann auch diese beiden Dinge im Zusammenhang sehen. Ich kann meine Hoffnungen auch woanders sehen als im Theater, und Theater und Kunst können mich stärker motivieren, auch durch Gegendruck, durch Angst und Schrecken, durch Bilder einer Perspektivlosigkeit.

Offiziell wurde das aber natürlich nicht gutgeheißen.

Nein. *(lacht)* Für MACBETH bestand trotzdem keine echte Gefahr mehr. Es gab eine offizielle Stimme dagegen, das war die FDJ, nicht die Partei, auf einer Tagung nicht in Berlin, sondern in Leipzig, das war schon ein Nebenkriegsschauplatz und ist von niemandem mehr richtig ernst genommen worden.

Dann war es also tatsächlich so, daß sieben Jahre vor dem Ende der DDR nicht mehr mit ihr gerechnet werden mußte. Dazu ein Satz von Heiner Müller aus der Zeit, als bestimmte Stücke von ihm gespielt werden durften: Jetzt wird nicht mal mehr das verboten, es ist eigentlich zu Ende.

Ja, das beginnt etwa mit MACBETH oder ein wenig danach.

Eine besondere Rolle fiel auch der Theaterkritik zu. Sie selbst als Kritiker sahen sich dem Theater nahe. Warum?

Die Innensicht des Theaters, die mir als Dramaturg am Deutschen Theater erlaubt war, das Teilnehmen an dem Prozeß, die direkte Kenntnis vom Prozeß, wie Theater gemacht wird, wie Regisseure arbeiten, wie Schauspieler arbeiten, wie Schauspieler sind, wie Schauspieler leben, wie Schauspieler trinken, alle diese Erfahrungen haben mir zu einer anderen Qualität als Kritiker verholfen. Ich mußte wieder zurück, aber ich war jetzt einfach durch diese vierjährige Theatererfahrung ein anderer, und ich kann eigentlich nur jedem Kritiker wünschen, so etwas durchzumachen. Andererseits hat es wiederum mit der Gesamtsituation zu tun, weshalb ich mich stärker an der Seite oder als Teil des Theaters gesehen habe. Ich war auch nicht im Journalistenverband, die haben mich überhaupt nicht interessiert, ich war im Theaterverband, und ich habe mich als Kritiker immer als Verbündeter des Theaters, als Partner des Theaters gesehen, dessen Aufgabe es ist, nicht nur Propagandist des Theaters zu sein, nicht nur Vermittler gegenüber dem Publikum, sondern soweit es geht und möglich ist, auch ein helfender Freund. Während der zwanziger Jahre wäre es für einen Kritiker unmöglich gewesen, in eine Theaterkantine zu gehen. Es gibt heute noch solche Berufsauffassungen, daß man als Kritiker mit dem Theater nichts zu tun hat, um seine Unabhängigkeit nicht zu gefährden. Auf diese Unabhängigkeit habe ich gepfiffen, das hat mich nicht interessiert. Soweit es ging, habe ich mir ausgesucht, wo ich hinfahre. Zum Beispiel sagte ich mir: »Jetzt fahre ich ganz gezielt eine Zeitlang nach Schwerin. Ich will das dort verfolgen, ich will, daß denen dort auch geholfen wird.« Schroth hatte es fünf Jahre lang in Schwerin sehr schwer, bis zum FAUST. Er war zwar in Berlin im Ministerium anerkannt, aber in Schwerin war es ein Untergrundkampf gegen die Behörden. Wir konnten bei *Theater der Zeit* doch sehr nach unseren eigenen Wünschen und Neigungen verfahren und eben auch strategisch versuchen, bestimmte Linien zu verfolgen und auch Zeichen zu setzen. Für mich war Schwerin eine wichtige Geschichte. Als Regisseur habe ich Alexander Lang eine Weile sehr intensiv verfolgt, weil er mich sehr interessiert hat, als Autor ist es Heiner Müller gewesen, über den ich doch mehr und mehr schreiben konnte. Theaterkritik war für mich durchaus nichts Unparteiisches, sondern manchmal etwas sehr Parteiisches. Und dazu stehe ich auch.

Die helfende Kritik, das war eine weitere DDR-Spezialität. Wir haben sie auch in anderen Bereichen gesehen, in der Literatur, in der Kunstkritik, die helfende Kritik war eigentlich die wohlmeinende, sanft aufmerksam machende Kritik. Zerfetzen gab es nicht, und die vernichtenden Kritiken wurden meist von oben durchgestellt. Welche Gefahren gab es bei der helfenden Kritik? Die helfende Kritik wendet sich im Grunde an den Kunstproduzenten und nicht so sehr ans Publikum. Würden Sie in der Rückschau sagen, daß die helfende Kritik auch ihre schwachen Seiten hatte oder daß man noch mehr hätte machen können?

Es war immer eine Gratwanderung. Man mußte beides zu verbinden suchen, sich sowohl gegenüber den Produzenten als auch gegenüber dem Publikum verständlich machen. Das Publikum sollte ja auch was davon haben – und sollte auch ins Theater gehen. Also es ging nie darum, Theaterbesuch zu verhindern. Die DDR war ja so klein, und jeder kannte jeden im Theaterbereich. Man hatte in jedem Fall die Gelegenheit, auch zu sagen: »Paß mal auf, Christoph, das habe ich aus dem und dem Grund nicht geschrieben, aber ich will dir doch mal das und das noch sagen.« Also das konnte man immer tun. Rücksichten mußte man gelegentlich nehmen, um nicht die Pferde scheu zu machen. Ein zu großes Lob bei einer Geschichte konnte schon mal dazu führen, daß die falschen Leute sagten: Moment mal, was die da machen, das gucken wir uns doch mal genauer an. Helfend war nicht gemeint als so von oben herab, väterlich oder so, sondern auch schützend.

Wie sehen Sie das im Verhältnis zu den Tageszeitungskritikern, die es in beträchtlicher Zahl gab? Welche Aufgaben oder welche Strategien haben die verfolgt?

Die waren natürlich viel stärker abhängig von Weisungen als wir, von Vorab-Orientierungen, die sie jeweils von ihren Parteileitungen bekamen, auf welche Weise sie etwas einzuschätzen hatten. Es gab ja auch die Blockparteien, die ihre Zeitungen hatten und ihre Kritiker. Die Tageszeitungen hatten ihren wöchentlichen Befehlsempfang, jede Woche gab es die Einberufung der Chefredakteure bei der Agitationskommission des ZK.

Welche Rolle hat der Theaterverband gespielt? War das mehr eine helfende oder eine kontrollierende Instanz?

Er spielte eine sehr zwiespältige und merkwürdige Rolle zum Teil. Also: Er war natürlich zur Domestizierung der Theaterleute gegründet worden. Die Theaterleute hatten zunächst keinen Verband. Alle anderen Künstler hatten ihre Fachverbände, über die sie beeinflußt werden konnten. Die Theaterleute hatten das nicht. Es gab nur die Gewerkschaft Kunst, in der war man drin, aber in der Gewerkschaft wurden Ferienplätze verteilt und über das Kantinenessen befunden. Dort geschah politisch normalerweise nicht viel, außer wenn Erklärungen abgegeben werden mußten. Der Theaterverband sollte ein Aufsichts- und Kontrollorgan, ein Steuerungsorgan sein. Er ist es nur zum Teil geworden. Es gab Fälle, wo auch *Theater der Zeit* als Organ des Verbandes einfach befehlsmäßig durchgestellt wurde, wir mußten auch Beschlüsse ausführen oder uns Beschlüssen stellen, hatten aber als Verband auch ein gewisses Eigenleben bekommen. Das hatte mit konkreten Leuten zu tun, die dort im Apparat saßen, das waren nicht nur Opportunisten und Dogmatiker und Befehlsempfänger, sondern darunter gab es ganz vernünftige Leute, die sich beispielsweise um Wilson-Videos gekümmert haben. Der Theaterverband hat außerdem vielen Theaterschaffenden – auch mir – Reisen ermöglicht. Es ging zwar nicht nach Paris, aber nach Warschau, nach Moskau, also in das gesamte östliche Ausland. Das waren die guten Seiten, die produktiven Seiten dieses Verbandes, der auch versucht hat, Prozesse zu steuern und manches unter dem Deckel zu halten. Beides gehört zur Geschichte des Verbandes.

Wagen Sie ein Fazit im Rückblick?

Die Qualitäten des Theaters in der DDR wurden wesentlich durch dieselben Bedingungen erzwungen, nach denen die Gesellschaft als Ganzes funktioniert hat. Leben, Arbeit beruht auf Anpassung. Das heißt, das Theater hat sich natürlich diesen Bedingungen angepaßt. Es hat nicht in allem frei reden können, sondern mußte ebenfalls verschlüsseln, mußte Übersetzungen schaffen, Übersetzungen in Bilder, in Zeichen. Das bedeutete eine große Anstrengung, und das hat die Mittel geschärft, die Konzentration erhöht, das hat zu Kunstleistungen hoher Art geführt, die auch dem Zuschauer verständlich waren. Es geht also um eine Qualität, die dem Druck drumherum geschuldet war. Das ist das Gute und das ist das Schlechte. Wir sehen jetzt, daß ohne Druck das Theater wieder langweiliger wird. Trotzdem werden wir uns den Druck nicht zurück wünschen. Man kann den Druck im nachhinein nicht entschuldigen oder rechtfertigen als Quelle und Ursache dieser Qualität. Es war eben so.

(Das Gespräch führten Thomas Irmer und Matthias Schmidt.)

Die besten Theater der achtziger Jahre zeichnen sich dadurch aus, daß ihre Regisseure mit einem breiten Repertoire, auf lange Sicht aufgebauten Ensembles und einem eigenen Regiestil die Stagnation im Land mit welthistorischen Themen verbinden oder zumindest einen Bezug dazu aufscheinen lassen: In Dresden inszeniert Wolfgang Engel Hebbels Die Nibelungen als politisch verantwortungslose Kleinbürger, die in den großen Weltenbrand treiben. In Schwerin behandelt Christoph Schroth mit seinen »Antike Entdeckungen« das Thema Krieg auf ähnliche Art. Das Wettrüsten der beiden Supermächte ist zweifellos ein großes Thema – doch die Fragen nach dem realen Sozialismus finden hier kaum eine Antwort, ja sie werden nicht einmal gestellt.

In Berlin gilt das Deutsche Theater mit einem hervorragenden Ensemble und den Regisseuren Thomas Langhoff und Alexander Lang als unvergleichliche Spitzenbühne. Lang setzt in einem Doppelprojekt mit Goethe und Grabbe das Verhältnis zwischen Krieg und Humanität in ein überraschend neues Verhältnis: die Welten des kriegerischen Herzog Theodor von Gothland und der Iphigenie sind keineswegs so verschieden, wie bisher angenommen. Auf andere Weise setzt sich hier die Idee von Müllers Macbeth fort. Die Welt ist im Großen hoffnungslos, im Kleinen oft nur trist.

Frank Castorfs Wanderung durch die Provinz

Eine Ironie der Theatergeschichte: Ausgerechnet Karl Grünbergs GOLDEN FLIESST DER STAHL, das Propagandastück aus den frühen Aufbaujahren, wird für den studierten Theaterwissenschaftler Frank Castorf zum Anlaß für den ersten Konflikt mit den Kulturbehörden – in der Stahlarbeiterstadt Brandenburg. Castorf wird daraufhin als Oberspielleiter nach Anklam »verschickt«, wo er eine Truppe um sich versammelt, die die in der DDR geltenden Theaterkonventionen mit Lust und Verstand verbiegt. Castorfs Theater knüpft an viele Traditionen zugleich an, um etwas ganz Eigenes zu werden: Als Student hat er seinen Brecht gelesen und die Vitalität der Volksbühne Bessons bewundert; seine Bildräume sind stark vom Surrealismus geprägt; und Aufführungen sollen durch szenische Aktion eine Unmittelbarkeit gewinnen, wie sie auf Fußballplätzen und Stones-Konzerten zu finden ist.

Ja, ja, weiter im Zusammenbruch: Frank Castorf

Frank Castorf, geboren 1951, Abitur und Facharbeiterabschluß bei der Deutschen Reichsbahn, anschließend Studium der Theaterwissenschaft an der Humboldt-Universität, ab 1976 Dramaturg in Senftenberg, danach Regisseur in Brandenburg, 1981 bis 1985 Oberspielleiter in Anklam. Bis 1990 aufsehenerregende Regiearbeiten in Karl-Marx-Stadt (Ibsens EIN VOLKSFEIND, Heiner Müllers DER BAU), Gera (Goethes CLAVIGO), an der Volksbühne (Paul Zechs DAS TRUNKENE SCHIFF, 1988; Schillers DIE RÄUBER, 1990) und am Deutschen Theater (PARIS, PARIS, nach SOJAS WOHNUNG von Michail Bulgakow, 1988). Seit 1992 Intendant der Volksbühne am Rosa-Luxemburg-Platz.

Frage: Was bedeutete es für Sie, als Sie 1976 in Senftenberg, in der Provinz, als Dramaturg angefangen haben? War das ein hoffnungsvoller Moment, oder haben Sie sich darüber geärgert, von Berlin aus an ein soviel kleineres Theater gehen zu müssen?

Castorf: Nein, eigentlich nicht. Mein Kommilitone Erhard Ertel war ja dort, der kam aus Senftenberg, und deshalb war Senftenberg eines der wenigen Theater, die ich außerhalb Berlins ein bißchen kannte. Ich wollte eigentlich wieder zurück zur Universität und ein Forschungsstudium anfangen.

Hatten Sie irgendwelche Vorstellungen darüber, was Sie in Senftenberg machen müßten oder wie Sie sich als Absolvent einbringen könnten?

Ich hatte als Student ein Praktikum an der Volksbühne gemacht, 1974 glaube ich oder 1975, und das war ganz schön. Aber mitzulaufen in so einem großen Troß, so wenig wirklich selbst machen zu können, schien mir nicht günstig. Deshalb habe ich mich wahrscheinlich für etwas entschieden, was man nicht einschätzen konnte.

Die Überlegung, dort vielleicht eine andere Form von Freiheit zu haben, spielte eine Rolle. Senftenberg war ein normales Drei-Sparten-Theater gewesen, nicht unsympathisch. Das Schauspiel hatte einen ganz guten Namen, war aber absolut dominiert von einem Intendanten, der für eine starke politische und ästhetische Anbindung ans Gorki Theater stand.

Es ist schwer, sich daran zu erinnern, weil's auch nicht so wahnsinnig wichtig war. Wichtig war für mich, mitzuarbeiten, zu versuchen, Konzeptionen zu schreiben und: Welche anderen Ebenen kann man noch entdecken, wenn man ein Stück liest? Das war nun meine Aufgabe: der Versuch, für ein bestimmtes Stück eine Übersetzung zu finden, also andere Assoziationen freizusetzen. Für zwei, drei Jahre war das ganz interessant.

Die Gegend, die Menschen dort in der Region, die in der Kohle gearbeitet haben, das alles war einem zweifellos schon ein bißchen fremd. Das Senftenberger Theater war eine der wenigen Neugründungen nach 1945 und hatte eine gewisse Anbindung an die Leute, die in der Gegend lebten und arbeiteten. Das Klima war nicht schlecht, im Gegensatz zu Anklam später.

Gab es Überlegungen, speziell für dieses Publikum zu spielen oder einen Spielplan zu machen?

Ich habe da zum Beispiel Stücke von Arnold Wesker und Bulgakow vorbereitet, für den Regisseur inszenatorisch aufbereitet. Und dann war ich mit auf den Proben. Aber da ich den Unterschied zwischen Regie und Dramaturgie nicht richtig kannte, habe ich das wohl verwechselt und wollte inszenieren. Wollte sagen, was die Schauspieler tun sollen, und am liebsten, wie sie's tun sollen. Das hab' ich ihnen dann vorgespielt, mit etwas unfreiwilliger Komik. Und dann machten mich die Regisseure darauf aufmerksam, daß das nicht meins wäre. Da saß ich wieder in der Dramaturgie, die war nicht so geräumig, und habe dann versucht, möglichst wenig in Senftenberg anwesend zu sein, was arbeitsrechtliche Konflikte nach sich zog. Das könnte man auch politisieren, aber das hatte, glaube ich, schon etwas mit meiner anderen Vorstellung von Theater zu tun.

Inwiefern war die Atmosphäre an dem Haus politisch durchdrungen? Sie sagten, der Intendant hätte eine eigene Note gehabt und damit auch sehr viel bestimmen können?

Es war ein bestimmtes Menschenbild, das man dort sehen wollte. Klein erzählte Geschichten, Stoffe wie PROTOKOLL EINER SITZUNG, wo man über die Arbeitsmoral nicht nur der Werktätigen, sondern auch der Leitung diskutierte. Das hatte eine gewisse politische Brisanz in der DDR. Was der Leitung dort wichtig erschien, war ein bestimmter Realismus-Begriff, eine bestimmte Form von parteilicher Kritik. Da waren ja die Maßstäbe eines solchen DDR-Theaters ziemlich deutlich gesetzt. Der Intendant war relativ engagiert, das war seine erste Intendanz, er wollte einen bestimmten Erfolg innerhalb dieser DDR-Theaterlandschaft, und er hat ja auch um ein bestimmtes Niveau gekämpft.

Diese Stücke, die in der Produktionsrealität spielen wie PROTOKOLL EINER SITZUNG haben im DDR-Theater eine lange Tradition. In Brandenburg, also einer wie Senftenberg industriell geprägten Stadt, haben Sie später eines der frühen Produktionsstücke inszeniert, Karl Grünbergs GOLDEN FLIESST DER STAHL. Daraus entstand eine größere Auseinandersetzung. Warum? Was hat sich da abgespielt?

GOLDEN FLIESST DER STAHL hatte ich im Studium gelesen. Das ist ein Stoff, der mir damals ziemlich gefallen hatte. Auf der einen Seite gab es die kritischen Stücke von Müller, bei denen man natürlich immer das Gefühl hat, daß sie in sich eine starke ideologische Prägung haben, der man sich anschließen konnte. Stücke wie BAU gingen in ihrer Auseinandersetzung, so kritisch sie waren, eigentlich doch konform mit der DDR. Es gab immer noch die Idee, daß man für diesen anderen deutschen Staat anders eintreten mußte, daß man auf kritische, teilweise sehr harte und aggressive Art diese Gesellschaft analysierte, dann aber auch irgendwo mit dem Gefühl: Du kannst DDR zu mir sagen, man gehört dazu.

Und das andere war – wie in GOLDEN FLIESST DER STAHL – die totale Identifikation mit der DDR-Wirklichkeit, eine Identifikationswut. Da hat man natürlich einen kabarettistischen Bilderbogen gehabt, und der war von einer schlagenden unfreiwilligen Komik, hatte etwas ganz Naives. Und war deshalb ungeheuer entlarvend. Der Stalinismus und diese Themen in GOLDEN FLIESST DER STAHL, wie sie Müller auch hat, zum Beispiel die Drohung der Arbeiter zu streiken, natürlich mit einer ganz anderen Zielsetzung – da war immer noch die politische Bedrohung zu erkennen. Das Stück wurde ja geschrieben im Vorfeld der Schauprozesse, die durch Europa rasten und erst 1953 kurz vor der DDR halt gemacht haben. Das waren schon starke Stoffe: zu streiken, zu rebellieren, auch dieses ständig vorhandene »Wir verlassen dieses System«, natürlich immer vor dem Hintergrund, daß es die 5. Kolonne gab, die CIA, die Bonner Ultras, die abwerben, die eingreifen, zu denen sich natürlich auch ethisch-moralisch Depravierte, die letztlich alte Nazis oder neue Nazis waren, hingezogen fühlten. Und auf der anderen Seite kamen dann immer solche Sätze wie »Sagen Sie's mir doch, sagen Sie's mir doch, daß die Russen ihn abgeholt haben«.

In dem Stück geht es um einen verschollenen Mitarbeiter, einen Ingenieur, der sich der neuen Sache zur Verfügung gestellt hatte, den man Gold-Paule nannte wegen seiner Goldzähne. Und Gold ist eben auch in der Stahlschmelze nachweisbar, was dann wieder zu dem Einsatz der jungen Avantgardisten führte, der jungen FDJler. Also, es war eine merkwürdige Naivität, wie man eine Gesellschaft künstlerisch zu spiegeln und Stellung zu beziehen versuchte in bezug auf das, was gut und was schlecht ist. Das hat mir sehr gefallen, und rein intuitiv wußte ich, daß das zweifellos weder ästhetisch noch politisch, noch in irgendeiner Form 1979 konsumierbar war, daß es zwangsläufig zu Konflikten kommen mußte. Und das war dann auch der Fall.

Eigentlich eine absurde Situation, daß diese Theaterleitung oder die Parteileitung ihre eigene Propaganda darin sah.

Das war nicht mehr ihre Propaganda. Sie haben doch gemerkt, daß sie angegriffen werden. 1979, das war der 30. Jahrestag der DDR. Sie sahen, je ernster das gespielt wurde, um so mehr wurde auf etwas aufmerksam gemacht: nämlich daß die gesellschaftspolitischen Avantgardismen oder Initiativen aus Ulbrichts Anfangszeit selbstverständlich nicht mehr vorhanden waren. Und daß man diese kleine Stabilisierung der Honecker-Zeit und das ganze System als historische Adaption vorführen konnte – das haben sie genau gemerkt, mit diesen großen Posen und diesem Pathos in dem Stück. Es war eine böse Inszenierung, die sehr ernsthaft daherkam, mit einem realistischen Bühnenbild. Und Menschen sprachen Sätze, bei denen es einen manchmal schauderte, weil darin natürlich der ungebrochene Stalinismus zu spüren war.

Welche Folgen hatte das für Sie?

Die Inszenierung ist vor der Premiere abgesetzt, dann wieder ins Programm genommen worden, mit der Unterstützung des damaligen Oberspielleiters. Sie waren sich unsicher, wie sie darauf reagieren sollten, denn sie hatten doch keine wirklichen Gründe. Uns wurden auch handwerkliche Fehler vorgeworfen, daß wir keine richtige Schauspieler-Menschenführung hätten, daß wir uns als Ideenfinder und nicht als Menschen- oder Figurengestalter empfinden würden. Das passierte später in Anklam auch, daß man die Dinge, so wie sie waren, nicht ausgesprochen hat, sondern versuchte, dafür Umschreibungen zu finden: Wir hätten die Probenzeit nicht optimal ausgenutzt, mit den Proben sei zu spät angefangen worden, und deshalb – so hieß es – seien die Regisseure für dieses Theater eigentlich nicht tragbar. In der Kreisleitung der Partei wurde für uns eine Patenschaft übernommen, damit sollte das Ganze gemäßigter werden.

Eine Patenschaft der Partei?

Durch den Oberspielleiter, der nun alles zum Guten führen sollte. Nach dem Motto: Lieber was tun, bevor das Kind in den Brunnen gefallen ist. Brandenburg war ja ein Theater, das einen bestimmten Stellenwert in der DDR-Theatergeschichte hatte. Herbert König war da, man sah genau hin – es war Berlin-Nähe, das war das Gefährlichste. Neben Potsdam galt das Brandenburger Theater als verhältnismäßig attraktiv, da waren sehr viele interessante Schauspieler, mit denen ich auch später gearbeitet habe. Also, es herrschte das Klima einer gewissen Anarchie, der Wunsch, sich künstlerisch anders zu artikulieren. Natürlich auch unter dem Einfluß des Zadek-Theaters, Pina Bauschs oder Peter Steins und der Schaubühne, solche Einflüsse sind ja sehr wach registriert worden. Und das sind natürlich bürgerliche Einflüsse.

Ich kann mir vorstellen, daß Sie von der Berliner Universität noch ganz andere Ideen mit im Gepäck hatten.

An der Humboldt-Universität hatte ich mich mit den historischen Entwicklungen des Theaters im Sozialismus beschäftigt, mit der Bewegung des Proletkults, der Avantgarde, die ja immer für sich in Anspruch nahm, letztlich an der Formung des neuen Bewußtseins teilhaben zu dürfen und zu müssen, als Kulturfront neben der Arbeits- und Wirtschaftsfront, neben den politischen Fronten. Von Eisenstein über Meyerhold, Tairow, Bachtin, Bogdanov, also da waren viele Sachen, die uns beeinflußt haben. Und dann kam man nach Senftenberg und merkte: Man sitzt im falschen Film, und man wußte: Man bleibt nicht in dem Film, und die einzige Gefährdung privat war in Senftenberg natürlich der Hang zum Alkohol. Eins konnte man immer: Alkohol trinken. Dazwischen hat man größenwahnsinnige Modelle gesponnen, die natürlich in so einem Raum, mit so einer Bevölkerung gar nicht realisierbar waren. Die Erscheinung in Senftenberg war ja nicht unfreundlich. Es war bloß so, wenn man gemerkt hat: Du mußt dich jetzt entscheiden, wenn du jetzt hier bleibst, guck dir am Senftenberger See vielleicht ein schönes kleines Grundstück an, leg dir einen Weinkeller an, fragte man sich: Und das war's dann, oder?

In Brandenburg haben wir mit Freunden und Kommilitonen versucht, relativ naiv das zu machen, wovon man denkt, daß man es machen muß. GOLDEN FLIESST DER STAHL mit jugendlichem Übermut, gar keine Frage, mit der Lust auf Provokation. Das war stets eine narkotisierte Gesellschaft, wenn man früh in den Zügen, ob nach Senftenberg oder Brandenburg, später nach Karl-Marx-Stadt, nach Gera gefahren ist, Montag hin und Freitag zurück, das waren alkoholisierte Unternehmungen. Der gesamte Zug war im Prinzip besoffen, man wollte diese Realität nicht wahrnehmen, diese Realität – die politische, daß da etwas passieren könnte. Das war ja diese moderate Diktatur, wo man zwar Ärger kriegte, aber die hatte ja nicht mehr die Durchschlagskraft einer physischen Vernichtung wie zu Anfang der fünfziger Jahre. Nach dem 20. Parteitag hatte sich doch vieles verändert, worüber man sicherlich viel zuwenig nachgedacht hat und deshalb auch nicht getan hat, was man hätte tun müssen.

Es gab sozusagen die offene disziplinarische Bewertung Ihrer Arbeit als Regisseur, es gab hinter vorgehaltener Hand ästhetische Vorbehalte, und es gab auch ideologische Zuschreibungen. Von heute aus gesehen stellt sich das so logisch dar, daß man die Begriffe sauber trennen kann. Haben Sie das damals auch so klar gesehen und gesagt: Okay, jetzt schützt uns der Oberspielleiter ein bißchen, nun können wir vielleicht die Schraube ein wenig anziehen?

Na ja, der Spaß war auch das Spiel mit der Täuschung. Ich wußte, wenn man in den ästhetischen Annalen des DDR-Kulturbewußtseins stöbert, hatte man das gar nicht gern, weil es einfach peinlich war, daß es aber, wie peinlich es auch sein mochte, etwas über den Zustand der Gesellschaft ausdrückte. Das kolportagehafte Moment hatte für mich etwas sehr Analytisches: daß man sehr genau sehen kann, was nicht stimmt oder was im Ansatz der DDR vielleicht sogar wichtig gewesen war, um sich gegen die Bundesrepublik abzusetzen. Das hat auch etwas zu tun mit der Aufarbeitung des Bewußtseins von 1933 bis 1945. Mit einem Mal wird das so übergangen – wie ältere Menschen, die man in ein Altersheim einsperrt und von denen man dann nichts mehr wissen will. Es war klar, daß es Ärger geben wird, und es gab ihn auf ganz verschiedene Art. Ein Dramaturg machte auf die konterrevolutionären Tendenzen aufmerksam – was von anderen wieder blockiert wurde: Politisch könne man gar nichts sehen, aber die Ästhetik, die käme doch eher von dieser dekadenten Westlinken. Die sollen erst mal lernen, wie man auf der Bühne einen richtigen Lacher produziert und uns nicht mit ihrem Verfremdungsmüll überschwemmen. Da gab es ganz unterschiedliche Aversionen, man kann nicht sagen, das sei nur politisch von der Partei gesteuert gewesen.

Wenn Sie sich auf die sowjetische Avantgarde beriefen, war das eine kluge Verteidigung? Wurde die akzeptiert?

Das wurde gar nicht wahrgenommen, weil sie davon keine Kenntnis hatten. Wenn sie sich darauf bezogen, dann nur auf Majakowski als einen Dichter der Partei. Sein Selbstmord, seine Schwierigkeiten waren weniger bekannt. Bei vielen war da gar kein Bewußtsein. Trotzki, die Schauprozesse, die Richtungskämpfe, das Phänomen Stalin, das wurde alles ignoriert, darüber wurde nicht geredet in der Breschnew-Zeit. Die einzig richtige und denkbare Zeit im System ist ja nur die, die im Augenblick ist. Was kommt, wissen wir nicht, da halten wir uns zurück, und was war, darüber reden wir nicht gern, dafür hatten wir den 20. Parteitag, damit war die Angelegenheit ad acta gelegt. Wenn man sehr weit in die sowjetrussische Vergangenheit gegangen ist, hat man sich damit keine Freunde gemacht.

Auf den ersten Blick erscheint es ein bißchen paradox: einerseits eine vitale oder regellos ungebundene Energie in Ihrer künstlerischen Arbeit, andererseits auf das Recht pochen, wenn es um arbeitsrechtliche Auseinandersetzungen ging. Doch wieder zurück zu Brandenburg: Sie waren überzeugt davon, eine richtige, im künstlerischen Sinne bestandsfähige Inszenierung abgeliefert zu haben und daß Ihnen aus anderen Gründen gekündigt wurde.

Die fristlosen Entlassungen waren ja nicht politisch begründet, die fielen eindeutig in das Gebiet des Arbeitsgesetzbuches. Deshalb konnte man sich dagegen wehren. Man hatte versucht, sich Kategorien des Arbeitsgesetzes der DDR gegen uns rauszusuchen, gegen die wir verstoßen hätten. Hatten wir aber nicht, und das konnte unser Anwalt Gregor Gysi auch ziemlich deutlich formulieren. Der Richter in Brandenburg hat uns recht gegeben, nämlich daß Arbeitsverträge bestanden, und die müßten nun seitens der Arbeitgeber eingehalten werden. Er hat das ein bißchen süffisant gesagt, mit dem Unterton: Macht eure politischen Prozesse woanders, aber nicht bei mir. Und hier wurde natürlich auch deutlich, wie groß der Spielraum, auch im DDR-Rechtswesen, bisweilen war – man konnte es so oder so auslegen. Ich habe das Geld nachgezahlt bekommen, und das erste, woran man dachte, war: Das ist eine erste Schlacht, die man für sich zumindest als gewonnen abbuchen darf. Man bewegte sich in einem solchen militärischen Denken, man wußte, man muß den nächsten Guerrilla-Angriff möglichst erfolgreich mit möglichst wenig eigenen Verlusten abschließen. Wir sind dann über zwei Jahre bezahlt worden, brauchten aber nie zu arbeiten. Ich meine, das war in der DDR damals auch ein ziemlicher Idealstatus, also das war sehr in Ordnung. Und dann kam eben dieses Angebot: Wollt ihr nicht auflösen? Das hatten sicherlich ministerielle Stellen angeregt, die sich mit dem Theater beschäftigten und die dann daraufhin versuchten, einen Ausgleich zu finden – daß man eben von dort weggeht, an ein anderes Theater.

Eins war mir natürlich völlig klar, daß es bestimmte politische Kräfte im Hintergrund gab. Für uns ging es nur um die Frage, wie wir die nächste Arbeit angehen konnten, ob man eine weitere Premiere rausbringt, was ja auch eine Möglichkeit war, sich unabhängiger zu machen. Über Arbeit konnte man sich definieren, Arbeit konnte gesehen werden, künstlerische Arbeit wurde ja durch das Gerücht, von Mund zu Mund weitergetragen. Nicht durch die Presse. Wichtig war der subjektive Faktor, daß man sagt: Das ist gut, das ist wichtig, und dafür mußte man seine Arbeiten vorstellen. Daß man die Schlacht nicht wirklich gewinnt, war klar. Wichtig war nur, diese eine Produktion wenigstens rauszubekommen, daß ein paar Leute sie sehen. Diese paar Leute sind Multiplikatoren, damals haben sich ja Menschen in Züge, Autos, Busse gesetzt und sind hingefahren, um das Abenteuer Theater ästhetisch, aber auch politisch zu erfahren. Da gab es eine ungeheure Bereitschaft, eine Mobilität nicht nur im direkten Sinne, sondern auch im Kopf: Die Freude, etwas anderes gesehen zu haben, statt sich einzuleben mit diesen kleinbürgerlichen Wucherungen. Die merkwürdige Übereinstimmung kleinbürgerlicher Gesellschaftsstrukturen gab es auch im Theater, wo jeder Bühnenmeister sagte: Das ist einfach abartig, Abartigkeiten gibt es nicht, das muß einfach vernichtet werden. Und man findet sich ganz schnell in dem Sprachschatz wieder, den man kennt und an den man wieder anschließen konnte: an das gesunde Volksempfinden in jedem Theater. Jede Parteigruppe war eine Widerspiegelung dessen, und schon wenn man im Beckettschen Stil oder daseinsanalytisch an etwas ranging, was im Grunde nicht politisch war, sondern vielleicht eine Form von Traurigkeit ausdrückte, kam das zum Vorschein.

Nach Brandenburg wurde Anklam zu Ihrem dritten Schlachtfeld, ein gewiß völlig anderes Guerilla-Gelände.

Neues Spiel, neues Glück. In Senftenberg hatte man das Gefühl, daß es irgendwie prosperierte: der See war angelegt, die Gaststätten waren für DDR-Verhältnisse ganz freundlich, die Menschen waren aufgeschlossen, gingen ins Theater. Ich habe selbst Arbeitertheater in Betrieben gemacht und damit sehr gut verdient – irgendwie gab es in diesem Eingerichtetsein eine gewisse Freundlichkeit. In Brandenburg bekam man schon mit, daß das Zuchthaus und die Stahlwerke in der Nähe sind, was schon einen dramatischeren Eindruck hinterließ: Da war immer so ein Vibrieren in der Nähe. Und dann ist man nach Mecklenburg-Vorpommern gekommen, und die Zeit war hier irgendwie stehengeblieben. Ich wußte nicht, ob das Denken rot oder braun oder gar nicht ist. Wenn das Fremde kommt, wenn die Brille kommt, wenn der Schwarze, der Andersartige kommt, ist er natürlich der Gegenstand der Begierde. Das heißt, man muß schon relativ geschickt sein, um gesund aus diesem Zusammenhang herauszukommen. Das war erst einmal die wichtigere Aufgabe. Aber es macht ja auch Spaß, mit ganz unterschiedlichen Menschen umzugehen, herauszufinden, was die wollen, und dann zu überlegen: Was kann man für ein Theater machen? Die Bedingungen – das war schon schockierend, wenn man in eine Stadt kommt, die eine Straße ist.

Wie haben Sie das für sich ausgewertet? Was kann man da für ein Theater machen?

Als Oberspielleiter durfte ich in Anklam einen Machtzuwachs für mich feststellen. Wir sind an Schauspielschulen gewesen und haben versucht, junge Schauspielstudenten zu finden. Das war natürlich schwer. Ob in Leipzig an der Schauspielschule, in Berlin oder Rostock: Welcher Student geht schon gern nach Anklam? Ich habe dann versucht, die Schauspieler zu überreden und mir – immer nach dem Modell von Fassbinder, also diesem merkwürdigen Team – Menschen für solch eine Lebens- und Arbeitseinheit zusammenzuholen, für ein sehr vitalistisches Prinzip eine schlagfertige künstlerische Einheit mit Aussicht auf Erfolge zu schaffen. Erfolge waren natürlich – wie soll ich das sagen –, wenn man von Anklam in den Westen fährt. Der Traum einer Karriere: die Filme, die ein

Chabrol, ein Godard, ein Fassbinder gemacht haben, die Arbeiten von Zadek, Widerstand, Undergroundmusik – das leibhaftig erleben zu können. Mal in den Westen gehen, großmäulig sein zu dürfen, Erfolg zu haben. So wie Fassbinders Erfolg in einem kleinen Kinotheater in München begann – irgendwann ist die Weltkarriere da. Darüber habe ich lange geredet, mich in einen Rausch hineinredend. Und irgendwann wird das sicherlich auch ein psychopathogener Zustand, irgendwann ist die Gewißheit dessen, was da kommt, so stark, daß man daran glaubt – und so hat man dann auch Theater gemacht. Mit Leuten wie Hardy Meyer, der kam von der Kunsthochschule Weißensee und sollte zum DDR-Fernsehen. Er sagte ganz einfach, er würde lieber ins letzte Dorf gehen und Theater machen. »Können Sie haben, gehen Sie nach Anklam.« Dazu irgendwelche sperrigen Schauspielstudenten von der Berliner Schule. Insofern haben sich viele Schicksale getroffen, als alle diejenigen, die tendenziell zum Größenwahnsinn und zur Selbstüberschätzung neigen, auf einmal alle dort in Anklam waren. Das ist nicht nur eine sympathische Zustandsbeschreibung, sondern reichlich Material, das durchaus bereit war, Grenzen zu sprengen, sich selbst in die Luft zu sprengen, anzugreifen. Und mit dieser Grundeinstellung, das wußte ich, kann man ganz besondere Sachen machen. Und eine ganz wichtige Komponente für mich war die, daß ich Arbeitgeber war und sagen konnte: Ich will dieses Programm machen, und ich will, daß diese verfemten Menschen hier arbeiten. Das war natürlich eine Möglichkeit, Solidarität zu praktizieren. Herbert König hatte de facto Arbeitsverbot, da konnte ich sagen: Du kannst hier arbeiten, du kriegst gute Bedingungen. Das war auch so, er hat zusammen mit Renate Krößner und aufsehenerregenden Schauspielern gearbeitet. Ich hatte sehr interessante Leute: Silvia Rieger, Thomas Wolff, Kurt Naumann, Hendrik Arnst, Günther Marx, der dann später in Anklam von der Bühne herunter verhaftet wurde. Und ich wußte, ich kann auch einfach helfen. Diese Leute gehen in ein, zwei Jahren in den Westen, und für diese Zeit ist es meine Entscheidung. Der Intendant Bonness und ich, wir haben eben gesagt: Es ist uns egal, ob Ausreiseantrag oder nicht, du kriegst einen Arbeitsvertrag. Die politischen Entscheidungsträger haben ihre Meinung darüber durchblicken lassen, was sie davon hielten, und trotzdem haben wir es gemacht. Und das war insofern praktizierte Gegenmacht. Und eins darf man natürlich nicht vergessen, das war in der Zeit der Solidarnosc, Anklam liegt relativ nah an der polnischen Grenze …

Egal, wie diffus ideologisch-religiös diese Bewegung war, sie war uns ganz wichtig, und das haben wir auch gesagt. Man konnte diese Ideen im Theater praktizieren. Wenn Regisseure mit Inszenierungen nicht klargekommen sind, wurden eben nicht einfach die anderen Glieder dieses Organismus ausgewechselt, Schauspieler, Techniker, Bühnenbildner, sondern wir haben gefragt: Woran liegt es? Wenn es diejenigen waren, die die Leitung hatten, also die Regisseure, dann wurden sie davon entbunden. Dadurch haben wir ein Klima von Selbstbewußtsein geschaffen. Das ist ja ein politischer Akt, wie Arbeit sich formuliert – und wie wir arbeitsorganisatorisch mit ihr umgehen. Da hatte sich etwas Neues herausgebildet, was eine Zeitlang funktionierte.

Natürlich haben wir die real-sozialistische Ästhetik hinter uns gelassen, und völlig unaufgefordert redeten wir auch darüber, versuchten, das zusammenzufassen. Und noch gab es ja Solidarnosc. Als dann der Eingriff kam, war dies zweifellos ein Schock für uns, aber wir haben weiterarbeiten können bis 1983, als die Schikanen immer unerträglicher wurden. Als ersten hat es den getroffen, der eigentlich gar nichts dafür konnte, den Intendanten. An uns hat man sich damals noch nicht herangetraut. Ich war zu der Zeit mit Gabriele Gysi zusammen, ihr Vater war Staatssekretär für Kirchenfragen, ein eminent politisches Amt gerade Anfang der achtziger Jahre, und so hat man uns lange in Ruhe gelassen, bevor richtig zugeschlagen wurde.

Was ist da passiert?

Es gab Entlassungen, sogar Verhaftungen. Und den Versuch, zu spalten, einen neuen Intendanten, eine neue Gegenleitung reinzusetzen, das war schon ein sehr vehementer Eingriff, als das Ganze explodierte, 1984. Mit meiner Inszenierung von TROMMELN IN DER NACHT eskalierte das an dem Punkt, als der neue Intendant die Generalprobe für nicht öffentlich deklarierte. Es waren sehr viele Leute aus Berlin angereist, auch ganz bekannte, wie der Sänger von City und der Hübchen, waren da, Leute aus dem Öffentlichkeitsbild der DDR, von der Humboldt-Universität viele, vom Theaterverband, Leute, die sich dafür interessierten. Ich weiß nicht, welche Politik der Theaterverband und das Kulturministerium verfolgten, aber sicherlich nicht diese martialischen Eingriffe, die die Bezirksleitung aus Neubrandenburg praktizierte. Es gab Auseinandersetzungen, man hat die Polizei geholt, die sollte den Zuschauersaal räumen, wenn die Fremden das Theater nicht verlassen. Darauf verglich ich in einer Erwiderung die Verhältnisse mit denen nach 1933, wo schon mal Menschen, zum Beispiel wegen ihrer Rasse, bestimmte Räume nicht betreten durften. Ein Haftverfahren wurde gegen mich eingeleitet nach Paragraph 218, 219, 220 und der Haftbefehl ausgestellt. Der ist dann aber durch den Kreuzbuben, also durch das Büro von Herrn Hager, außer Kraft gesetzt worden für unbestimmte Zeit. In TROMMELN IN DER NACHT hatte der Schauspieler des Murk, das war irgendwie schon nach draußen gedrungen, den schönen Satz: »Ellenbogen muß man haben«, und in der Ellenbogenstraße saß die Staatssicherheit in Anklam. Es eskalierte – und war doch nur Theater! Eine sehr schöne Arbeit, diese TROMMELN IN DER NACHT. Sehr traurig. Selbst den Brecht-Erben hat es gefallen. Danach war im Prinzip diese Ära zerschlagen.

Eine Anklamer Bilanz?

Von 1981 bis fast 1984 konnten wir Solidarität praktizieren, Arbeit geben, wir konnten diese besondere Spielweise, die ich im Prinzip heute noch mache, entwickeln: den Schauspieler aus der Natürlichkeit als Mensch, der er ist, in eine ungeheure Beschleunigung versetzen, um so dem artifiziellen Gegenpol oder einer Kunstfigur näher zu sein. Das haben wir damals eigentlich schon alles ausprobiert. DER AUFTRAG von Heiner Müller war eine sehr wichtige und schöne Arbeit, weil wir hier Außenräume mit einbezogen haben, es war eine sehr filmische Inszenierung.

Sie haben damals Abstecher in Kasernen gemacht, DIE SCHLACHT in Drögeheide gespielt, was eine ziemlich surreale Angelegenheit war.

Wir hatten ganz gute Kontakte zu den dort stationierten militärischen Einheiten. Die Politoffiziere hatten ein offenes Interesse daran, daß immer was Kulturelles passierte. Und außerdem hatten sie gehört, daß auch Musik von den Doors und den Rolling Stones läuft und Mädels spielen, die leicht bekleidet sind. Das sind einfach so die kolportagehaften Momente des Erfolgs und der guten militärischen Zusammenarbeit – das war denen wichtig. Außerdem hat es denen einfach gefallen, wenn irgendwas passierte. Da sie keine Kunstkenner waren, konnte ihnen der ästhetische Kanon aus der Zentrale in Berlin oder Neubrandenburg völlig egal sein. Die hatten uns relativ lange geschützt, und das Schöne war, dadurch, daß die Soldaten in die Kulturhäuser zum Theaterbesuch abkommandiert wurden, lief das für die Auslastung und die Finanzen sehr gut. Diese Verbindung zur Armee war interessant, sie setzte sich aus einem Spektrum von jungen Leuten zusammen, die aus ganz unterschiedlichen Familien kamen, aus unterschiedlichen Berufen, unterschiedliche Mentalitäten hatten, mit dem ganzen Spektrum vom linken bis zum rechten Denken. Denen einen so extremen Egotrip anzubieten war ganz reizvoll. Und es hatte natürlich auch immer etwas von einer Drogenerfahrung wegen der

Musik, wegen der Art, wie man spielt, welche Texte man sagt – träume ich, bin ich wach? Die ganzen Müller-Texte, wenn man die zum ersten Mal hört ... Jedenfalls waren unsere Erfahrungen mit dem Militär überhaupt nicht so niederschmetternd wie mit dem »Establishment« aus Anklam, das aus Parteisekretären, Gewerkschaftsvorsitzenden, Einzelhändlern und Stammfabrikdirektoren vom Gummiwerk bestand. Das war damals, man muß es so sagen, der kleinbürgerliche Mob, der jetzt an sehr vielen deutschen Theatern Einfluß hat und bestimmt: Das wollen wir nicht, wir bezahlen das Geld, wir geben von unseren Steuergeldern etwas, also wird das gespielt, was wir sehen wollen. Deshalb ist unser Modell Anklam aus jenen Jahren heute sehr schwer praktizierbar. Die kompakte Majorität, wie Ibsen es nennt, ist heute so stark, daß es kaum jemanden gibt, vom Schauspieler bis zum Intendant, der sagt: Trotzdem, laßt uns was Wichtiges machen. Man ist sehr auf Konsens aus. Das Schöne in Anklam war, wir mußten keinen Konsens beachten. Wir hatten zwar die kompakte Majorität gegen uns, Leute, die sagten: Das ist schmuddelig, das ist doch kein Theater!, aber da war noch die Partei. Die Partei hat lange verkündet: Kunst hat einen besonderen Stellenwert, die schützen wir auch gegen das, was sich sofort in einem Vertreter der kompakten Majorität regt. Insofern hat uns derjenige, der später als der imposanteste Feind in Erscheinung trat, die SED, lange Zeit vor den staatlichen Einrichtungen geschützt.

Die kompakte Majorität war das Thema Ihrer VOLKSFEIND-Inszenierung in Karl-Marx-Stadt. Da gab es natürlich ein ganz anderes Publikum in einem sehr viel größeren Theater. In einem der ersten Westinterviews haben Sie gesagt: Theater ist »bei uns ein nicht sehr unwichtiges Lebensrequisit« und betonten die besondere Stellung des Theaters in der DDR. »Lebensrequisit« verweist natürlich auch auf den Gebrauch. Wollten Sie in der damaligen Situation damit sagen: Ja, wir hatten in der DDR ein besonderes Theater?

Ich habe es ja selbst so empfunden. Lebensrequisit meint eine gewisse Verdinglichung von dem, was man anfassen kann. Es geht nicht so sehr darum, sich in einer bestimmten Art von Poesie zu verlieren, sondern es hat, wenn man so will, einen proletkultischen Gebrauchswert, ich kann's also anfassen, kann damit was machen, ich kann was verändern, mich, andere ... Aber »ich brauche es« – das ist eine Behauptung, und ich habe es damals in der Volksbühne bei Besson verstanden, daß ich dort anders leben kann.

Ich würde die DDR nicht nur negativ beschreiben, aber ich weiß, wie sie war, ihre, je älter sie wurde, immer unspielerischere, kleinbürgerlichere Zementierung, also das, was Tadeusz Rozewicz mit seiner KLEINEN STABILISIERUNG als Stück formuliert hat, das galt auch für die DDR. Es war immer schwerer zu ertragen, und deshalb versuchte man, sich die Spielwelten selbst zu schaffen. Oder sich in den Zug zu setzen, einen Freund zu besuchen, der was in Görlitz machte, das war ein Stück Leben. Auch wenn es Februar war und drei Grad minus, mit so etwas wurde das DDR-Verkehrswesen extrem überrascht. Es war ein Abenteuer: Was ist da in Leipzig im Hauptbahnhof, welche Kneipe hat offen, welche ist warm, wen lerne ich denn da kennen? Das, was Leander Haußmann sehr schön als Hippie-Dramolett gemacht hat mit der SONNENALLEE, auch durch das Spielerische der Form. Natürlich, eine bestimmte Asozialität gehört dazu. Ziemlich viel zu verlieren, habe ich nicht: ein Bier, mein Steak, meine Wohnung, meine Tapes, das alles habe ich schon, und viel mehr brauche und will ich ja gar nicht.

Wir haben in Anklam, und ich hatte das auch in Senftenberg schon gemerkt und später noch stärker an den großen Theatern, aus den eigenen Erfahrungen heraus gearbeitet und konnten wie Besson sagen: Es macht Spaß, dort einfach zu leben. Leute kennenzulernen oder einfach irgendwas zu machen, was überflüssig ist, Kunstarbeit, die zweckfrei ist und zweckfrei sein muß, so ist sie zu begreifen; die viel mit der eigenen Individualität zu tun hat, so daß man trotzdem in eine Kommunikation treten kann; die extrem ist, die vor allen Dingen einen Seinspunkt, einen sinnlichen Seinspunkt hat, wo ich sage: Ja, ich bin auch so etwas wie glücklich, ja, es war einfach schön. Schön, weil es auch gar nicht schön ist, aber damit umzugehen, das war wie ein Freiraum oder wie eine Hippiekommune, etwas, wo man tatsächlich ein Gegenleben leben kann. Und ich finde, daß man das in der DDR viel zuwenig gemacht hat. Das Ende der DDR von innen heraus war der gloriose Sieg des Asozialen – indem immer mehr gesagt haben: Ich mache das Spiel einfach nicht mehr mit – die Fassade, bitte sehr, aber jeder macht sein eigenes Spiel. So kann man natürlich eine Kultur- und Industrienation nicht auf einem erfolgreichen Kurs halten. Das war insofern auch beim Theater eher traurig, als hier in Berlin nach der großen Zeit – die Berghaus am Berliner Ensemble, Alexander Lang am Deutschen Theater – letztlich nur wenige wirklich wütend waren. Daß man sich so wenig herausgenommen hat. Wenn man es gemacht hat, hat man gesehen, wieviel extremes Feedback man von Menschen bekommen kann, eine Wachheit, ein »Laßt uns jetzt nicht weggehen, laßt uns weitermachen!« – das war auch in Karl-Marx-Stadt so. Der VOLKSFEIND war natürlich wie eine Paraphrase auf die DDR, was ich aber nicht bezweckt hatte. Ich wollte doch kein DDR-Kabarett haben, sondern die Leute antikommunistisch herausfordern.

Aber es war doch alles möglich, ich habe da meine ersten Fernsehsachen gemacht, unten in einem Studio, wo Stockmann eingeschlossen ist und immer wieder raus will aus seinem Fernsehstudio, aus seiner DDR-Welt, und er brüllt immer: Ich will hier raus, ich halte es nicht mehr aus!, und immer will er Nordhäuser Doppelkorn trinken. Die einzige Bedingung, die der von mir sehr geliebte Intendant Gerhard Meyer stellte, war: Alles, aber ich will nicht das Wort Goldkorn aus Nordhausen hören!

Es gab Sätze im VOLKSFEIND wie: »Ich weiß nicht, ob es in Amerika, im guten Westen, anders ist, aber man wird dort nicht so langsam zu Tode gequält wie hier, wo man nichts mehr aushält.«

Das sind Sätze, bei denen natürlich jeder Funktionär dachte, die hätte ich rein geschrieben. Die sind aber wirklich schon von Ibsens Stockmann, der auch seine Probleme mit ebendieser kompakten Majorität, mit dieser pietistisch-protestantisch-skandinavischen Welt hatte und sich genau so dagegen zu wehren versucht hat. Das war natürlich eine Paraphrase auf die DDR und nicht mal als solche beabsichtigt: Wir alle sitzen im gelben Unterseeboot – es hatte auch nichts Hämisches. Es war eigentlich nur der Wille, jedes Detail im Leben möglichst exzessiv zu leben.

Da habe ich gemerkt, daß Menschen so etwas brauchten, sie wollten dorthin gehen, ins Theater. Sie wollten das wie essen und trinken – in dem Moment danach aber auch wieder rausgehen. Es war sicherlich noch viel extremer bei CLAVIGO in Gera, wo Leander Haußmann, Silvia Rieger und Uwe-Dag Berlin auf der Bühne sangen: »Keine Macht für niemand.« Im Osten, im Westen, im Norden, im Süden, es sind überall die gleichen, die uns betrügen, und so weiter. Diese Anarchie von Ton, Steine, Scherben, die hatte natürlich das, was in Gera die Leute auch sehen wollten. Wir haben Publikumsdiskussionen gehabt: Wieso kommt hier ein Eiserner Vorhang vor? Ja, aber wissen wir denn nicht alle, wie wir unter dem Eisernen Vorhang leiden? Man konnte Sachen vor fünf-, sechshundert Leuten sagen. Das haben zu wenige gemacht. Das ist, was ich schade fand. Daß sie dieses Lebensrequisit eigentlich gar nicht so benutzt haben, wie sie es hätten benutzen können.

(*Das Gespräch führte Thomas Irmer.*)

Castorfs Theater ist auch kluges Um- und Neudeuten von Stücken: Ibsens NORA, Shakespeares OTHELLO, Heiner Müllers SCHLACHT und AUFTRAG – angereichert mit stückfremdem Material, in einem traumhaften Rhythmus aufgeführt. Bald schon pilgert das Berliner

Theatervolk samt Kritikern ins kleine Anklam – und Konflikte mit der dortigen Intendanz und den Parteifunktionären lassen nicht lange auf sich warten. Um Castorf zu verhindern, hätten die bornierten Aufpasser ihn besser nicht ins vorpommersche Abseits stecken sollen, wo der Regierebell sich prächtig ausprobieren und entfalten kann.

Castorfs Anwalt und Premierenfeiern in Anklam: Gregor Gysi

Gregor Gysi, geboren 1948, Sohn des Kulturministers Klaus Gysi, 1966 bis 1970 Studium der Rechtswissenschaften an der Humboldt-Universität Berlin, ab 1971 Rechtsanwalt, verteidigt u. a. die Bürgerrechtler Rudolf Bahro und Bärbel Bohley, außerdem Frank Castorf und Heiner Müller.

Frage: Herr Dr. Gysi, Sie sind in einer dem Theater nahestehenden Familie groß geworden. Ihre Schwester wurde Regisseurin, Ihr Vater war zeitweilig Kulturminister der DDR, Sie selbst haben als Anwalt hin und wieder Theaterleute vertreten. Wie haben Sie diese Theaterwelt in der DDR wahrgenommen?

Gysi: Zunächst mal nur durch Theaterbesuche. Das fing nach der Scheidung meiner Eltern an, intensiv zu werden, und zwar einfach deshalb, weil meine Mutter damals im Kulturministerium arbeitete und immer Premierenkarten bekam, aber keine Lust hatte, allein da hin zu gehen. So nahm sie im Wechsel meine Schwester oder mich mit. Wenn du häufig ins Theater gehst, kriegst du halt eine Beziehung dazu und einen verschärften Blick, du beginnst zu unterscheiden zwischen den einzelnen Inszenierungen. Dann kam noch hinzu, daß ich damals bis zu meinem vierzehnten Lebensjahr synchronisiert habe, und auch das gibt dir einen gewissen Einblick in den Beruf. Das entwickelte sich weiter, als meine Schwester die Schauspielschule besuchte. Da bin ich öfter mit ihr ins Theater gegangen. In meiner Schulklasse war ich logischerweise immer der Verantwortliche für das Theateranrecht, das war ja in Berlin nicht schlecht organisiert. Ab der neunten Klasse, wenn ich mich recht entsinne, gab es ein Theateranrecht, das war sehr billig. Den Betrag hast du einmal im Jahr bezahlt, und dafür konntest du alle Ost-berliner Bühnen einmal im Jahr besuchen. Die Inszenierungen konnte man sich selbst aussuchen, da hat auch kein Lehrer reingequatscht.

Sie haben durch Ihren Vater kulturpolitische Auseinandersetzungen wahrscheinlich sehr direkt erlebt.

Als er Kulturminister wurde, waren meine Eltern längst geschieden. Er kam halt gelegentlich mal zu Besuch. Mit dem Wechsel von Ulbricht zu Honecker wurde er als Kulturminister abgelöst und Botschafter in Italien. Ich habe mitbekommen, daß mein Vater als Kulturminister versucht hatte, die Verbände zu stärken, den Theaterverband, den Komponistenverband, den Filmverband usw. Einfach deshalb, weil er der Partei eingeredet hat, daß die Auseinandersetzungen besser in diesen Kreisen stattfänden, als wenn sie durch das Kulturministerium geführt würden.

Ich erinnere mich, da muß ich aber noch ganz jung gewesen sein, wie Gisela May meiner Mutter erzählte, daß sie irgendwo Ulbricht getroffen habe und der sich bei ihr entschuldigte, daß sie wegen der schwierigen außenpolitischen Probleme keine Zeit gehabt hätten, sich um die Kultur zu kümmern, aber bald hätte er wieder Zeit und dann werde er sich auch um die Kultur kümmern. May sagte weiter zu meiner Mutter: »Ich bin nicht sicher, ob er das Entsetzen in meinem Gesicht gesehen hatte, ich war eigentlich recht froh, daß er sich nicht darum gekümmert hat.«

Wenn es zu Auseinandersetzungen kam, wurden diese sehr offen und sehr direkt und sehr scharf geführt. Und Ulbricht war ja auch derjenige, der sehr viele Leute in die Wüste schickte. Allerdings mochten ihn viele von denen, die er in die Wüste geschickt hat, trotzdem in gewisser Weise, denn er holte sie auch immer wieder zurück. Er hat durchaus nach einer Frist darauf geachtet, sie wieder zurückzuholen. Ich sah darin dennoch den Versuch, Leuten das Rückgrat zu brechen. Das war durchaus eine Methode, auch in der Kultur.

Woher rührte der große Respekt vor dem kleinen Medium Theater?

Ich denke, das hängt mit verschiedenen Faktoren zusammen. Erstens, die Partei hatte natürlich einen fast vollständigen Einfluß darauf, was in den Massenmedien geschah. Und beim Medium Theater, auch beim Kabarett, war der Einfluß geringer, denn da kannst du nicht alles vorgeben. Dem Publikum ist es überlassen, Rückschlüsse auf die Gegenwart zu ziehen, auch bei einem historischen Stück. Es kommt noch ein »Nachteil« hinzu: Ein Film wird in seiner Endfassung abgenommen. Der bleibt dann immer gleich. Das ist beim Theater nicht so, denn es ist letztlich ein freieres Medium. Da war die Größenordnung nicht so wichtig, ob das hunderttausend Leute oder nur fünfhundert erreicht. Es spricht sich ja rum. Die Berliner Theater spielten auch international eine Rolle, da gab es ein besonderes Spannungsverhältnis. Die politische Führung war auch stolz darauf, daß die Bühnen international einen sehr guten Ruf genossen, das Berliner Ensemble, das Deutsche Theater. Andererseits hatten sie immer die Sorge, daß ein Freiraum entsteht, den sie nicht beherrschen, und eine Partei, die den Machtanspruch so absolut erhebt wie die SED, hat immer Furcht vor solchen Bereichen.

Zweitens war das Politbüro nie besonders intellektuell zusammengesetzt. Wahrscheinlich fürchteten seine Mitglieder, sie könnten intellektuell über den Tisch gezogen werden, da gab es einfach ein Mißtrauen. Und dann haben sie natürlich auch dem Publikum nicht getraut. Deswegen hatten sie auch wenig Schwierigkeiten mit Klassik, wenn sie klassisch inszeniert wurden. Aber immer, wenn es um Gegenwartsstücke ging, ob Hacks' DIE SORGEN UND DIE MACHT oder Heiner Müller, da wurden sie besonders vorsichtig, denn das hielten sie für eine Widerspiegelung der DDR. Für die Frage, wie die DDR widergespiegelt wird, fühlten sie sich zuständig. Wenn das also aus ihrer Sicht keine positive Bewertung war, glaubten sie, daß ein anderer sich die Interpretationshoheit über die DDR anmaßte, und das war für sie eine Machtfrage. Andererseits wollten sie aber auch keine Kulturbanausen sein. Theater in Ostberlin zu machen war nie eine Frage des Geldes.

Die Brechung des Bildungsprivilegs war für diese Führungsschicht selbst eine ständige Quelle der Verunsicherung.

Das machte sie unsicher, und deshalb brauchten sie für diese Bereiche ein paar Leute, die ein bißchen anders waren, aber für sie dennoch als zuverlässig gelten konnten. Das war in erster Linie Kurt Hager, der eine andere Bildungsposition hatte. Übrigens auch Hermann Axen, aber der war nicht für Kultur zuständig. Ein Unterschied zwischen Ulbricht und Honecker bestand darin, daß Ulbricht bis zum Schluß glaubte, er verstünde wirklich etwas davon. Während Honecker, glaube ich, schon einen Instinkt dafür hatte, daß diese Kunst nicht seine Welt war. Ulbricht eröffnete ja auch eine Ausstellung und sagte, welches Bild was taugte und welches nicht. Honecker hatte da eher Hemmungen und ahnte wohl, daß es eine Welt gibt, in die er sich nicht einfinden kann, wo er etwas vorsichtiger sein muß.

Erinnern Sie sich, daß Ihr Vater das kommentiert hat?

Als er Kulturminister war, sagte er immer, das sei ein furchtbarer Bereich, ähnlich wie Gesundheitswesen und Handel und Versorgung. Das waren die drei Katastrophenministerien und zwar deshalb, so hat er mir das erklärt, weil jeder, der schon mal einkaufen war, denkt, er verstünde was von Handel und Versorgung. Jeder, der schon mal krank war, denkt, er verstünde was vom Gesundheitswesen. Und weil jeder schon einmal im Kino war, meint jeder, auch was von Kultur zu verstehen. Er träumte immer von der Stellung des Elektronikministers, bei dem geht kein Mensch davon aus, daß er was davon versteht. Aber bei mir, klagte er, haben ja alle eine Meinung, jeder weiß, ob ein Buch schädlich oder nützlich ist oder eine Inszenierung gut oder schlecht.

Auf der anderen Seite ärgerte er sich über Honecker, weil der ihn als Ulbrichtianer wie andere Leute auch auswechselte. Das hat ihn sicherlich getroffen. Aber das würde er mir nicht so erzählt haben, er spielte immer den Souveränen, dem das nichts ausmacht. Es war dann aber auch nicht schlecht für ihn, nach Italien zu gehen. Honecker wollte anfangs ein Signal setzen, daß es jetzt freier würde in Kunst und Kultur.

Es folgten andere Repressalien als Ulbrichts »Wüste«. Aber es fällt doch auf, daß viele erst durch eine gewisse Art von Behinderung richtig stark wurden.

Der Kapitalismus ist schlau. Indem er seine Kritiker möglichst wenig Repressalien aussetzt, schafft er es, sie im wesentlichen bedeutungslos zu halten. Du mußt bloß alles veröffentlichen, dann fällt die Kritik kaum noch auf. Wenn einmal die Doktrin steht, daß das, was in der DDR erscheint, auch irgendwie als richtig gilt, weil von der Partei genehmigt, entsteht ein so enger Rahmen, daß das System permanent anfällig ist.

Außerdem kamen sie mit ihren eigenen Gesetzen, zum Beispiel den Arbeitsgesetzen, ins Schleudern, mit dem Ergebnis, daß sie zum Teil Leute beschäftigten, die sie nicht arbeiten ließen. Ich kannte jemanden am Hans-Otto-Theater in Potsdam, der war dort drei Jahre lang beschäftigt, ohne eine Inszenierung machen zu dürfen, bekam aber jeden Monat sein Gehalt. Das war ihnen lieber, sie bezahlten ihm seine Existenz, aber er verschonte sie mit Inszenierungen, die sie als »nicht fortschrittlich« empfanden. Das war idiotisch und für die Betreffenden auch frustrierend. Es macht doch den meisten Künstlern keinen Spaß, bezahlt zu werden, aber nicht »schöpfen« zu dürfen.

Natürlich haben sie einzelne dadurch bedeutender gemacht. Wenn bekannt wurde, dieses oder jenes Buch sollte nicht erscheinen, und nach drei Jahren erschien es doch, war es natürlich sofort vergriffen. So wurde auch die Funktion der Kritik völlig paradox. Du brauchtest im *Neuen Deutschland* nur zu schreiben, ein Film sei erstens ideologisch nicht rein, weise zweitens dekadent bürgerliche Szenen und außerdem unmoralische Stellen auf, und schon war er der absolute Renner. Negative Kritik führte nicht mehr dazu, sich einen Film oder ein Theaterstück nicht anzusehen, sondern zu der Vermutung: Sie werden es bald verbieten. Wenn eine Inszenierung im *Neuen Deutschland* kritisiert wurde, war die automatische Reaktion: Oh, da muß ich noch diese Woche hin.

Ich glaube, man muß noch eine Sache erwähnen, sie betrifft die nach der Biermann-Affäre einsetzende Ausreisepraxis. Viele Künstler und Intellektuelle in der DDR hatten keine andere Identifikation als dieses Land. Es ist ja nicht so, daß sie den Westen unkritisch gesehen hätten. Im Gegenteil, sie haben ihn zum Teil sogar sehr kritisch gesehen. Sie fanden in der DDR durchaus Ansätze, zu einer gerechteren Welt zu kommen. Andererseits haben sie eben unter diesem ganzen Provinzialismus, dieser ideologischen Enge, dem Undemokratischen und Freiheitsbeschränkenden gelitten, und dadurch war ihr Verhältnis selbst ambivalent. Sie wollten nicht sagen: Die BRD ist die richtige Antwort. Deshalb gab es bei der Ausbürgerung Biermanns diese scharfe Auseinandersetzung gerade in der Kultur- und Kunstszene, weil man ihm den Hafen entzogen und ihn gezwungen hat, eine andere Identität anzunehmen. Das haben viele der Partei- und Staatsführung nicht durchgehen lassen wollen, sie sahen auch eine große Gefahr für sich. Das war ja auch eine Drohung und insofern tatsächlich eine Wende im Verhältnis.

Heiner Müller meinte, Shakespeare sei in einer Demokratie undenkbar. Demnach ist politischer Druck für das Theater gar nicht schlecht.

Mit dieser Theorie bin ich immer ein bißchen vorsichtig. Das ist, als ob Maler, die besonders arm sind, besonders gut malen könnten, und dann kommt als Beispiel van Gogh. Zu sagen: Wir müssen die Maler in Armut ersticken, dann kommen vielleicht vernünftige Bilder zustande, kann schlecht zur Maxime werden. Sicher, eine gewisse Reibung muß sein. Die muß es aber nicht in Form von Zensur oder halber Zensur geben.

Um Zensur ging es auch nicht, zumindest nicht offiziell, als Sie das erste Mal für Frank Castorf vor Gericht traten, sondern um Arbeitsrecht. Worum ging es in diesem Prozeß genau?

Ich hatte uns keine Chance gegeben. Ich sagte ihm: »Ich mache das, aber wir verlieren das Ding.« Castorf und sein Regie-Kompagnon hatten nicht mal einen schriftlichen Vertrag mit dem Theater in Brandenburg. Sie hatten den Intendanten und auch die Kreisleitung ein bißchen geleimt mit diesem Stück GOLDEN FLIESST DER STAHL. In unserer Stahlstadt mal ein richtiges Arbeiterstück war ihre Hoffnung. Es ist wirklich ein ziemlich groteskes Stück. Castorf hat es nicht geschafft – er wollte das gerne –, daß die Schauspieler es ernst spielen, doch sie ironisierten das Ganze. Es ist noch vor der Premiere abgesetzt worden. Die Theaterleitung erklärte, die beiden hätten sowieso keinen schriftlichen Vertrag und sollten jetzt gehen, sie würde ihnen kündigen. Da haben wir einfach ein Arbeitsrechtsverfahren beantragt, entgangenen Lohn geltend gemacht, haben geltend gemacht, festzustellen, daß sie ein unbefristetes Arbeitsverhältnis hätten, daß ihnen auch künftig der Lohn zu zahlen sei, daß die Kosten des Verfahrens das Theater zu tragen habe etcetera. Das ungefähr waren unsere Anträge. Ich sagte: »Wir sind auf dünnem Eis.« Das Ganze war ja ein Politikum. Die Kreisleitung saß mit im Gerichtssaal. Der Gewerkschaftskreisvorstand saß da und nahm Stellung, nach der wir völlig unrecht hätten und die Entlassung völlig legitim sei. Im Grunde genommen gäbe es kein Arbeitsverhältnis. Und dieser Richter für Arbeitsrecht am Kreisgericht Brandenburg hörte sich das alles an, kam wieder rein, verkündete sein Urteil im Namen des Volkes und gab uns in allen Punkten recht. Da hatte das Theater nicht mal mehr den Mumm, Berufung einzulegen. Es gab ja auch immer Leute, die gesagt haben: »Kinder, ihr könnt die nicht so schlecht behandeln, es sind immerhin begabte junge Leute.«

Das war schon zu einer anderen Zeit, da auch Richter anfingen, Wert darauf zu legen, Richter zu sein. Als ich anfing, fühlten sich die Richter im Strafrecht noch als verlängerter Arm des Staatsanwalts. Im Kern kam immer raus, was die Staatsanwaltschaft beantragte. Es war eine große Ausnahme, daß die mal abwichen in irgendeinem Punkt. Dann kam eine neue Generation. Die hatte nun nicht mehr die Volksrichterjahrgänge besucht, sondern an Universitäten studiert. Die sagten: »Ich bin hier nicht Richter geworden, um zu machen, was mir ein anderer erzählt.« Und da sagte sich eben dieser Richter in Brandenburg: »Ich muß denen das nicht durchgehen lassen. Ob die Theaterleitung die inszenieren läßt, das habe ich nicht zu entscheiden, aber ob sie sie bezahlen müssen und an sich zu beschäftigen hätten, das habe ich zu entscheiden – und das entscheide ich.« Er hat ja nicht entschieden: Die Inszenierung muß gezeigt werden. Ich denke, zehn Jahre vorher wäre das noch undenkbar gewesen, inzwischen gab es schon eine gewisse Form von Verrechtlichung. Trotzdem, man hätte auch eine Begründung finden können, um uns verlieren zu lassen, ohne Rechtsbeugung zu begehen. Frank war ganz begeistert, und das Theater hatte ein Problem, denn sie hatten zwei Stellen besetzt mit Leuten, die nichts mehr zu tun bekamen. Nach einer Weile gab es ein alternatives Angebot, das muß von der Partei entschieden worden sein, und so kam dann sein Ausflug in Richtung Mecklenburg zustande.

Wie haben Sie Castorfs Anklamer Zeit erlebt?

Nach Anklam fuhr halb Prenzlauer Berg zu den Premieren. Das war wirklich ein Erlebnis, und zwar deshalb, weil die andere Hälfte des Publikums – wenn man das so bezeichnen darf – von der Oberschicht der Stadt Anklam gestellt wurde: die Frauen kamen in Brokatkleidung. Das waren damals Inszenierungen, mit denen die überhaupt nichts anfangen konnten. Da saßen zwei Welten im Theater, die so extrem nichts miteinander zu tun hatten, daß sich das allein schon als Inszenierung gelohnt hätte. Und das muß ich meinem Vater lassen – ich habe auch viel Kritik an dem Alten –, aber er ist zum Zwecke des Schutzes wirklich artig zu jeder Premiere hingefahren. Natürlich auch, weil meine Schwester mit Castorf zusammen lebte, aber er hat das als Staatssekretär für Kirchenfragen sozusagen immer ein bißchen legitimiert.

Es gab dort extreme Zwischenfälle. Einmal hat die Staatsanwaltschaft in Anklam, oder die Polizei, zwei Schauspieler festgenommen. Ich glaube, um Staatsverleumdung ging es. Da rief mich meine Schwester an. Ich wackelte zu dem Kreisstaatsanwalt und habe mit dem anderthalb Stunden verhandelt, bis er sie wieder rausgelassen hat. Das konnte ich auch deshalb erreichen, weil er nicht so genau wußte, was meine Stellung war. Wer weiß, wenn der kommt, vielleicht hat der Informationen, die mir fehlen, wird er gedacht haben. Die waren ja auch verunsichert: Darf ich jetzt hier in diesen Künstlerbereich rein oder nicht?

Castorfs Inszenierungen in Anklam waren frech und sehr hintergründig – ein Gegenstück zum etablierten Theater. Sie haben auch deshalb Spaß gemacht. Gelegentlich hatten sie ein paar Längen. Er hatte als Regisseur jedoch eine Art, gerade aus jungen Schau-

Der Bau von Heiner Müller
Regie: Frank Castorf, Städtische Theater Karl-Marx-Stadt, 1986
Foto Làszlò Farkas

Der Bau von Heiner Müller
Regie: Frank Castorf, Städtische Theater Karl-Marx-Stadt, 1986
Foto Làszlò Farkas

spielerinnen und Schauspielern alles rauszuholen. Das hatte auch was Entblößendes. Ich habe mit Schauspielern gesprochen, die hinterher ganz unglücklich waren, weil sie Seiten offenbarten, die sie eigentlich leugnen wollten oder die sie bis dahin nicht gekannt hatten. Wenn man so will, war das eine neue Art Experimentiertheater in der DDR – in Anklam. Wer sich dafür interessierte, fuhr eben nach Anklam. In Berlin wäre das so nicht geduldet worden. Ich fand es damals auch spannend, weil ich mir gleichzeitig auch andere Theater ansehen konnte. Heute fehlt mir diese Mischung.

War dies für das Anklamer Publikum nicht auch ein Problem?

Als diese Frauen in ihren Brokatkleidern zu den ersten Premieren kamen, wurde mir klar, daß es irgendwie auch eine Gemeinheit gewesen war, Castorf Anklam gegeben zu haben. Sie haben nämlich den Anklamern ihr Theater genommen. Ich sagte mal zu Castorf: »Du mußt auch Boulevard spielen. Irgendwann muß man mal was für die Anklamer machen! Man kann da nicht nur für Prenzlauer Berg inszenieren.« Es gab aber auch andere Inszenierungen, er hat ja nicht alles selbst inszeniert.

(Das Gespräch führten Matthias Schmidt und Thomas Irmer.)

Der Karl-Marx-Städter Intendant Gerhard Meyer, ein Talente-Spürhund, holt Castorf für zwei große Arbeiten an sein Theater: DER BAU von Heiner Müller und Ibsens VOLKSFEIND. Castorf fordert das Stadttheater, das er als Format liebt, und dessen Publikum aufs äußerste heraus. Die über fünfstündigen Abende rufen in Fachkreisen noch einmal sämtliche seit den siebziger Jahren über Regietheater geführten Diskussionen hervor. Die radikale Umdeutung von Klassikern, der respektlose Umgang mit dem inzwischen geradezu unantastbaren Heiner Müller, Castorfs Art, Schauspieler dazu zu bringen, sich selbst zu spielen, die Fähigkeit, Slapstick mit Bedeutung zu füllen, und manch tagesaktuelle Provokation samt Seitenhieben auf Kleinbürgermentalität – all das verblüfft und weckt eine so große Neugierde, daß man den gebürtigen Berliner nach Abstechern in Gera und Frankfurt/Oder schließlich nach Berlin holt.

Castorfs Theater jener Jahre nimmt wie kaum ein anderes die Stagnation geradezu wütend aufs Korn – in der Inszenierung von Müllers BAU versucht ein Arbeiter, die große Karl-Marx-Städter Bühne komplett mit Seiten des *Neuen Deutschland* auszulegen – ein Versuch, den ein Gebläse aus der Seitenbühne aber immer wieder kurz vor der Vollendung vereitelt. Diese Szene in Müllers letztem großem Produktionsstück aus dem Jahre 1965 dauert zwanzig Minuten und länger: ein halbbewußtes Requiem, obwohl die Zeit noch einmal Hoffnung aufflackern läßt.

Überraschen, Fragen stellen: Henry Hübchen

Henry Hübchen, geboren 1947, beginnt nach dem Abitur 1966 ein Studium der Physik, 1967 bis 1970 Staatliche Schauspielschule Berlin, danach erstes Engagement in Magdeburg, seit 1974 an der Volksbühne. Wichtige Rollen: Saint Just in DANTONS TOD von Büchner (1973 in Magdeburg, Regie Konrad Zschiedrich), mehrere Rollen in DIE SCHLACHT von Heiner Müller (UA 1975, Volksbühne, Regie Manfred Karge und Matthias Langhoff), Siegfried in DIE BAUERN von Heiner Müller (1976 Volksbühne, Regie Fritz Marquardt), Helmer in NORA von Henrik Ibsen (1985 Anklam, Regie Frank Castorf), Paul Verlaine in DAS TRUNKENE SCHIFF von Paul Zech (1988 Volksbühne, Regie Frank Castorf).

Frage: Sie haben 1966 Abitur gemacht und wie viele andere Schauspieler erst mal einen Beruf erlernt. Was war das für ein Beruf?

Hübchen: Gekoppelt an das Abitur war das eine Ausbildung als Mechaniker, die ich noch zwei, drei Monate nach dem Abitur weitergemacht habe. Zum Abschluß bekam ich einen Facharbeiterbrief als Mechaniker. Habe aber nie in dem Beruf gearbeitet.

Aber mal reingerochen in diese Welt?

Na ja, nicht wegen dem Riechen, sondern weil es den Facharbeiterbrief fast geschenkt zum Abi gab. Eigentlich wollte ich Autoschlosser werden, so daß man vielleicht beim eigenen Auto nicht ganz so doof dasteht. Diese Lehrstellen waren schon alle besetzt, da blieb nur Mechaniker übrig. Betonfacharbeiter war mir zu anstrengend, wahrscheinlich.

Sie haben dann angefangen, Physik zu studieren?

Ich wollte eigentlich nie Schauspieler werden, mein Berufswunsch stand nicht fest – ich wußte eigentlich gar nichts. Abitur – klar, daß man das macht, und das wurde mir von meinen Eltern auch immer so vermittelt. Nach dem Abitur kommt zwangsläufig ein Studium – bloß welches? Und ich war der Meinung, durch ein Physikstudium könnte ich sehr viel Allgemeinbildung über die Welt erhalten. War aber nicht so.

Hat Sie dabei gereizt, daß Physik weniger politisch war?

Nein, gar nicht. Was heißt unpolitisch, Philosophie hatte mich nicht interessiert, und ein kulturwissenschaftliches Studium war mehr oder weniger so ein Hausfrauenstudium. Nein, ich hatte

Freunde, die mir eben beibrachten, die Physik sei die Königin aller Wissenschaft und allgemeinbildend. Früher gab es keine Philosophen, es waren eigentlich Physiker, die sich philosophisch geäußert haben. Im ersten Jahr war aber gar nichts Philosophisches oder Allgemeinbildendes dabei, ich hab' auch nach einem Jahr schon aufgehört.

Warum dann die Schauspielschule?

Ich bin hingegangen, weil ich nicht auf der Straße sein wollte, weil ich irgendwas machen wollte, eigentlich in so eine Richtung gehen wollte, Regisseur werden oder Filmemacher. Als Kind war ich Kinderdarsteller im Fernsehen, und da habe ich in diese Fernseh- und Filmwelt reingerochen. Dieses ganze Drumherum, diese Studios, die Lampen, die Leute – das alles hat mich schon beeindruckt. Ich meinte: Da muß ich hin, wollte aber nicht Schauspieler werden, denn die Schauspieler, die ich in den Kinderfernsehspielen kennenlernte, die fand ich relativ blöd.

Was haben Sie Ende der sechziger Jahre als Student auf der Schauspielschule an Theater wahrgenommen?

Das Deutsche Theater war damals sehr gut, die Volksbühne grottenschlecht, da sind wir als Studenten gar nicht hingegangen. Eher ins Berliner Ensemble, da waren Schauspieler wie Jürgen Holtz, der auch kurzzeitig mein Lehrer war. Da könnte ich jetzt aufzählen, wen wir als Studenten mit großen Augen in der ersten Reihe gesehen haben: Eberhard Esche, Rolf Ludwig, Ekkehard Schall, Hilmar Thate. Und wir haben uns natürlich auch oft gefreut, wenn Leute wie Ludwig oder Fred Düren nicht ganz alkoholfrei die Vorstellung gespielt haben. Da passierte immer wieder was, und sie mußten irgendwie improvisieren.

1970 sind Sie dann gleich von der Schauspielschule ins erste Engagement nach Magdeburg gegangen. Haben Sie das als ein Privileg empfunden?

Das Privileg war ja erstmal, daß man als Schauspielstudent nach dem Abschluß garantiert ein Engagement bekam. Man wußte zwar nicht, wohin man kam, aber es wurde garantiert: Die ersten zwei Jahre hast du Arbeit. In der Schauspielschule fand ein Vorsprechen statt, zu dem verschiedene Indendanten kamen und Angebote machten: Komm zu mir – oder geh dahin ... Ich hatte zwei Angebote, nach Altenburg und nach Magdeburg, und Jürgen Holtz riet mir damals: »Geh nach Magdeburg, da ist Hans Dieter Mewes der neue Intendant, da passiert bestimmt was Interessantes.« Außerdem war das ein großes Theater, viel größer als Altenburg, ein Bezirkstheater. Nicht weit weg von Berlin, für mich als Urberliner spielte dieser Gedanke auch eine Rolle.

Wie sah dieser Anfang einer neuen Mannschaft aus?

Eine neue Theaterleitung formierte sich, vielleicht ein, zwei Regisseure dazu, die interessante Inszenierungen machen, die eine Potenz haben. Und ein Intendant, der es zuläßt. Auch Inszenierungen, die sich kritisch mit der Gegenwart auseinandersetzen. Und das war dann in Magdeburg auch der Fall. Diese neue Leitung engagierte neue Schauspieler, junge Schauspieler von den verschiedenen Schulen. Nach der Schauspielschule hat man ja allen Elan der Welt, also auch einen Elan, der vollkommen unsinnig ist und überschäumt. Aber zumindest besser ist als diese Schläfrigkeit, die man in meinem Alter bekommt.

Was wurde gespielt?

Volker Braun zum Beispiel, Heiner Müller, aber natürlich auch Klassiker. Noch heute habe ich den Ansatz, daß, spielt man ein Stück, egal ob Tschechow, Shakespeare oder Goethe, man es so erzählen muß, daß es für uns heute interessant ist und daß es sich mit Themen von uns heute beschäftigt. Gar keine Frage, sonst braucht man es nicht machen. Sonst wäre es museal, ich begreife Theater nicht als Museum. Wir spielten DANTONS TOD oder DIE RÄUBER immer mit dem Ansatz, was können wir darüber für uns heute erzählen. Je mehr Reibung sich bot und je mehr man polarisierte, desto besser war es, und mit der Polarisierung bekamen wir natürlich Ärger mit den Oberen des Bezirks oder der Stadt oder der SED-Bezirksleitung. Mewes bekam wegen eines bestimmten Spielplans und wegen bestimmter Inszenierungen natürlich Ärger mit der Bezirksleitung. Die haben das Theater sehr, sehr ernst genommen. Die haben sich schon von einer so kleinen Öffentlichkeit, die das Theater ja bloß ist, schon bedroht gefühlt. Das steigert natürlich das Selbstwertgefühl der Künstler.

Gab es Konsequenzen, die Sie persönlich betroffen haben?

Was heißt betroffen? Betroffen insoweit, als wir zum Beispiel Müllers MAUSER dann eben nicht machen durften, es abgesetzt wurde oder in der Endkonsequenz der Intendant, der einen bestimmten Spielplan mit bestimmten Regisseuren ermöglichte, entlassen wurde. Der wurde jedoch nicht in die freie Wildbahn entlassen, sondern erstmal nach Hause geschickt, und bekam trotzdem sein Gehalt, und dem Dramaturgen wurde einfach eine andere Stelle angeboten, eine andere Arbeitsmöglichkeit. Aber die waren dann erstmal weg, und es kam ein anderer Intendant, der eben viel angepaßter war. Insofern hat mich das schon betroffen. Aber zum anderen ist der Clinch mit der Macht auch so eine Art Ritterschlag, das war doch im Grunde eine Auszeichnung. Man brauchte sich deswegen ja nicht zu verstecken, im Gegenteil.

Wie haben Sie das Magdeburger Publikum wahrgenommen?

Ich habe es immer nur zur Hälfte wahrgenommen, weil der Saal immer nur halbvoll war. Die ganzen vier Jahre in Magdeburg habe ich eigentlich nicht einmal erlebt, daß das Theater wirklich ausverkauft war.

Magdeburg war also ein hartes Pflaster?

Es kommt sicher ganz darauf an, von welchen Bezirken und von welchen Städten man spricht. Magdeburg ist eine Arbeiterstadt, Schwermaschinenbau. Da gab es eine technische Hochschule. Diese Stadt hat mit Kunst und Kultur wenig am Hut. Wenn die Leute abends weggingen, gingen sie eher in die Operette oder ins Kabarett oder in die Oper. Aber es gab sogar zwei Schauspielbühnen, die Kammerspiele und das Große Haus ... da hatten wir es wirklich schwer mit dem Publikum. Das sah natürlich in Dresden anders aus oder in Chemnitz.

Sie sind dann von Magdeburg 1974 an Bessons Volksbühne gegangen.

Ich bin ganz bewußt dahin gegangen, weil ich glaubte, daß mir die Art, wie dort Theater gemacht wurde, am meisten Spaß machen würde. Dabei spielte Benno Besson weniger eine Rolle als Fritz Marquardt und Karge/Langhoff. Na ja, die DDR war zu, also wir hatten keine Möglichkeit, wirklich einmal in Westdeutschland Theater zu sehen, und nur ganz wenige, eigentlich gar keine Kontakte mit Regisseuren oder Schauspielern aus dem Westen. Das wurde aber in dieser Volksbühne durch diesen Schweizer Intendanten möglich, der ja im Grunde ein Weltbürger war. Für einen DDR-Bürger wie mich war dieses Haus wie eine offene Welt. Ein Schweizer Intendant, der ständig hin und her fuhr und durch seinen Ruf Leute aus Westdeutschland oder aus dem westlichen Ausland hierherlockte, die hier hospitierten oder Regieassistenzen machten. Das war ein fast europäisches Milieu. Und ein Riesenunterschied zu Magdeburg.

Mit Frank Castorf begann für Sie praktisch eine zweite Karriere als Theaterschauspieler. Wie haben Sie sich kennengelernt?

Ganz zufällig, bei einer Freundin. Nicht bei einer Theateraufführung. Wir haben uns ganz privat getroffen und uns ein paar Jahre nur einfach so gekannt. Ich wußte, daß er lange nichts zu tun hatte – mit einem dieser Arbeitsverträge, die in der DDR im Grunde so aussahen, daß man nicht entlassen werden konnte, trotzdem sein Gehalt bekam und dafür unzufrieden zu Hause saß und nicht arbeiten konnte. Irgendwann hat man ihm angeboten, ganz weit auf dem Dorf, in Anklam, den Posten eines Schauspieldirektors zu übernehmen. Für seine letzte Inszenierung dort bat er mich dann mitzuspielen, den Helmer in NORA.

Mich hat dieser Inszenierungsstil interessiert. Ich hatte damals mit dem Theater eigentlich aufgehört, Anfang der Achtziger. Mich hat das nicht mehr interessiert, nachdem Benno Besson, Manfred Karge und Matthias Langhoff weg waren. Ich habe viel Fernsehen gemacht, dann aber ein paar Inszenierungen von Frank Castorf gesehen – und war wirklich sehr, sehr begeistert. Ich wollte einfach rauskriegen, wie so etwas entsteht. Der hat dort in Anklam mit einem Ensemble aus Leuten von dort und ein paar, die er mitgebracht hatte, gearbeitet, und alle waren eigentlich ganz interessant auf der Bühne. Und deshalb habe ich bei NORA zugesagt, und es wurde wirklich eine wunderbare Arbeit.

Warum war das in Anklam möglich und nicht in Berlin?

Als Regisseur ist es schon viel schwerer, Arbeit zu kriegen und sich durchzusetzen. Eine Inszenierung braucht einen Regisseur und im Durchschnitt zehn, zwölf Schauspieler, also ist die Arbeitsmöglichkeit für Regisseure schon viel geringer als für Schauspieler. Da gibt es natürlich viel mehr Schauspieler, können Sie sagen, gut. Man fängt erstmal in der Provinz an, das habe ich ja auch. Wenn man sich dann wegen bestimmter Inszenierungen mit dem Intendanten des Theaters oder mit den örtlichen Behörden anlegt, wenn denen das nicht gefällt, wie bei Frank, bekommt man keine neue Inszenierung. Also schickten sie ihn ganz weit weg vom Schuß: Mach mal da, bewähr dich mal, mehr oder weniger an der Front. Das ist der Grund, warum er eben nicht sofort nach Berlin gekommen ist. Kein Intendant der größeren Theater hätte ein Interesse daran gehabt, sich einen so querdenkenden Problemstifter ins Haus zu holen. Die wollten sich doch mit solchen Verstörungen gar nicht erst abgeben, die Zensur setzte bereits vorher ein – bei den Intendanten, die Arbeit zu vergeben hatten. Berlin war gar nicht möglich. Ich habe hier an der Volksbühne, als wir in Anklam NORA machten, dem damaligen Intendanten ein Gastspiel versucht vorzuschlagen. Da führte kein Weg rein, er hat sich einfach nicht getraut, wollte nicht. Das hat noch fünf Jahre gedauert, bis er Castorf – aber auch bloß ganz klein, oben im dritten Stock – 1988 eine Arbeit gegeben hat: DAS TRUNKENE SCHIFF.

Fanden Sie diese ganzen Umstände von Behinderung und Verboten für das Theater als Ganzes hinderlich und schwächend?

Ich glaube, so ein Widerstand und ein Kampf mit der Macht sind eigentlich immer förderlich. Davon bin ich überzeugt, macht doch mehr Spaß. Man hat sicher ständig das Gefühl, daß man behindert oder nicht gelassen wird und so, aber das stimmt nicht. Die Leute, die wirklich potent sind, die können sich auch durchsetzen. Also, das war doch ein Trugschluß von vielen, die meinten, sie würden in der DDR in ihrer künstlerischen Freiheit oder in ihrer Produktivität behindert und sie müßten in den Westen gehen. Dann haben sie auf einmal im Westen gemerkt, daß sie selbst die Behinderung waren. Sie konnten die Verantwortung für ihre Karrieren nicht mehr delegieren. Daraus entstehen Psychosen. Sie wurden nicht mal mehr als Dissidenten oder als aufmüpfige Künstler aufgenommen.

Andersherum gefragt: War die DDR eine Bühnenrepublik, mit zeitweise mehr als achtzig Theaterstädten?

Sehr schön für die Künstler und für die Leute, die dort praktisch ihr Geld zum Leben hatten, aber notwendig waren sie garantiert nicht. Bühnenrepublik würde ich nicht sagen, Theater ist doch immer schon ein Randmedium, auch damals. In meinem Bekanntenkreis, der nichts mit Theater und Kunst zu tun hatte, ging fast keiner ins Theater. Sie gingen vielleicht mal in ein Konzert.

Wie haben Sie als Schauspieler das Theater als »Ersatzöffentlichkeit« erlebt, wie es Christoph Hein bezeichnet?

Ich glaube nicht, daß man ins Theater gegangen ist, um so zwischen den Zeilen zu hören. Nach dem Motto »Das möchte ich gern, und jetzt sind wir wie eine eingeschworene Gemeinschaft, und das erzählt uns diese Inszenierung zwischen den Zeilen«. Das glaube ich nicht, das fand garantiert nicht statt, deshalb ist auch keiner ins Theater gegangen, sondern weil er Spaß am Theater hatte, weil er unterhalten werden wollte. Und da gab es eben Aufführungen, wie heute auch, die das besser oder schlechter geleistet haben.

Viele Bühnenschauspieler fanden nebenher anspruchsvolle Angebote bei Film und Fernsehen. Haben Sie für sich da einen Zusammenhang in Ihrer Arbeit gesucht?

Nee, gar nicht, da habe ich mir keine Gedanken gemacht. Als Schauspieler gibt es ja unterschiedliche Möglichkeiten zu arbeiten, Theater, Fernsehen, man kann, wenn man die Möglichkeit hat, einen Kinofilm machen, man kann in ein Synchronstudio gehen oder zum Rundfunk – damals habe ich das fast alles gemacht. Das war so üblich, es war nicht aufgeteilt: nur Theater spielen, nur Film, nur Synchron. Heute ist das viel spezialisierter, weil soviel gemacht wird. Wenn man nur Film macht, da kann man manchmal auch nur vom Film leben. Das konnte man in der DDR nicht, weil nicht so viele Filme gemacht wurden. Und auch vom Synchronisieren allein konnte man nicht leben. Ich habe damals synchronisiert, wenn ich Zeit hatte und Lust hatte und die Möglichkeit bekam, aber ich habe immer Fernsehen gemacht – und da bestand gar kein Zusammenhang. Das sind vollkommen verschiedene Techniken, verschiedene Berufe fast.

Im Fernsehen sind Sie vor allem als labiler Kleinkrimineller beim POLIZEIRUF 110 aufgefallen.

Na ja, weil der POLIZEIRUF sehr populär war. Ich habe aber auch sehr viele andere Sachen gemacht, ich kann mich nicht beschweren. Sie kriegen ein Angebot, gucken rein, und sagen: »Ja, mache ich«, und dann machen Sie es. Also ich hatte eben nicht den säbelschwingenden Husaren bekommen oder den deutschen Robin Hood. Trotzdem, gerade beim Film und beim Fernsehen sind die Regisseure relativ phantasielos, die besetzen genau so, wie sie den Schauspieler gerade zuletzt gesehen haben. Was POLIZEIRUF betrifft, war ich gar nicht traurig darüber, denn die Bücher waren meistens ganz gut, und einen Bösewicht zu spielen ist immer attraktiv.

In Castorfs Produktionen haben Sie eine Ihrer Spezialitäten entwickelt: die lamentierende Publikumsansprache.

Quatsch! Im Gegenteil. Ja, im TRUNKENEN SCHIFF ja, sicher. Daß das Publikum angesprochen oder die vierte Wand überspielt wird, das ist ja keine Erfindung von Frank Castorf, das gab es schon in der Commedia dell'arte. Als wir das erste Mal miteinander arbeiteten, in Anklam bei NORA, da haben wir es gehaßt, die vierte Wand aufzugeben oder das Publikum einzubeziehen. Das finde ich persönlich auch unleidlich, wenn ich als Zuschauer dasitze und jemand anfängt, mit mir zu spielen. Der soll seine Arbeit machen, und sie sollen mich unterhalten, ich nehme da nicht teil. Ich habe dafür bezahlt, um zuzusehen, und nicht, um mitzuspielen. Ich bin dafür gar nicht ausgebildet als Zuschauer. Nein, das hat sich dann auf den Proben ergeben und aus der Situation des Raumes heraus. In diesem kleinen, engen Raum so zu tun, als bemerkte ich dreißig Zentimeter vor mir die Nase des Zuschauers nicht; um glaubhaft zu bleiben, mußte man einfach die Leute wahrnehmen.

Und die »Kadettfahrer«-Ansprache bei den RÄUBERN, da saß das Publikum nicht bloß einen halben Meter weg?

Es war keine Ansprache und auch kein Beispiel dafür, daß ich persönlich gern das Publikum einbeziehe, im Gegenteil. Ich mache das gar nicht gern. Mit dem Unsicherheitsfaktor Publikum möchte ich nicht arbeiten, weil mich das verunsichert. Das hat sich mal zufällig ergeben. Ich begreife Figuren nicht nur im Zusammenhang mit ihren vorgeschriebenen Texten, sondern denke einfach, daß eine Figur, wenn sie sich nicht mehr in den Originaltexten oder in den Originalszenen äußern kann, auch mal herausspringen darf. Und das war so ein Vorgang: Franz begann mit einem Schillermonolog etwas zu sagen, will aber weitergehen. Doch es gab in dieser Richtung keinen Schillertext mehr, woraufhin ich dann mit eigenem Text weitergesprochen habe, schon in den Proben zwei, drei Sätze. Und das haben wir dann so genommen, wobei ich immer von Frank gefordert habe, mir mehr konkreten Text zu geben, und nicht nur die zwei Sätze, die ich erfunden hatte – was er aber nie gemacht hat. Und aus Wut darüber habe ich keinen Text gesagt, sondern so ein Kauderwelsch gesprochen. Was dann wie eine Provokation gegenüber dem Publikum wirkte. Im Grunde genommen gab es das Kauderwelsch nur, weil der Regisseur zu faul war, mir einen Text zu geben. So entstehen Szenen, so entsteht eine Haltung oder ein Spiel, auch aus Regiefaulheit. Außerdem war das 1990, heute würde die Szene anders aussehen. Aber der Gedanke ist nicht: Ach, wir wollen unbedingt aufs Publikum zugehen oder mit dem Publikum spielen. Verstören, Unruhe schaffen, Leute überraschen, Fragen stellen, das ja. Das interessiert mich, sonst langweilt mich Theater. Das ist das ganze Prinzip auch von Dramaturgie, schneller zu sein als das Publikum. Das ist eigentlich das, was mich immer angetrieben hat, Theater zu spielen.

Hatte diese Überraschungslust vielleicht auch mit der Langeweile in der DDR zu tun?

Nein, das hat was mit mir zu tun, und ich meine mit Überraschen: intelligent überraschen. Natürlich können Sie einen Vorhang aufgehen und dann zwanzig Minuten die Bühne dunkel lassen. Und wieder Vorhang zu. War ja eine tolle Überraschung, haben wir nicht erwartet. Aber sehr, sehr blöd.

Was war die DDR für Sie?

Ja, da überrascht ihr mich jetzt. Ich weiß es nicht. Es ist auch komischerweise schon so lange her, die Bilder verschwinden, man behält nur Bruchstücke ... oder Klischees. Ein Spitzelland? Ein Gefängnis? Der bessere Teil Deutschlands? Ein Schlaraffenland ohne Milch im See und Broilern am Baum? Oder doch mit? Also gut, Schlaraffenland ohne Bonbons am Strand. Auf jeden Fall ein Land, in dem ich die erste Hälfte meines Lebens gelebt habe. Erste

Liebe, erste Enttäuschung. Erster Erfolg, erste Niederlage. Erste Freunde, erste Feinde.

(Das Gespräch führten Thomas Irmer und Matthias Schmidt.)

Glasnost und das verwirrende Endspiel 1989

Mit Gorbatschows Amtsantritt im mächtigsten Ostblockland regt sich unter Künstlern und Intellektuellen noch einmal Aufbruchsstimmung. Vor allem der Anspruch, im Namen von Glasnost die überfällige Aufklärung über die Verfehlungen des Sozialismus zu leisten, scheint Erwartungen auf einen moralischen Neuanfang zu nähren. Von der DDR-Führung ignoriert und als ausschließlich sowjetische Angelegenheit heruntergespielt, wird Gorbatschows Politik von der DDR-Bevölkerung nicht nur wegen der sich anbahnenden Entspannung im Wettrüsten begrüßt. Heiner Müller hat zuletzt 1985 ein Bühnenstück geschrieben: die BILDBESCHREIBUNG, einen postapokalyptischen Monolog; jetzt setzt er mit der WOLOKOLAMSKER CHAUSSEE noch einmal an, die tragische Geschichte des Sozialismus in eine ungewisse Zukunft fortzuschreiben – eine Zukunft, die sich im V. Teil, da die junge DDR-Geschichte keine Fortsetzung haben kann, als nicht existent erweist.

Der neue Schwung im Theater gilt sowjetischen Stücken, mit denen Glasnost unmittelbar die Bühne betritt: Die historisch dokumentarischen Stücke Michail Schatrows um die Frühzeit des Sowjetregimes sind trotz ihrer theatralen Sprödigkeit von größtem Interesse: DIKTATUR DES GEWISSENS (zuerst in Leipzig, dann am Deutschen Theater Berlin) und DER BRESTER FRIEDEN, ein Stück über die von der sowjetischen Geschichtsschreibung verfälschte Politik der Bolschewisten am Ende des Ersten Weltkriegs: ein Ansatz, im historischen Denken die Rolle Lenins und seiner

Die Übergangsgesellschaft von Volker Braun
Regie: Thomas Langhoff, Maxim Gorki Theater Berlin, 1988
Foto DRAMA

Genossen, die für den »Wissenschaftlichen Kommunismus« im Prinzip in ihren historischen Entscheidungen unangreifbar waren, zu hinterfragen.

Direkter noch ist gewiß die Wirkung von Alexander Gelmans Stücken, die sich auf einer anderen Ebene als der der Politik mit ethischen Fragen im Sowjetalltag beschäftigen: Wir, die Endesunterzeichnenden, immerhin schon 1979 am Moskauer Künstlertheater uraufgeführt, läßt zu Beginn der Glasnost-Ära bei den zahlreichen Zuschauern im Maxim Gorki Theater Hoffnung auf eine moralische Erneuerung aufkommen. Diese Stücke von fast journalistischem Zuschnitt treffen den Nerv einer Gesellschaft, die sich an Tabus in ihrer Öffentlichkeit fast schon gewöhnt hat, denn von Mauscheleien in der Wirtschaft ist in der Presse nie zu lesen. Zu den mit Verspätung gespielten moralischen Glasnost-Stücken gehört auch der Aufstieg auf den Fudjijama von Tschingis Aitmatow, dessen Kriegsnovelle *Djamila* jedem aus der Schulzeit bekannt ist und der mit seinem aufsehenerregenden Roman Der Tag zieht den Jahrhundertweg, von Ulrich Plenzdorf für das Theater dramatisiert, einen ganz neuen Rang als Autor erlangt. Literatur, Theaterstücke und Filme aus der Sowjetunion – die dort als sogenannte Werke fürs Regal die Breschnew-Zeit überstanden haben – gelten plötzlich als oppositionell zur DDR-Führung und erscheinen für das Verständnis der DDR-Geschichte als grundlegend, auch wenn sie mit der tatsächlichen Geschichte der DDR wenig bis nichts zu tun haben. Das Bindeglied war die verschwiegene Geschichte des Stalinismus, dessen Existenz und Folgen in der DDR geleugnet wurden; die DDR-Geschichte wird nun als eine völlig eigenständige hingestellt, ganz ohne die großen Geburtsfehler des Weltexperiments.

Einiges gerät dabei durcheinander: Die Zeitschrift *Sputnik* wird wegen eines Beitrags über das Gulag-System den Abonnenten in der DDR nicht mehr zugestellt, während bereits Jahre vorher Elem Klimows Film Agonie, eine Allegorie der Breschnew-Ära, wenn wohl auch mehr aus Versehen in einige ostdeutsche Kinos gelangt war. Glasnost ist ein durchaus verwirrendes Phänomen, orientierten sich die tonangebenden SED-Leute eine Epoche lang doch bedingungslos an Moskau, während sich die ältere Generation noch an den »Russenschock« der Nachkriegszeit erinnert.

Die wirklichen DDR-Glasnost-Stücke schreiben jedoch zwei Ostberliner Dramatiker, nicht um die Glasnost-Literatur zu bereichern, sondern um unmittelbar auf die Bedürfnisse des Theaters und die Verhältnisse der Gesellschaft zu reagieren. Volker Brauns ÜBERGANGSGESELLSCHAFT, 1987 in Bremen uraufgeführt, zeigt in der Inszenierung Thomas Langhoffs am Maxim Gorki Theater 1988 auf der Folie von Tschechows DREI SCHWESTERN das geistige Endbild der DDR. Der Titel DIE ÜBERGANGSGESELLSCHAFT spielt auf einen von Honecker häufig benutzten Begriff für den vagen, immer weiter in die Zukunft verschobenen Übergang zum Kommunismus an. Tatsächlich führt das Stück den am Boden liegenden Sozialismus in der DDR anhand von Figuren vor, die in der Echtzeit nur mehr den Übergang zum Kapitalismus erleben werden, obwohl sie sich nach etwas anderem, obgleich sehr Vagem sehnen. Das Stück ist klüger als seine Figuren und wohl auch als sein Autor – kaum zwei Jahre nach der Berliner Premiere sind alle Hoffnungen auf einen sich erneuernden Sozialismus passé.

DIE RITTER DER TAFELRUNDE von Christoph Hein ist eine Parabel auf die aktuelle Situation der klar wahrgenommenen stagnierenden DDR-Gesellschaft. Den Gral zu suchen, dafür sind die Ritter einerseits zu alt und die jüngeren andererseits zu desillusioniert. Das Stück gilt mit der Dresdner Uraufführung als aufklärerisches Endspiel über die DDR. Die Aufführungen geraten im Herbst 1989 zu politischen Manifestationen, als die Schauspieler aus ihren Rollen treten, um Protestresolutionen zu verlesen. In Dresden verliest Joachim Nimtz, der Siegfried-Darsteller in Wolfgang Engels NIBELUNGEN, die Resolution. Später wird er als IM enttarnt.

Kein Resümee

Das Theater der DDR hatte sein Ziel erreicht und dabei verloren. Es wurde, nach den Vorstellungen und auf den Demonstrationen, für einen Moment eins mit seinem Publikum, das andere Verhältnisse begehrte: demokratischer, offener, unmittelbarer – ja visionärer. Aber das spielte sich nicht mehr auf der Theaterbühne ab. Im Frühjahr 1990 blieben die Theater der noch für ein paar Monate existierenden DDR leer. Ihre spezifische Funktion zwischen staatstragender Aufklärung und neuem Menschenbild auf der einen und der kritischen Hinterfragung auf der anderen Seite hatten sie erfüllt – übererfüllt, wenn man so will, mit einem großen Rest für die weitere Gegenwart.

Christoph Hein, der in der frühen Zeit der deutsch-deutschen Spaltung im Osten wohnte und im Westen zur Schule ging, bezeichnet sich als Chronist. Auf die Realisation der meisten seiner Stücke mußte er in der DDR lange warten. Die künstlerisch vollendete Aufführung seines Theaterstücks über Wiederholung und Stillstand nach der Revolution, DIE WAHRE GESCHICHTE DES AH Q, konnte er 1983 am Deutschen Theater unter der Regie von Alexander Lang erleben: eine großartige Parabel darüber, warum Intellektuelle in Umbruchszeiten in den hinteren Reihen stehen oder verlogen sind.

Widerstände sind anregend: Christoph Hein

Christoph Hein, geboren 1944, Dramatiker und Autor bedeutender Prosawerke und Essays, Regieassistent bei Benno Besson, 1967 bis 1971 Studium der Philosophie in Leipzig, danach Dramaturg an der Volksbühne bei Besson bis 1979. Debüt mit VOM HUNGRIGEN HENNECKE an der Volksbühne, das im ersten »Spektakel« 1973 in der Regie von Maxim Vallentin mit Winfrid Glatzeder in der Titelrolle gezeigt wird. Wichtigste Stücke: DIE WAHRE GESCHICHTE DES AH Q (1983, Deutsches Theater, Regie Alexander Lang), PASSAGE (1987, Dresden, Regie Klaus-Dieter Kirst), DIE RITTER DER TAFELRUNDE (1989, Dresden, Regie Klaus-Dieter Kirst). Seine Novelle DER FREMDE FREUND (1982; alternativer Titel für die westdeutsche Ausgabe DRACHENBLUT) und der Roman HORNS ENDE (1985) gehören zu den wichtigsten Werken, die in der späten DDR erschienen.

Frage: Christoph Hein, wir haben in einem Anflug von Leichtsinn unserem Film den Arbeitstitel »Die Bühnenrepublik« gegeben und erst im nachhinein festgestellt, daß tatsächlich vieles in diesem Land inszeniert wirkte, theatralisch. Hatte die DDR etwas besonders Theatralisches?

Hein: Ulrich Eckhardt, der frühere Chef der Berliner Festspiele, sagte mal, die DDR sei ein Kunststaat gewesen, in des Wortes mehrfacher Bedeutung. Es gab eine besondere Wertschätzung, Hochschätzung der Kunst, und auch Angst davor. Das war schon eine Besonderheit etwa im Unterschied zur Bundesrepublik.

Heiner Müller meinte, Shakespeare wäre in einer Demokratie undenkbar. War tatsächlich das System als Reibungsfläche ein wesentlicher Punkt, um dramatische Texte zu verfassen?

Ich denke, daß besonders schwierige Situationen für die Kunst nicht unbedingt schädlich sind. Es ist eine Merkwürdigkeit, daß ein rauheres Klima schönere Blumen hervorbringt. Das spricht nicht für das rauhere Klima, Kunst ist eine merkwürdige Pflanze.

Wenn man sich Bilder von Großveranstaltungen in der DDR anschaut, Parteitage, Weltfestspiele, Sportfest in Leipzig, so wirkt dies tatsächlich alles sehr theatralisch. War die DDR eher eine tragische oder eine komische Inszenierung? Können Sie mit einer solchen Frage etwas anfangen?

Ich denke weder – noch. Die Inszenierungen waren vielfältig, ob freundlich oder unfreundlich, positiv oder negativ gesehen, aber mit den Begriffen von Komödie und Tragödie würde ich da etwas zurückhaltender umgehen. Das vermischte sich selbstverständlich. Und was Sie ansprachen, diese Aufmärsche, dieses Offizielle, das zur DDR dazugehörte und verschiedene Diktaturen auszeichnet, das war nicht unbedingt eine Sache von Theater, das hat etwas mit der Art der politischen Präsentation zu tun.

Gleichzeitig hat es hervorragende Produktionsbedingungen für die Theater in der DDR gegeben, eine sehr große Breitenwirkung und eine große Theaterdichte. Könnten Sie eine Gesamteinschätzung wagen?

Natürlich kann man Gesamteinschätzungen wagen, aber man kann sie schwer auf einen Nenner bringen. Was ich vorhin sagte, diese besondere Hochschätzung und Wertschätzung der Kunst, das hat etwas mit der Arbeiterbewegung zu tun, auch der des 19. Jahrhunderts, als es diese Höhen der bürgerlichen Kultur zu stürmen galt. Gleichzeitig witterte der Staat da auch stets Verrat, hatte Angst. Die Aggressionen in diese Richtung waren vielfältig und in den einzelnen Jahrzehnten sehr verschieden. Das besserte sich im Laufe der Zeit, aber mit der Hochschätzung war auch – und das ist die andere Seite der Medaille – die Angst vor ihr verbunden und der Wunsch, Kunst mittels Zensur zu beeinflussen.

Woher kam diese Angst? Bevor Stücke auf die Bühne kamen, vergingen lange Jahre, bevor Bücher in die Buchläden kamen, wenn überhaupt, vergingen lange Zeiten, und trotzdem blieb diese Riesenangst. Woher kommt diese Grundangst gegenüber Künstlern?

Aus der Hochschätzung. Wenn ich etwas übermäßig schätze, entsteht auch die Vermutung, die Angst, die Hoffnung, wie auch immer, daß davon etwas ausgehen könnte. Es lag immer diese alberne Anekdote in der Luft, daß die französische Revolution durch eine Aufführung von FIGAROS HOCHZEIT ausgelöst worden sei. Das schwebte immer über diesem Staat, daß Künstler und ihre Kunst etwas bewirken, verändern könnten. Das ist in der Bundesrepublik nun völlig anders. Da können wir machen, was wir wollen. Es interessiert keinen, und es verändert auch nichts.

Nach dem Mauerbau gab es auch die Hoffnung, jetzt müsse man gewisse Ängste nicht mehr haben, jetzt gibt's einen Konsens darüber, daß wir hier arbeiten und daß wir hier alles sagen können, wenn wir uns über dieses Fundament DDR einig sind. Sie haben diese Geschichte aus einer besonderen Situation erlebt. Sie sind in Westberlin aufs Gymnasium gegangen, weil Sie in Ostberlin nicht durften, und nach dem Mauerbau war es auch nicht ganz so einfach, im Osten wieder weiterzumachen. Wie hat Sie das geprägt?

Ich war vierzehn, als ich in den Westen ging, weil ich nicht auf die Oberschule gehen durfte, und ich war siebzehn, als die Mauer gebaut und ich dann wieder eingefangen und wider Willen zum DDR-Bürger gemacht wurde, was in meiner persönlichen Lebensplanung nicht vorgesehen war. Es sollte eigentlich so laufen, daß ich das Abitur in Westberlin mache und dort auch studiere und so weiter. Natürlich sind das sehr entscheidende Jahre, und mit der Mauer war für mich auch ein Endpunkt gesetzt, für das, was ich da gehofft und geplant hatte, und ich mußte mich völlig neu orientieren. Da setzten dann eben ein paar Jahre der Bestrafung ein, weil ich ja ein Abgehauener war. Also dieser Punkt von Hoffnung, daß es durch den Mauerbau nicht mehr so viele Ängste geben würde und man sich mehr im Inneren entwickeln und auf die eigenen Schwierigkeiten und Probleme konzentrieren könne, das habe ich anfänglich nicht so erfahren.

Was hat Sie dazu bewogen, 1963, in diesen schwierigen Jahren, bei Benno Besson zu assistieren?

Ich hatte mich schon als Zwölfjähriger entschieden, daß ich Stücke schreibe, und hatte auch in diesem zarten Alter gesehen, daß die glücklichsten Momente in der europäischen Theatergeschichte die waren, wo die Verbindung des Autors mit der Bühne intakt war. Ich nenne zwei Namen, Molière und Shakespeare. Und es war mein Wunsch, und ich hatte absolut die Vorstellung, daß das eigentlich nur auf diesem Wege sinnvoll und fruchtbar ist, daß ich mit einem Theater zusammenarbeite. Das war der Grund, weswegen ich mich damals mit achtzehn bei Besson gemeldet habe, ein Jahr bei ihm als Assistent gearbeitet habe und nach dem Studium wieder an seine Bühne ging.

Sie sind hingegangen und haben gesagt, Herr Besson: Ich würde gerne?

Ja, ja, ich habe ihn vor dem Deutschen Theater abgefangen, habe mich vorgestellt und gesagt: »Ich würde gerne als Assistent bei Ihnen arbeiten.« Und da war er sehr überrascht und stutzte und sagte so zu mir: »Gut, einverstanden, wir machen's aber wie in Frankreich.« Und ich sagte: »Ich weiß nicht, wie man es in Frankreich macht.« Darauf er: »Ohne Geld«, und ich schluckte etwas und sagte: »Okay.« Ich war dann ein Jahr bei ihm, immer in der Sorge, daß ich als »asoziales Element«, weil ich keinen Arbeitsvertrag hatte, von den Behörden geschnappt und beispielsweise zur NVA geschickt werde, was eine übliche Bestrafung für solche »Subjekte« war. Das Jahr habe ich aber gut überstanden und bin dann nach dem Studium, wie gesagt, wieder an seine Bühne gegangen.

Warum zu Besson?

Das war auch schon damals für mich ein heiliger Name. In diesem Alter, gerade achtzehn, wollte ich einfach zu dem bestmöglichen, mir möglichen Regisseur. Also das hieß zunächst, in die DDR zu gehen und mir die Theaterlandschaft genau anzuschauen, um herauszufinden: Besson ist der beste, und folglich gehe ich zu ihm arbeiten. Das hat sich, denke ich, für mich auf jeden Fall gelohnt. Es war ein sehr anregendes Kennenlernen der Bühne, des Schauspielers, des ganzen Betriebs. Es war fruchtbar für meine eigene Arbeit.

Wie nah war die Arbeit an der DDR-Wirklichkeit dran? Besson ist ja auch in Betriebe gegangen und hat dort mit Arbeitern diskutiert und über sein Theater gesprochen.

Die Nähe zur DDR-Wirklichkeit war immer ein bißchen gebrochen. Theater neigt grundsätzlich dazu. Hinzu kam natürlich auch, daß Besson als Mann aus der französischen Schweiz die DDR nur sehr bedingt wirklich gekannt hat. Das beweist ja dieses Beispiel, daß

Die Ritter der Tafelrunde von Christoph Hein
Regie: Klaus Dieter Kirst, Staatsschauspiel Dresden, 1989
Foto Hans-Ludwig Böhme

Die wahre Geschichte des Ah Q von Christoph Hein
Regie: Alexander Lang, Deutsches Theater Berlin, 1983
Foto Archiv Deutsches Theater Berlin

Die wahre Geschichte des Ah Q von Christoph Hein
Regie: Alexander Lang, Deutsches Theater Berlin, 1983
Foto Archiv Deutsches Theater Berlin

er in die Betriebe ging und mit den Arbeitern redete. Das machten erfahrene DDR-Theaterleute nicht, die wußten, daß das unsinnig ist. Aber er hatte noch den Schwung einer Idee, die da längst nicht mehr funktionierte. Theater hat immer eine gewisse theatralische Entfernung von der Realität, Nähe und Entfernung in einem. Die spezielle Bessonsche Theaterpraxis, Sichtweise, Ästhetik war etwas sehr Angenehmes dafür.

Die Besonderheit seines Theateransatzes hat letztlich etwas mit seiner Herkunft zu tun, der französischen Schweiz, dem Süden, der katholischen Kultur. Der Katholizismus war immer sinnenfreudiger als der Protestantismus, der, wie Marx mal sagte, den Christenmenschen aus dem römischen Joch befreit habe, nur um sein Herz in Ketten zu legen. Und mit Besson kam – obwohl er selbst, soviel ich weiß, nicht gläubig war – eine katholisch geprägte Kultur nach Berlin. Sehr sinnenfreudig, spielerisch. Wie die legendären Bäder des Papstes im Mittelalter, die angeblich heftigste erotische Szenen verzierten, was undenkbar ist für protestantische Länder. Und ich glaube, letztlich ging alles auf diesen romanischen, sehr viel sinnlicheren und sinnenfreudigeren Ansatz zurück, der ihn von dem protestantischen des Nordens unterschied. In diesem Zusammenhang brachte er auch, das war sehr wichtig, das französische Volkstheater, speziell Molière, nach Deutschland, mit Spielweisen, die für Deutschland neu waren und mit großer Begeisterung aufgenommen wurden. Als er das wirkliche Volkstheater hierherbrachte, achtete er sehr darauf, daß die Ebene der Kunst wieder beachtet wurde: Er antwortete sich selber, indem er im nächsten Programm einen Shakespeare oder einen Racine in der Volksbühne herausbrachte. Das war für ihn eine Einheit, eine große kulturelle, künstlerische Einheit. Auch das war in diesem protestantischen Norden, wo eine strikte Trennung zwischen Hochkultur und niederer Kultur, zwischen bürgerlich-adliger Kultur und der plebejischen herrscht, neu, überraschend und begeisternd.

Umgekehrt gefragt: Wie nah war die Wirklichkeit am Theater dran? Ihre ersten Texte sind bei den Volksbühnen-Spektakeln zur Aufführung gekommen, wie SCHLÖTEL, *der gekürzt, aber auch viel diskutiert wurde. Wieweit hat die Wirklichkeit eingegriffen in den Theateralltag?*

In den Theateralltag griff sie natürlich ständig ein, bis hin zu dem Schlußpunkt, als Besson kündigte, als ihm sein Spielplan dreimal von der ihm übergeordneten Behörde nicht genehmigt wurde. Da sagte er völlig zu Recht: »Wenn ein Intendant einen Spielplan nicht durchbekommt, dann ist er eben nicht mehr der Intendant«, und er ging. Das war durch die Jahre hindurch der ständige Kampf, geführt mit vielfältigen Mitteln und Möglichkeiten, aber es war immer ein Kampf und immer mit Kompromissen verbunden.

Wie sehr setzte einen das als junger Autor, der weiß, daß es nicht einfach wird, jeden Stoff auf die Bühne zu bekommen, unter Druck?

Das stählt den Mut und hilft, die Fäuste oben zu behalten. Widerstände haben was enorm Anregendes, jedenfalls für mich. Man hat diese Möglichkeit, und nicht nur als Möglichkeit, denn diese ständig drohende Zensur oder Eingriffe haben mich ja auch gereizt.

Unter welchen Umständen mußte SCHLÖTEL *gekürzt werden?*

Das waren politische Gründe. Die Zensurleute, die ins Theater kamen, waren nicht bereit, mit mir zu sprechen, die sprachen nur mit dem Intendanten und dem Regisseur. Und da hatte Besson verlangt, daß wir ein gemeinsames Gespräch führen. Das war eine ganz absurde Veranstaltung, weil diese Zensoren sich in dem ihnen aufgezwungenen Gespräch so setzten, daß sie mich nie anblicken mußten. Und alles, was sie an dem Text kritisierten, sagten sie dem Intendanten. Die gingen voll auf die Hierarchie, ihr Untergebener war der Intendant und nicht irgendein hergelaufener Autor, also feuerten sie voll immer gegen den Intendanten. Das war ein absurdes Gespräch. Aber komisch, ich ging sehr belustigt raus.

Wieviel Mut oder wieviel Fähigkeit zu ironischem oder zynischem Blick gehört dazu, das so amüsiert aufzunehmen?

Kein Zynismus, mit Zynismus können Sie in der Kunst nicht arbeiten, das geht nicht. Nur einfach wissend aus der Geschichte, das ist nix Neues, was da passierte, das hatten ein paar Kollegen in den letzten Jahrhunderten alle schon durchgemacht, und sie haben alle darüber geschrieben, also insofern fühlte ich mich absolut in einer Tradition geborgen. Es geht mir nicht besser als den anderen, aber eben auch nicht schlechter.

In Ihrem Fall gipfelte das in der Anekdote, die Anfang der achtziger Jahre die Runde machte, Sie hätten so viele unveröffentlichte Texte, daß Ihr Debüt als mehrbändige Kassette geplant sei. Aber der dafür notwendige Schuber scheiterte dann wiederum an praktischen Dingen. Wie war das genau?

Besson kündigte hier aus den schon erwähnten Gründen, und ich kündigte auch. Etwas kühn, weil ich allein auf der Straße stand und mir überlegen mußte, wie ich mir die Brötchen verdiene. Ich kramte alle Texte zusammen, die ich hatte, und ging zu einem Verlag, wieder mit der Arroganz, die mir eigen ist, zu dem besten des Landes. Und Aufbau war auch bereit, das alles zu drucken. Sie sagten aber, es sei doch sehr viel, sie würden mit drei Bänden beginnen. Dafür brauchten sie dann eine Kassette, und es starb daran, daß sie keine Firma fanden, die ihnen die Kassette bastelte. So sind die Bände schließlich nacheinander erschienen. Ich hatte Hacks davon erzählt, daß sie mit drei Bänden in einer Kassette beginnen wollen, und er schaute mich so an und überlegte und sagte dann: »Eigentlich ein schöner Gedanke, mit gesammelten Werken zu debütieren.«

Sie haben keine Gegenwartsstücke im Sinne einer wirklichen Gegenwartshandlung geschrieben, aber Sie haben darauf insistiert, jedes Stück, das in der Gegenwart gespielt wird, sei a priori ein Gegenwartsstück. Andererseits mußten Sie manchmal lange auf eine Aufführung warten. Hat es Ihnen nicht unter den Nägeln gebrannt? Hatten Sie nicht das Gefühl: Hier sind Sachen, die müssen jetzt raus?

Ja, das ist natürlich für jeden Autor so. Wenn er mit einem Text fertig ist, hat er das Bedürfnis, daß dieser Text ganz schnell den Leser oder den Zuschauer erreicht. Das, denke ich, war zu keiner Zeit anders. Da gibt es einen ganz aktuellen Druck, der ja unter anderem dazu geführt hat, daß der Autor sich hingesetzt hat, um das aufzuschreiben. Wenn man sich ein halbes Jahr oder ein Jahr oder drei Jahre an den Schreibtisch setzt, um einen Text zu schreiben, muß schon ein sehr aktueller Druck, ein Drängen bei dem Autor da sein, und dieses Gefühl hat er ja auch, wenn der Text fertig ist, daß er dann möglichst rasch, möglichst schnell, zumindest von ein paar Leuten, die ihm wichtig sind, eine Resonanz hört oder daß dieser Text eben unter die Leute kommt.

Ihr erster Essayband erschien unter dem Titel ÖFFENTLICH ARBEITEN. *Was wir eben besprochen haben, ist ja genau genommen das Gegenteil von öffentlich arbeiten, nämlich eine Nichtexistenz in bestimmten Jahren.*

Darum hieß dieser Essayband zu DDR-Zeiten ÖFFENTLICH ARBEITEN, weil in ihm mehrfach diese Schwierigkeiten zur Sprache kommen. Es hat ja genau damit zu tun, daß die Arbeit auch dann, wenn ihr die Öffentlichkeit genommen ist, immer noch eine öffentliche Arbeit bleibt, die Arbeit von Künstlern, von Autoren, von Theatern immer eine öffentliche Arbeit ist, egal, ob sie zugelassen ist, ob sie das Publikum erreicht oder nicht. Ein Widerspruch in sich, gar keine Frage.

Auf dem Schriftstellerkongreß 1987 haben Sie gefordert, die Zensur abzuschaffen. Nicht allein der Freiheit der Kunst wegen, sondern auch weil sie eine Ersatzöffentlichkeit hervorbringt. Es ging letztlich darum, was Kunst ist und nicht dauernd zu fragen, wo ich noch was verstecken kann, und im Theater ist der Raum zwischen den Zeilen halt noch größer als im Buch.

Es war aufreibend, aber es war auch anregend. Ein wichtiger Punkt bei diesem Arbeiten mit der Zensur oder gegen die Zensur war eben auch, sich nicht auf eine andere Art und Weise von der Zensur bestimmen lassen, indem man ausschließlich gegen die Zensur schreibt und sich im Grunde darauf fokussiert. Wenn man der Zensur genügt und ihr nachgibt, dann sollte man das Schreiben aufgeben. Aber wenn man nur dagegen schreibt, ist das natürlich wieder eine Begrenzung, eine Einschränkung, die für die Kunst genau so fatal ist. Also im Grunde war es wichtig bei der Arbeit am Schreibtisch, jeden Gedanken an so etwas wie Zensur außen vor zu lassen. Und beim Schreiben war sie ja nicht vorhanden, sie trat tatsächlich erst nach dem Abschluß in Erscheinung, nach der Abgabe der Arbeit.

Über Ihre Stücke haben Sie kurz nach der Wende gesagt, daß Sie einerseits nie konkret die DDR beschrieben hätten, im Sinne von Anprangern und Einmischen, andererseits haben Sie nach eigenem Bekunden mit Ihren Stücken seit 1974 elfmal das Ende der

DDR beschrieben in historischen Stoffen, in Verkleidungen. Nehmen wir als Beispiel DIE WAHRE GESCHICHTE DES AH Q. *Wie haben Sie daran gearbeitet – ohne Blick auf die DDR?*

Wahrscheinlich kann ich das am deutlichsten erklären mit DIE RITTER DER TAFELRUNDE. Das war ein Stoff, den ich über Jahre erkundet habe. Ich bin heilfroh, daß ich den 1987 beendet hatte, zwei, drei Jahre später hätte ich ihn wohl nicht mehr zu einem Ende geführt. Ich hatte deswegen Schwierigkeiten, ich wollte den Mythos nicht kränken, nicht verändern, und das war das Wesentliche. Aber da gab es noch diese andere Kleinigkeit für mich: Es sollte sich auch nicht nur, schon gar nicht ausschließlich auf die DDR beziehen, denn das würde den Mythos unendlich verkleinern und Kabarett werden. Das war wichtig für mich bei diesem Stoff, wo es unweigerlich Bezüge zur DDR gab, ihn noch in einer Größe zu handhaben und dieses Stück auch unabhängig von der DDR zu schreiben versuchen. Das war der Grund, weswegen ich über fünf Jahre immer wieder diesen Stoff aufgriff und daran gearbeitet habe, bis ich dann 1987 diese Fassung abgeben konnte.

Bei der Uraufführung 1989 hat Ihnen die Wirklichkeit diesen großen Stoff dann doch aus der Hand genommen und in diese kleine Republik zurück übersetzt. Es hat also eine Unmittelbarkeit gegeben, die Ihnen als Autor die Ideen aus dem Stück wegnimmt. Wie sind Sie damit umgegangen?

Das war das Übliche. Man konnte mit bestimmten Aufführungen eines Goethe-Stückes die gleichen Effekte erzielen, das Publikum hatte sehr gespitzte Ohren. Ich erinnere mich, daß Dieter Hildebrandt, der Kabarettist, Mitte der achtziger Jahre in der DDR ein Gastspiel hatte, und, befragt nach dem Publikum, sagte er, das Publikum säße in der DDR anders auf den Stühlen, so mehr vorne auf der Leiste. Er hat damit die ungemein hohe Aufmerksamkeit des Publikums sehr schön beschrieben, aber eben auch eine Aufmerksamkeit für Zwischentöne, die durchaus DDR-kritisch zu hören, zu verstehen oder auch zu mißdeuten waren. Also insofern passierte da meinem Stück nur das, was jedem Stück von irgendeinem beliebigen Kollegen in der DDR passieren konnte.

Es ist aber schon so, daß dieses Stück vom Scheitern einer Utopie letztlich selbst zu einer Art Revolutionsappell wurde, als in Dresden die Schauspieler aus ihren Rollen traten und die Wirklichkeit quasi auf der Bühne stand. Das ist ja eigentlich etwas anderes als das, was Sie geschrieben hatten.

Ja, gut, das ist eine Besonderheit dieses Jahres und dieser Wochen und Monate. Das passierte nicht nur dort, bei diesem Stück wurde vielleicht das Thema etwas stärker, aber das ist der normale Zustand, wenn solche heftigen Veränderungen in einer Gesellschaft passieren.

Warum hat Sie das immer wieder gereizt, in historischen Stoffen Momente des Scheiterns zu entdecken?

Ich denke, weil ich ein Kind des Landes war, ein DDR-Bürger, der sich mit seiner Gesellschaft beschäftigte, bestimmte Mißentwicklungen sah und ein paar Belehrungen aus der Geschichte hatte, so daß ich dieses Ende, 1974 beginnend mit CROMWELL, mehrmals beschreiben konnte, ohne als Prophet zu gelten, sondern einfach nur, indem ich aufschrieb, was ich gesehen habe. Und die Bezüge auf die Geschichte, etwa mit solchen historischen Stoffen wie dem CROMWELL, das war ein Moment des Theaters. Theater arbeitet immer gern mit dem Kostüm. Es kann ein ganz aktuelles Problem immer mit dem Gewand des HAMLET abhandeln, den Gegenwartsbezug stellt der Schauspieler her, der mein Zeitgenosse ist. Das ist zum Beispiel in der Belletristik, in der Prosa kaum möglich,

Probenfoto HAMLET/MASCHINE von W. Shakespeare/Heiner Müller
Regie: Heiner Müller, Deutsches Theater Berlin, 1989
Foto Wolfhard Theile

Probenfoto HAMLET/MASCHINE von W. Shakespeare/Heiner Müller
Regie: Heiner Müller, Deutsches Theater Berlin, 1989
Foto Wolfhard Theile

da ist die Historisierung im Lesererlebnis innerlich. Aber Theater war für diese Möglichkeit immer aufgeschlossen, daß der Bogen größer gespannt wurde und eben, was für mich wichtig war, auch der Bogen der Geschichte.

1974 also, kurz nach dem Machtwechsel von Ulbricht zu Honecker, beginnen Sie über das Ende zu schreiben. Das war aber auch eine Zeit, in der nicht wenige noch einmal eine Hoffnung auf Honecker richteten, auf eine Öffnung. Wie haben Sie das erlebt?

Nein, das kann ich so nicht bestätigen, daß das der allgemeine Eindruck war. Ich kannte auch sehr viele ältere Kollegen, die genau das Gegenteil sagten, die an diesem Wechsel überhaupt nichts Freundliches oder Positives entdecken konnten. Ich merkte zwar, im Unterschied etwa zu den fünfziger Jahren, die ich selbst eher aus der Geschichte kannte, weil ich im Grunde erst ab 61 mit dem Wiedereinfangen diese Gesellschaft begriffen habe, daß sich da die Zensur etwa oder der Umgang mit Kunst in den Jahrzehnten verändert hatte. Aber daß da ein grundsätzlicher Wechsel stattgefunden hat, kann ich nicht sagen. Irgendwelche Parteitagsreden hatten sich verändert, aber da war ich sehr mißtrauisch. Das widersprach auch meinem Eindruck von der Realität, da ließ ich mich doch eher von den Realien überzeugen.

Führen Sie diese Grundeinstellung auf ideologische – oder auch biographisch oder durch Bildung bedingte – Dogmen zurück, daß Leute wie Ulbricht und Honecker möglicherweise mit Theater, Kunst und Kultur ohnehin nicht so viel anfangen konnten?

Jetzt spreche ich natürlich ein bißchen aus heutiger Sicht und muß aufpassen, daß das etwas mit dem Damaligen zu tun hat. Ich denke, daß die regierende Mannschaft letztlich nicht allzu gebildet war, um es sehr höflich auszudrücken. Aber daß sie eben auch ganz den Prinzipien und Idealen des 19. Jahrhunderts, der Arbeiterbewegung des 19. Jahrhunderts, diesen Arbeiterbildungsvereinen verhaftet war. Und aus diesem Grund in der Kunst und Kultur eine zu erobernde Höhe sahen, mit einem heftigen Unverständnis dafür, was Kunst ist. Kultur war diesem Verständnis nach Goethe, Schiller plus ein paar politisch brauchbare Gedichtchen.

(Das Gespräch führten Thomas Irmer und Matthias Schmidt.)

Über die Wendezeit hinweg probt Heiner Müller am Deutschen Theater sein achtstündiges Doppelprojekt HAMLET/MASCHINE. Zu Probenbeginn sind die Schauspieler mit der Organisation der großen Demonstration auf dem Alexanderplatz am 4. November 1989 beschäftigt. Ständig ändern sich die Konzeptionen. Wohin die Reise geht, weiß keiner, weder draußen auf der Straße noch im Theater. Vielleicht will Hamlet den besseren Staat Dänemark, gerade *weil* trotz der Fäulnis alles familiär gewesen ist. Am Ende, auch Hamlet ist tot, tritt Fortinbras in goldener Rüstung auf – in Müllers Lesart die Deutsche Bank, die den kranken Staat mit seinen sinnlosen Toten übernimmt. Es ist die letzte große Chiffre des DDR-Theaters. Danach verabschiedet sich sein kritischer Geist mit ungewissem Schicksal.

Das Theater hat Gezeiten wie die Nordsee,

seine Geschichte ist mit der Geschichte der Staaten und Gesellschaften, die es aushalten, nicht ohne weiteres auf einen Nenner zu bringen, die Wellenlängen sind verschieden. Auf das Weitere, auf die zarte Differenz, wie Goethe es genannt hat, kommt es wahrscheinlich an, wenn man den hellen oder dunklen Schein der Gegenwart, der das Theater ist, in die Zukunft verlängert.

Manchmal greift das Theater dem Gesellschaftsplan vor, das ist die Zeit der Wirkungen. Wenn das Publikum die Bühne einholt, ist die Zeit des Erfolges gekommen, der die Wirkungen aufhebt. Dann braucht das Theater den Schritt ins nächste Unbekannte. Wenn es zu lange zögert, weil es an seiner (sozialen) Funktion unsicher wird, werden Dekor und Kostüm hypertroph: Selbstdarstellung des Theaters auf Kosten seines Gegenstands. Wenn aus der Geschichte des Theaters in der DDR etwas gelernt werden kann, so ist es die Binsenwahrheit, daß Theater sich aus den Kämpfen der Zeit nicht heraushalten kann, auch aus den Scheinkämpfen nicht, die manchmal länger dauern und, auf dem Feld der Kunst, mehr Opfer fordern: der Spiegel der Epoche bildet auch ihre Dummheit ab. Im Gegensatz zur dramatischen Literatur, die nach Generationen aus dem Abseits ins Zentrum der Epoche treten kann, greift das Theater nicht ungestraft daneben, das heißt: am Blickfeld der zeitgenössischen Mehrheit vorbei, so beschränkt das sein mag und auch wenn der aktuelle Blickpunkt auf einer optischen Täuschung beruht, bedingt durch falsches Bewußtsein, mit dem das Rad der Geschichte von Zeit zu Zeit offenbar geölt werden muß: auch Illusionen machen Geschichte. Die Französische Revolution steht dafür, die Mutter der Freien Marktwirtschaft, die den Menschenrechten den Warencharakter aufgeprägt, der sie in Umlauf bringt. Theater lebt aus dem Rhythmus von Störung und Bewahrung. Die große produktive Störung des Theaterbetriebes in der DDR, später global, war die Arbeit Brechts mit dem Berliner Ensemble, Polemik gegen das Göringtheater und gegen den neuen Kitsch, der auf die Harmonisierung der Widersprüche ausging. Das Experimentierfeld für sein Theater der Versuche, die Freiheit der Produktion vom Verkaufszwang, garantierte der neue Gesellschaftsentwurf. Inzwischen gehört die Arbeit Brechts und seiner Nachfolger am Berliner Ensemble zu den Voraussetzungen von Theaterarbeit in der DDR überhaupt. Der Gewinn bringt Verluste: eine Figur vom Rang Brechts behauptete ihr Territorium, besetzt ein weites Feld. Wie Shakespeare nach wie vor das englische Versdrama be-, wenn nicht verhindert, ist es unmöglich, nach Brecht Parabelstücke zu schreiben (oder Balladen und epigrammatische Lyrik auf seinem Niveau). Und vieles am Werk auch der großen Autoren gehört ihrer Epoche. Das deutsche Theater hat sich, was sein Verhältnis zu Racine und Corneille angeht, bis dato von Lessings Verdikt nicht erholt, das bürgerlich-emanzipatorisch und national motiviert war. (Die Mediokrität der Übersetzungen, mit der Ausnahme von Schillers PHÄDRA, geht darauf zurück). Das DDR-Theater tut sich, Brecht im Rücken, mit dem Spätzeitdrama der Ibsen, Strindberg, Tschechow, Hauptmann schwer, deren Oberflächenrealismus in der gedehnten Zeit mehr oder weniger friedlicher Koexistenz der Systeme in seiner Tiefendimension erscheint; leichter mit Gorkis gröberen Strukturen, vom Vorschein der Revolution schon versengt und in die Plastik getrieben, der in Tschechows erkaltender Welt noch ein Traum von Wärme war. Der Widerstand ist eine Chance, der fremde Blick sieht vielleicht mehr: das beweisen die geglückten Inszenierungen dieser Literatur gerade von Brechtregisseuren nicht nur in der DDR.

Der Wegfall des Privilegs auf Bildung in der DDR ändert die Publikumsstruktur. Erstes Bedürfnis ist vielleicht die Kritik der Bedürfnisse, aber die Kritik wird nicht angenommen, wenn sie nicht, im doppelten Sinn, unterhält. Unser Theater arbeitet im Spannungsfeld von Unterhalt der Gesellschaft und Unterhaltung des Publikums.

Heiner Müller, 9. 11. 1986 für die Ausstellung »Berliner Theater« im DDR-Kulturzentrum, Paris 1987.

Weiterführende Literatur

Peter von Becker, DAS JAHRHUNDERT DES THEATERS, Köln: DuMont, 2002.

Robin Detje, CASTORF. PROVOKATION AUS PRINZIP, Berlin: Henschel Verlag, 2002.

Günter Feist, Echkart Gillen, Beatrice Vierneisel (Hg.), KUNSTDOKUMENTATION SBZ/DDR. AUFSÄTZE, BERICHTE, MATERIALIEN, Köln: DuMont, 1996.

Christa Hasche, Traute Schölling, Joachim Fiebach, THEATER IN DER DDR. CHRONIK UND POSITIONEN, Berlin: Henschel Verlag, 1994.

Thomas Irmer, »Der einst scharfe Cocktail ist fast verdunstet. Spurensuche nach einem DDR-Theater der neunziger Jahre«, in: TEXT UND KRITIK, Sonderband »DDR-Literatur der neunziger Jahre«, hg. v. Heinz Ludwig Arnold, München: edition text + kritik, 2000, S. 145–156.

LEXIKON THEATER INTERNATIONAL, hg. v. Jochanan Ch. Trilse-Finkelstein und Klaus Hammer, Berlin: Henschel Verlag, 1995.

Martin Linzer, »Ich war immer ein Opportunist ...«, Zwölf Gespräche, aufgezeichnet von Nikolaus Merck , in: THEATER DER ZEIT, 2001.

Martin Linzer, Peter und Renate Ullrich, Esther Undisz, WO ICH BIN, IST KEINE PROVINZ. DER REGISSEUR CHRISTOPH SCHROTH, Berlin: Stiftung Akademie der Künste, 2003.

MAXIM GORKI THEATER. 50 JAHRE UND KEIN ENDE, Berlin: THEATER DER ZEIT, 2002.

Hans Mayer, DER TURM VON BABEL. ERINNERUNG AN EINE DEUTSCHE DEMOKRATISCHE REPUBLIK, Frankfurt am Main: Suhrkamp, 1991.

Heiner Müller. KRIEG OHNE SCHLACHT. LEBEN IN ZWEI DIKTATUREN, Köln: Kiepenheuer & Witsch, 1992.

Henning Rischbieter (Hg.), DURCH DEN EISERNEN VORHANG. THEATER IM GETEILTEN DEUTSCHLAND 1945 BIS 1990, Berlin: Ullstein in Zusammenarbeit mit Akademie der Künste, 1999.

Matthias Schmidt, »Zwischen Underground und Operette. Rammsteins postideologisches Rocktheater«, in: THEATER DER ZEIT, Oktober 2001, S. 16–19.

Petra Stuber, SPIELRÄUME UND GRENZEN. STUDIEN ZUM DDR-THEATER, Berlin: Links, 1998.

THEATER IN BERLIN NACH 1945, hg. v. Stiftung Stadtmuseum, »Suche Nägel, biete gutes Theater«, Berlin: Henschel Verlag, 2001; »Nun ist es Zeit, das Antlitz neu zu schaffen«, Berlin: Henschel Verlag, 2002.

TEMPERAMENTE. Blätter für Junge Literatur. Oktober 1989, Berlin: Neues Leben, 1990.

THEATERARBEIT DOKUMENTIERT. BESTANDSVERZEICHNIS INSZENIERUNGSDOKUMENTATIONEN, Berlin: Stiftung Archiv Akademie der Künste, 1999.

THEATER-BILANZ. EINE BILDDOKUMENTATION ÜBER DIE BÜHNEN DER DEUTSCHEN DEMOKRATISCHEN REPUBLIK, hg. v. Christoph Funke, Daniel Hoffmann-Ostwald, Hans-Gerald Otto, Berlin: Henschel Verlag Kunst und Gesellschaft, 1971.

Renate Ullrich, NACHGEFRAGT. GERHARD MEYER – EIN LEBEN IM THEATER, Berlin: Förderverein Theaterdokumentation, 1997.

Siegfried Wilzopolski, THEATER DES AUGENBLICKS. DIE THEATERARBEIT FRANK CASTORFS, Berlin: Zentrum für Theaterdokumentation und -information, 1992.

Verzeichnis der erwähnten Namen, Orte und Werke

THEATERLITERATUR

Benno Besson – Theater spielen in acht Ländern
Texte – Dokumente – Gespräche

Heiner Müller
Gedichte 1949–1989
Heiner Müller liest Heiner Müller (CD)
MüllerTexteLesen (3CDs)

VOLKSBÜHNE AM ROSA-LUXEMBURG-PLATZ BERLIN
Kapitalismus und Depression I
Endstation. Sehnsucht.

Kapitalismus und Depression II
Glück ohne Ende

Kapitalismus und Depression III
Erniedrigung genießen

Politik und Verbrechen I
Einbruch der Realität

Politik und Verbrechen II
Ausbruch der Kunst

Making of DÄMONEN

Forever Young nach Tennessee Williams' *Süßer Vogel Jugend*

Wohnfront 2001-2002
Stücke von René Pollesch:
Stadt als Beute
Insourcing des Zuhause. Menschen in Scheiß-Hotels
Sex nach Mae West

Bitte fordern Sie das kostenlose Gesamtverzeichnis an!